本书为国家社科项目
"中国近现代画报研究（1875-1949）"成果，
项目编号：09BXW004。

J&C 未名社科·新闻与传播研究丛书

左图右史与画中有话

中国近现代画报研究(1874—1949)

吴果中 著

图书在版编目（CIP）数据

左图右史与画中有话：中国近现代画报研究（1874—1949）/吴果中著. —北京：北京大学出版社，2017.9
（未名社科·新闻与传播研究丛书）
ISBN 978-7-301-28511-4

Ⅰ.①左… Ⅱ.①吴… Ⅲ.①画报—新闻事业史—研究—中国—1874—1949 Ⅳ.①G239.296

中国版本图书馆 CIP 数据核字（2017）第 166886 号

书　　　名	左图右史与画中有话：中国近现代画报研究（1874—1949） Zuo Tu You Shi yu Hua zhong You Hua：Zhongguo Jin-xiandai Huabao Yanjiu（1874-1949）
著作责任者	吴果中　著
责任编辑	胡利国
标准书号	ISBN 978-7-301-28511-4
出版发行	北京大学出版社
地　　　址	北京市海淀区成府路 205 号　100871
网　　　址	http://www.pup.cn　　新浪微博：@北京大学出版社
电子信箱	ss@pup.pku.edu.cn
电　　　话	邮购部 62752015　发行部 62750672　编辑部 62753121
印　刷　者	三河市北燕印装有限公司
经　销　者	新华书店
	650 毫米×980 毫米　16 开本　19.75 印张　310 千字 2017 年 9 月第 1 版　2017 年 9 月第 1 次印刷
定　　　价	56.00 元

未经许可，不得以任何方式复制或抄袭本书之部分或全部内容。
版权所有，侵权必究
举报电话：010-62752024　电子信箱：fd@pup.pku.edu.cn
图书如有印装质量问题，请与出版部联系，电话：010-62756370

序

呈现在读者面前的这部《中国近现代画报研究》,是作者国家社科基金项目的最终成果,也是作者继博士论文《民国时期〈良友〉画报与上海都市文化研究》及在此基础之上加工出版的专著《〈良友〉画报与上海都市文化》后又一学术专著,是由画报个案研究走向画报史整体研究的一部力作。

在中国近现代新闻事业史上,相较于卷帙浩繁的文字报纸而言,中国近现代画报无论在数量、质量上都远远不及,但也曾掀起一股股办报高潮,成为一时之风尚。据本书作者的初步统计,自1874年《小孩月报》开始,中国近现代历史上出现了七八百种画报,以清末的《小孩月报》《点石斋画报》和《启蒙画报》,辛亥革命时期的《世界》《民立画报》和《真相画报》,20世纪二三十年代的《大众画报》《北洋画报》和《良友》画报,抗战时期的《解放画报》《晋察冀画报》和《联合画报》,解放战争时期的《人民画报》《华北画报》和《人民军队画报》等为中心,再加以《申报》《时报》《大公报》《神州日报》《民权报》等大报的各种图像附张,以及大量旋生旋灭的漫画杂志,形成了一股规模空前、声势浩大的画报潮流。这股画报潮流以上海为源头,汹涌而至北京、天津、广州等中心城市,进而在全国形成蔓延之势。

左图右史与画中有话：中国近现代画报研究（1874—1949）

　　相比于画报事业潮流而言，画报研究的步伐似乎更要慢一些。在中国近现代新闻事业学术史上，画报往往被视作不敢登大雅之堂的"小媳妇"，被学界忽略和遗漏。尽管人类传播信息的最早符号是图像，尽管中国史家素有"左图右史"的光荣传统，但"义蕴闳深"的文字，因长于叙事记言、传情达意颇受学者青睐，而图像只是一种增加"可读性"的陪衬和点缀，只是撰写史著时的一个"帮助"和"辅佐"，仅仅"帮腔"而已。随着20世纪80年代末90年代初视觉文化热潮的兴起，读图时代的到来，图像的意义功用和正宗地位日益彰显，中国画报的图像叙事，以及图像作为时代思想、社会文化和历史变迁的重要表征意义便成为画报史研究的中心主题，在媒介技术发展、图像叙事技巧和新闻传播理念等方面的互动建构中，折射出中国近现代画报从文字的附庸和"帮腔"逐渐成为独立表达主题和思想的媒介形态，全面走向图像叙事的自觉与独立，图像新闻传播理念日益成熟，进而完成了现代化的独立转型。

　　应该说，这种研究的转向是中国新闻传播史研究的重大突破和深化。本书作者就是这个领域的较早实践者。早在2006年《良友》画报诞生八十周年之际，她以《良友》画报作为博士学位论文的研究对象，点点滴滴地梳理民国时期《良友》画报面世的文化背景、办报动机、编辑理念、文化追求，梳理《良友》画报传播者，包括出版人、编辑者、艺术创作群体等在特定的历史和文化场域中所表现出来的社会认知、消费品位、文化基因和精神脉络，梳理《良友》画报中各种艺术门类和新闻报道所承载的新闻信息和艺术内涵，然后加以社会文化史广阔的视野考量，探究其对20世纪20至40年代上海都市文化在精神理念、社会价值标准、日常生活方式及市民社会心态和文化性格等方面的演变轨迹的影响。后以《〈良友〉画报与上海都市文化》为题出版的专著，成为最早对《良友》画报进行系统全面研究的一大成果。

　　20世纪二三十年代，曾有研究者抱怨"研究中国画报的专书，更是找不到一本。就有,也不过是零简残篇,散见于各种刊物而已"(蒋荫恩语)。萨空了曾立志撰写《中国画报史》,因所藏画报皆毁于战火,写作不得不搁浅。时至今日,仍有不少人在期盼《中国画报史》的出世(如老报收藏家谢其章等)。而呈现在读者眼前的这本《中国近现代画报研究》是一部系统、全面的中国近现代画报的历史研究专著,作者试图遂前人之愿,究八年之力,通近现代之变,成一家之言;既有画报共性的整体性研究,又呈现单个画报的典型性探讨,以点带面,点面结合。它填补了中国画报史在中国新闻事业史上的缺位,进一步完善了中国新闻事业史的学术地图和思想谱系。它的面世,是值得欢迎的。

作者是一位才、学、识兼具的高校教师,从事本科、硕士、博士的教学和指导工作,兢兢业业,诲人不倦;又集妻子、母亲、女儿角色于一身,勤劳持家、关照老小。她却能在持家、教学之余,在中国新闻事业史研究的园地里"焚膏油以继晷,恒兀兀以穷年",爬罗剔抉,努力不懈,凭借较开阔的学术视野、严谨的治学态度和合理的研究方法,迸发出蓊郁蓬勃的学术朝气,成绩斐然。

祝贺这部学术专著的出版,期盼作者的研究成果更加丰硕!

是为序。

2015 年 12 月 10 日

目录

引言 /1
 第一节 "左图右史"的历史传统 /2
 第二节 "社会文化史"视野与画报研究 /6

第一章 中国近现代画报的历史形态 /24
 第一节 1874—1949：潮起潮落 /26
 第二节 启蒙宗旨与消闲策略 /51
 第三节 拟想读者与实际受众 /81
 第四节 技术力量的媒介规约 /90

第二章 中国近现代画报的论域与主题 /107
 第一节 西学东渐的智识启蒙 /107
 第二节 大众媒介的社会批判 /112
 第三节 政治文化视阈下的民众动员 /118
 第四节 市民文化的街头生活与娱乐 /123

第三章 学缘与地缘：画报传播群体的精神文化诉求 /156
 第一节 美术精神与政治意念：《真相画报》的同乡群体 /158

第二节 文化姿态与审美欲求：《良友》画报的编创共同体 / 161

第三节 非"文化精英"的荟萃：《图画日报》的传播主体 / 183

第四节 传播群体的精神气质与画报的社会影响 / 195

第四章 中国传统与现代双重变奏的视觉表述与文化构图 / 208

第一节 《点石斋画报》：传统式文化图像的视觉表述 / 208

第二节 《良友》画报：上海城市文化的现代风格构图 / 212

第三节 《北洋画报》：传统与现代双重变奏的图像呈现 / 218

第四节 《晋察冀画报》：中国红色战地的摄影纪实 / 235

第五章 中国近现代画报叙事特质与传播理念的演变 / 252

第一节 连环画叙事与"故事化"传播理念 / 252

第二节 纪实摄像与现代新闻理念的独立转型 / 260

结语 想象与建构：中国近现代画报中的城市叙事 / 267

参考文献 / 271

附录：中国近现代画报简目 / 283

后 记 / 305

引　言

自1874年《小孩月报》开始，中国近现代历史上出现了七八百种画报，① 以清末的《小孩月报》《点石斋画报》和《启蒙画报》，辛亥革命时期的《世界》和《真相画报》，20世纪二三十年代的《良友》画报、《大众画报》和《北洋画报》，抗日战争时期的《晋察冀画报》和《联合画报》，解放战争时期的《人民画报》《华北画报》《人民军队画报》等为中心，再加以《申报》《时报》《大公报》《神州日报》等大报的各种图像附张，以及大量旋生旋灭的漫画杂志，形成了一股规模空前、声势浩大的画报潮流。其出现和发展不仅是研究中国政治、军事、社会变迁的重要史料，更是社会思想文化近代化进程的视觉表述和图像建构。然而，中国近现代画报的整体状况与历史形态如何，如何实现了社会、文化、媒介三者之间的历史互动，在媒介内容、传播形式、传播技巧等方面如何呈现近现代中国的视觉表述和文化构图以及流行文化体系的建构，为读者提供一幅视觉消费的文化景观等方面，仍缺乏系统而深刻的研究。相比于文字的正宗地位，图像仍是不可登大雅之堂的"小

---

① 据彭永祥考证，1877年到1949年出版发行的画报大约有800种，但大多失传，现存能够见到的只是少数。参见彭永祥：《旧中国画报见闻录》，载《新闻研究资料》第四辑，北京：中国社会科学出版社1980年版，第161—166页；《中国近代画报简介》，载《辛亥革命时期期刊介绍》(第四集)，北京：人民出版社1986年版，第656—679页。

媳妇"的认识误区依然有待澄清。

第一节 "左图右史"的历史传统

一般说来,史家最看重的资料大抵有四种:文字、图像、实物和传说。有研究者认为,物换星移,沧海桑田,实物不免成为"遗迹";传说在史家眼里历来属于"口说无凭"的臆造、虚构之类,那是民俗学、民间文学诉诸文字的素材。因此,作为历史学家看家本领的资料也就是文字和图像了。

中国史家素有"左图右史"的光荣传统。通志体大家郑樵说:"古之学者为学有要,置图于左,置书于右;索像于图,索理于书。"①在书中,他曾发出"即图而求易,即书而求难"的感叹,并提出"图谱之学,学术之大者"的重要观点。"义蕴闳深"的文字,因长于叙事记言、传情达意而颇受学者青睐,而图像只是一种增加"可读性"的陪衬和点缀,不被重视,因而"读图"的手艺生疏,②"见书不见图"或"借图画以启蒙""用图画来济文字之穷"③的文化现象与场景成为中国史家学者读书的常态。

19世纪末20世纪初,梁启超等人倡导"诗界革命"和"新史学"运动,扩大史学的研究范围,尤其是资料范围,成为新史学的重要议题,重视图像资料已逐渐成为中国近代史研究的传统。1931年,罗家伦为郭廷以《近代中国史》一书撰写《引论:研究中国近代史的意义和方法》时就指出:"中国史家最不注重图画。要使史书有生气,图画是一种有力的帮助",进而呼吁搜集并借助中外地图、画片、照片等图像资

---

① 参见郑樵:《通志略》,上海:上海古籍出版社1990年版,第929—930页。
② 陈平原、夏晓虹:《图像晚清》,南昌:百花洲文艺出版社2006年版,第1页。
③ 鲁迅:《连环图画琐谈》,《鲁迅全集》第六卷,北京:人民文学出版社1973年版,第33页。

料来研究"当时中国人的武器,中国的群众心理,中国人对外的知识等等"①。显然,罗家伦一方面延续古人"左图右史"的治学传统,强调图像史料的价值与意义;另一方面,在他看来,图像作为一种资料是可以反映历史真实的,但也只是撰写史著时的一个"帮助"和"辅佐",仅能说是"帮腔",而非"开讲"。所谓"有生气",目的大概"在引诱未读者的购读,增加阅读者的兴趣和理解"②,用当下时尚的话说就是增加可读性和趣味性。

20世纪80年代以来的"文化转向"(cultural turn)和"视觉研究",以及"读图时代"的现实正在改变着学界对图像资料的一贯认识,无论史学界、文学界、地理学界等都是如此。文化研究者认为,"文化"并不仅仅是精英的伟大思想或创作,也不再是音乐、绘画、出版物等一般民众喜爱的"大众文化",而是"群体或社会共享的价值",是"意义的生产和转换"。与其说文化是具体的事物,倒不如说是一个实践的过程。而且,"这样一个过程并不仅仅是存放于大脑中的抽象思维,它甚至会影响社会的组合、规范,乃至人们具体的生活"③。从这样的角度来看图像资料,史家探究的问题就由"图像是否只是'帮腔'"而转换为"图像再现是如何生产与流布的"这样一个命题。史学研究和文化研究逐渐开始思考这样一个逻辑命题:图像的生产与流布如何经由构成符码、论述机制、文化背景、价值理念、受众的视觉经验以及"文化模式的内在动力与冲突"④等方面规约。换句话说,视觉图像的整体面貌、表征背后的内在意义、意义深处的社会肌理、社会肌理与图像再现的辩

---

① 黄克武:《画中有话——近代中国的视觉表述与文化构图》,台北:"中研院"近代史研究所,2004年,"导论"第3页。
② 鲁迅:《连环图画琐谈》,《鲁迅全集》第六卷,北京:人民文学出版社1973年版,第33页。
③ 黄克武:《画中有话——近代中国的视觉表述与文化构图》,台北:"中研院"近代史研究所,2004年,"导论"第3页。
④ Jessica Evans and Stuart Hall, *Visual Culture: The Reader*, London: Sage Publications, 1999.

证互动等如何在"社会·图像媒介·文化"的信息场域实现资本的多层次转换,从而图像社会,映现历史。

因此,随着20世纪90年代以来视觉文化研究热潮的兴起,在"世界被把握为图像"(海德格尔语)的现代社会,图像的功用和地位日益彰显。正如徐沛博士所说,"图像不只是一种低级的、作为辅助手段的信息载体,也不仅仅是为读者提供赏心悦目的感官刺激的手段。恰恰相反,看似自然而感性的图像信息也同样包含着不亚于文字系统的'意指'(signification)功能。不仅如此,图像同样可以通过参与'意指'实践,为意义生产和文化建构提供另类的途径与可能性,从而使视觉表征系统也牵扯到意识形态的权力问题"①。基于这种学术认识与态度,画报及其图像的生产与接受研究不得不提出一个重大的社会问题:是"谁"在生产和接受?换句话说,画报的传播者主体或目标受众群体由哪些类型的人组成?他们在怎样的特定场合和社会背景下生产或阅读画报?当潜心于这些问题的研究时,会发现传统新闻史、艺术史发展出许多新的学术生长点,这也就是图像学或图像研究的历史实践。

作为专门术语,"图像学"和"图像研究"于20世纪20年代和30年代在艺术史学界开始使用。其实,严格说来,它们出现在更早时期。依据英国历史学家彼得·伯克的说法,"切萨雷·里帕(Cesare Ripa)在1593年发表了一本附有插图的关于文艺复兴的小册子,书名用的就是《图像学》(Iconologia),而'图像研究'是从19世纪开始使用的"②。以阿比·瓦尔堡(Aby Warburg)、弗里茨·萨克斯尔(Fritz Saxl)、欧文·潘诺夫斯基(Erwin Panofsky)和埃德加·温德(Edgar Wind)为主要成员的瓦尔堡学派是较早从事图像研究的著名团体。潘

---

① 徐沛:《图像与现代性——中国近代画报的视觉文化研究(1884—1937)》,四川大学2008年博士学位论文。

② 〔英〕彼得·伯克:《图像证史》,杨豫译,北京:北京大学出版社2008年版,第41—42页。

诺夫斯基曾写书对图像研究的方法做了归纳,认为图像解释有三个层次:第一个层次是前图像学的描述(pre-iconographical description),主要关注图像的"自然意义";第二个层次是严格意义上的图像分析,主要关注"常规意义";第三个层次是图像研究的解释,主要关注"本质意义",即"揭示决定一个民族、时代、阶级、宗教或哲学倾向基本态度的那些根本原则",图像正是在这个层次上为文化史学家提供了确实有用的和不可缺少的证据。①潘诺夫斯基举例说:"澳大利亚丛林中的居民识别不出《最后的晚餐》的主题;对他们而言,这幅画所传达的思想只不过是一次令人兴奋的聚餐而已。"②他坚持认为,图像是整体文化中的一个组成部分,缺乏对文化的了解,抑或文化符码中的内在构成,便无法理解和阐释图像中的信息。

潘诺夫斯基认为图像是时代精神的体现,是社会文化要义的建构。以此为代表的"图像转向"或者"文化转向"凸显了图像意义中的文化要素。然而,阐释图像中的意义,是一件复杂得多的事情。荷兰学者埃迪·德·容(Eddy de Jongh)认为图像学要"试图把表现手法放在历史的背景下、与其他文化现象联系起来加以解释"③。也就是说,图像的意义必须依赖于它们的"社会背景",这些社会背景由多种要素构成,"不仅包含图像受委托制作的具体环境以及物质环境,也包括总的文化和政治'背景'。"④多元"社会背景"下的图像解析,能为诸多领域如"在研究非正式的经济活动的时候,在自下而上看历史的时候,在研究感受如何发生变化的时候"提供大量特别有价值的证词。图像能

---

① Erwin Panofsky, *Studies in Iconology*, New York, 1939, pp.3-31.转引自〔英〕彼得·伯克:《图像证史》,杨豫译,北京:北京大学出版社2008年版,第43页。
② 〔英〕彼得·伯克:《图像证史》,第40页。
③ Ernest H. Gombrich, "Aims and Limits of Iconology", in his *Symbolic Images*, London, 1972, pp.1-25, at p. 6; de Jongh, "Approach". Cf. Robert Klein, "Considerations sur les fondements de l'iconographie", 1963: reprinted in La Forme et l'inelligible〔Paris 1970〕, pp.353-374.转引自〔英〕彼得·伯克:《图像证史》,第44页。
④ 〔英〕彼得·伯克:《图像证史》,第257页。

证明街头贸易的习俗;能通过描绘君主加冕或签订和约场面的庄严气氛,说明人们对仪式的态度或君主至高无上的权威;也能通过描述民众日常生活中的微小细节,映现社会的整体生活状态。

上述史学研究和文化研究的角度直接促成了大众传播媒介,尤其是画报研究方法的转变。传统的新闻传播史研究讲究的是新闻传播者在特定历史时期的新闻传播活动,往往关注单个人或某个群体所从事的新闻事业及其历史贡献,重视的是新闻传播事业的编年史主旨。而近年来新闻传播史研究,尤其是画报研究,开始运用文化研究者的视角,不只是探查图像真伪和对历史事件、人物的简单编织,更关注和探寻图像资料如何与政治、经济、文化、社会背景结合,"再现"并建构历史。

第二节 "社会文化史"视野与画报研究

一门学科的建立,往往依托于科学的研究方法。新闻史学要发展,自然也必须遵循这条规律。20多年来,中国新闻史研究成绩卓著,在很大程度上首先得助于一批学者对研究方法的探讨:有学者认为要"运用边缘学科和交叉学科的研究方法""为本学科的建设和发展注入新的理念……"[1]也有学者认为"唯有方法的变革才是深化乃至转型的前提",从而倡导新闻史学应以"人"为研究对象;[2]还有学者提出新闻史研究要学会"两条腿"走路,以完备其学科体系。[3]史学研究与文化研究角度的转变促使中国新闻传播史研究方法日益完善,社会文化史的研究视野将会提高中国新闻传播史的研究水平。

社会文化史,是介于社会史和文化史之间的新兴交叉学科,往往被归于新文化史的研究阵营。作为一种新的史学研究视角,新文

---

[1] 尹韵公:《新闻传播史,不是什么?》,《新闻与传播研究》1998年第4期。
[2] 李彬:《对新闻史研究方法的思考与建议》,《新闻大学》1996年冬季号。
[3] 宁树藩:《强化本体意识,探求自身规律》,《新闻记者》1998年第9期。

化史于 20 世纪 80 年代末 90 年代初被提出。1989 年,美国历史学家林·亨特(Lynn Hunt)主编的《新文化史》一书首次明确提出"新文化史"(New Cultural History)口号。① 该书导论明确指出:新文化史是对社会史研究取向的反动。② "新文化史形成于 20 世纪七八十年代,被看作是对既成的社会史、经济史和人口史的一种突然暴发的批判"③。而周兵认为这次史学风向的转折开启了西方历史研究的新范式:一方面,它注重历史研究中文化因素和文化层面的内涵分析,将"历史学的研究对象和研究领域从以往偏重于政治军事或经济社会等方面转移到社会文化的范畴之内";另一方面,它借助"文化人类学、语言学、文化研究等学科的理论与方法,通过对语言、符号、仪式等文化象征的分析,解析其中的文化内涵与意义"④。由此,周兵认为,新文化史颠覆了传统文化史唯知识精英的狭隘偏见,解读仪式、艺术、日常生活及其普罗大众实践中的象征性文化含义,"还原了普通人的文化和生活"⑤,逐渐取代社会经济史、社会政治史的位置,成为历史学的主流,文化因素的考量成为学科研究的重要内容之一。

这种源于法国、盛于欧美、以新文化史兴起为标志的社会文化史学运动,标志着 20 世纪七八十年代西方当代史学的重要进程,其影响日益遍及世界,也逐渐渗透到中国史学界的研究领域。

中国社会科学院近代史研究所刘志琴指出:"从社会史领域探索

---

① 周兵:《西方新文化史的兴起与走向》,《河北学刊》2004 年第 6 期。
② Lynn Hunt, "Introduction: History, Culture, and Text," *The New Cultural History*, Lynn Hunt, ed., Berkeley, Calif.: University of California Press, 1989, p.22.转引自周兵:《新文化史:历史学的"文化转向"》,上海:复旦大学出版社 2012 年版,"导论"第 3 页。
③ Richard Biernacki, "Method and Metaphor after the New Cultural History," *Beyond the Cultural Turn: New Direction in the Study of Society and Culture*, Victoria E. Bonnell & Lynn Hunt, eds., Berkeley, Calif.: University of California Press, 1999, p.62.转引自周兵:《新文化史:历史学的"文化转向"》,上海:复旦大学出版社 2012 年版,"导论"第 2 页。
④ 周兵:《新文化史:历史学的"文化转向"》,上海:复旦大学出版社 2012 年版,"导论"第 2 页。
⑤ 同上书,"导论"第 3 页。

7

左图右史与画中有话：中国近现代画报研究（1874—1949）

民族文化心理的形成、发展和改造，这是观念变革最能动的深层结构，也是文化史研究进一步深化的总趋势。"①李长莉1990年在《社会文化史：历史研究的新角度》一文中认为，社会文化史是人与人、社会之间的生活方式及其观念的历史，②要综合运用历史学、社会学、文化学、文化人类学、社会心理学等人文社会科学方法，研究社会生活、大众文化与思想观念相互关系变迁。③ 这种对于社会文化史研究内容和研究方法的设计，显然挑战了传统历史学，是新文化史的一个典型个案。

基于以新文化史为特质的历史学文化转向的学术背景，中国新闻传播史尤其是中国近现代画报史研究可以从此找寻新的研究路径，注重新闻传播史、新闻传播思想史研究中文化要素的综合考量，实现新闻传播史研究范式的"文化转向"。

以图像为主、文字为辅的画报媒介应是新文化史研究的最佳实验园地。无论是图像直观、具象的媒介属性，还是由此而来的受众群体的大众化趋势，甚至能为没有识字能力的下层民众提供信息和消遣，画报比文字更接近底层群众、日常生活和历史原有的时代图景，因为"宣扬之道，文字之功固大，图画之效尤伟。盖文字艰深，难以索解；图画显明，易于认识故也"④。"以图像为中心"叙事的画报承载了社会文化思想、观念变迁、审美情趣和娱乐消闲方式的多方位含义。利用图像的直观性和亲和力，画报在许多方面彰显了媒介优势。英国著名记者北岩氏谓图画为无音之新闻，不识字者也能读懂；张若谷也以为报纸可以利用图画吸引一般人的注意，"可以使村夫稚子，都能一目了然"⑤。创刊于北京的《菊侪画报》发刊词说道，"画报与字报比较，画

---

① 刘志琴：《复兴社会史三议》，《天津社会科学》1988年第1期；《社会史的复兴与史学变革——兼论社会史和文化史的共生共荣》，《史学理论》1988年第3期。
② 赵清主编：《社会问题的历史考察》，成都：成都出版社1992年版，第384—385页。
③ 李长莉：《社会文化史的兴起》，《天津师范大学学报（社科版）》2003年第4期。
④ 1930年由《良友》的伍联德创办的《中国大观》发刊词。
⑤ 张若谷：《纪元前五年上海北京画报之一瞥》，《上海研究资料续集》，上海通社1937年印，台北：中国出版社1973年版，第327页。

报如同看戏,字报比作听书,看画报的,不识字可以瞧画儿,看字报若是不识字,即只好数个儿罢。画报一看便知,不论妇孺易于知晓……"①1895年8月29日《申报》上刊出社论《论画报可以启蒙》,论述画报可以深化书籍,也便于读者接纳,以通俗易懂、雅俗共赏的画报体式,开启时人所向往的"启蒙之道"。鲁迅认为,中国连环图画杂志的大量流行是"借图画以启蒙,又因中国文字太难,只得用图画来济文字之穷的产物"②。戈公振在《时报·图画周刊》导言里说:

> 世界愈进步,事愈繁颐,有非言语所能形容者。必藉图画以明之。夫象物有鼎,豳风有图,彰善阐恶,由来已久。今民风蔽锢,政教未及清明。本刊继续文字之未逮,一一揭而出之,尽画穷形,俾举世有所观感,此其旨也。若夫提倡美术,增进阅者之兴趣,又其余事耳。③

在戈公振看来,图画能穷形象物,能究文字所不能言说的气氛,"文义有深浅,而图画尽人可阅;记事有真伪,而图画则赤裸裸表出……虽村夫稚子,亦能引其兴趣而加以粗浅之品评"④。这个观点也得到新月派诗人邵洵美的充分肯定。当在一个宴席上遭到朋友"为什么曾经花了全副的精神去办画报,为什么不再办一个正正经经的纯文艺刊物"的质疑时,邵洵美的回答是:"我总觉得图画能走到文字所走不到的地方;或是文字所没有走到的地方""要养成人读书的习惯,从画报着手应当算是最好的方法。用图画去满足人的眼睛;再用趣味去松弛人的神经;最后才能用思想去灌溉人的心灵。"⑤于是,邵洵美提出,画

---

① 杨曼青《〈菊侪画报〉发刊词(演说)》,见《清末民初报刊图画集成续编》,全国图书馆文献复制中心,国家图书馆微缩中心,2003年8月,第7250页。
② 鲁迅:《连环图画琐谈》,《鲁迅全集》第六卷,北京:人民文学出版社1973年版,第34页。
③ 戈公振:《时报·图画周刊发刊词》,1926年6月。
④ 戈公振:《中国报学史》,北京:中国和平出版社2014年版,第248—251页。
⑤ 邵洵美:《画报在文化界的地位》,载《时代·图画半月刊》1934年10月10日第6卷第12期。转引自陈子善编:《洵美文存》,沈阳:辽宁教育出版社2006年版,第150—151页。

报在文化界的地位和其所建之功绩堪与字报媲美。

图画是人类精神最纯净和最本真的表达。早在1934年就有人提出:"画道实为表现文化最有价值之工具。论其性质,盖为人生道德最高尚之寄托者,因是,比较文明的民族受其天性之驱使,无不知浚发其画道之渊薮,以与人我间以调和的情感也。"①邵洵美也正是在这个意义上感叹,画报在使用图画"供给读者眼睛及神经的享受以外,自会有心灵的食粮"②。画报的图像信息不仅能增加形象化的效果,而且与文字"形成意义呼唤的关系,互动互补,组成立体的、动态的意义结构"③,实为人类精神生活的一种主要力量,由此画报"飞入寻常百姓家",正如竹枝词所描述的情景:"各家画报售纷纷,销路争夺最出群。纵是花丛不识字,亦持一纸说新闻。"④

创刊于1884年5月8日、终刊于1898年8月的《点石斋画报》,刊行十五年,共刊出带文的图画四千余幅,内容涉及"奇闻""果报""新知""时事",被学者陈平原评价为"这对于今天之直接触摸晚清,理解近代中国社会生活的各个层面,是个不可多得的宝库",他进一步提出,"不仅《点石斋画报》,众多徘徊于'娱乐'与'启蒙'之间的晚清画报,都将'对于今人之直接触摸晚清'起决定性作用"⑤。

以上诸多论述,大都侧重于画报的图像接受对受众及其社会文化的特殊影响力、画报图像的启蒙化和大众化意识,以及雅俗共赏的普及化效果,成为探究不同时代、地域与社会人群文化表达,如理性思维、情感表达、群体的记忆与认同等方面的重要历史证据。对画报图

---

① 《上海市通志馆期刊》第二卷第三期,1934年12月,第902页。
② 邵洵美:《画报在文化界的地位》,载1934年10月10日《时代·图画半月刊》第6卷第12期。转引自陈子善编:《洵美文存》,沈阳:辽宁教育出版社2006年版,第150—151页。
③ 杨义:《京派海派综论(图志本)》,北京:中国社会科学出版社2003年版,第208页。
④ 忧患生:《京华百二竹枝词》,载雷梦水等编:《中华竹枝词》(一),北京:北京古籍出版社1997年版,第277页。
⑤ 陈平原:《左图右史与西学东渐:晚清画报研究》,香港:三联书店(香港)有限公司2008年版,"前言"第2页。

像的符号生产、传递与接受进行文化因素的历史考察,分析图像史料的视觉表述和文化构图,是新文化史(或社会文化史)研究范式在画报史研究领域的具体运用。

然而,传统画报研究的路径却以梳理史实、鉴别种类、评估价值等方面的"编年史"体例为主。首先是在新闻史整体研究中涉及近现代画报,如戈公振的《中国报学史》、张静庐的《中国近代出版史料》、方汉奇的《中国近代报刊史》、方汉奇主编的《中国新闻事业通史》等,均描述性地介绍了画报。其次,出现了一些专门介绍中国近现代画报历史的主要篇目,如冯武樾的《画报进步谈》[1]、黄天鹏的《五十年来画报之变迁》[2]、刘凌沧的《中国画报之回顾》[3]、胡道静的《最早的画报》[4]、张若谷的《纪元前五年上海北京画报之一瞥》[5]、阿英的《中国画报发展之经过》[6]、蒋荫恩的《中国画报的检讨》[7]、张铁镛的《略谈晚清时期的石印画报》[8]、吴越生的《画报种种》[9]、郑逸梅的《书报话旧》[10]中早期石印画报的部分、萨空了的《五十年来中国画报之三个时期》[11]、

---

[1] 冯武樾:《画报进步谈》,《北洋画报》第251期,1928年12月1日,第7页。
[2] 黄天鹏:《五十年来画报之变迁》,《良友》画报第49期,1930年8月,第36—37页。
[3] 刘凌沧:《中国画报之回顾》,《北洋画报》第888期,1933年1月31日,第2页。
[4] 胡道静:《最早的画报》,载《上海研究资料续集》,《民国丛书》第四编第81册,上海:上海书店出版社1992年版,第323—325页。
[5] 张若谷:《纪元前五年上海北京画报之一瞥》,载《上海研究资料续集》,《民国丛书》第四编第81册,上海:上海书店出版社1992年版,第323—325页。
[6] 阿英:《中国画报发展之经过》,《良友》画报第150期,1940年1月。又见《晚清文艺报刊述略》,上海:古典文学出版社1958年版,第90—100页。
[7] 蒋荫恩:《中国画报的检讨》,《报学季刊》1935年第1卷第4期,第19页。
[8] 张铁镛:《略谈晚清时期的石印画报》,载龚书铎主编:《近代中国与近代文化》,长沙:湖南人民出版社1988年版,第1332—1336页。
[9] 吴越生:《画报种种》,《文化建设》(月刊)第一卷第二期,1934年11月,第121页。
[10] 郑逸梅:《书报话旧》,上海:学林出版社1983年版,第84—87页。
[11] 萨空了:《五十年来中国画报之三个时期》,载祝君宙、萧斌人主编:《萨空了文集》,上海:上海科学技术文献出版社2002年版,第365—371页。又载张静庐辑注:《中国现代出版史料乙编》,北京:中华书局1955年版,第408—415页。

朱传誉的《中国早期的画报》①、彭永祥的《旧中国画报见闻录》《中国近代画报简介》②以及卓圣格的《中国近代画报的发展》③等。其中彭永祥的研究材料搜集全面,分别对1877年至1919年间出版的118种画报的背景及特点进行了简要的介绍,具有较高的权威性。阿英在《中国画报发展之经过》中将中国近代画报的发展分为萌芽时期、石印画报时期、铜锌画报时期和影写版综合画报时期等四个时期,并对《点石斋画报》《世界》《真相画报》和《良友》等几种具有代表性意义的画报一一做了重点介绍,描述比较客观,评价基本公正,是后来画报研究重要的参考资料,因而被广泛引用。

近年来,随着历史研究的"视觉转向"或"文化转向",画报日益成为新闻传播学界、史学界和文学界的研究焦点和热门话题,且研究路径发生了变化,研究成果卓越。通过关键词搜索法,以"画报"为研究主题,查询到中国期刊网的相关研究论文有上万篇,其中以"画报"为研究对象的硕士学位论文200多篇,相关博士论文30多篇。从中国出版史上第一个以图画为主的刊物《小孩月报》,到晚清画报群中影响最大、发行时间最长的《点石斋画报》,到建构上海都市文化的综合性大型画报《良友》、天津城市文化的视觉表述者《北洋画报》以及中国红色战地摄影纪实的《晋察冀画报》,无不成为史学家、传播学者研究清末民初乃至20世纪20年代至40年代中国社会历史变迁和社会文化理念的重要蓝本,形成一股研究领域的"画报热潮"。

第一股潮流是关于《点石斋画报》的。

最近十几年,用《点石斋画报》来讨论晚清社会文化史成为画报研

---

① 朱传誉:《中国早期的画报》,《报人·报史·报学》,台北:台湾"商务印书馆"1985年版,第106—112页。
② 彭永祥:《旧中国画报见闻录》,《新闻研究资料》第四辑,北京:中国社会科学出版社1980年版,第161—166页;《中国近代画报简介》,《辛亥革命时期期刊介绍》第四集,北京:人民出版社1986年版,第656—679页。
③ 卓圣格:《中国近代画报的发展》,《历史》月刊1999年第12期,第94—103页。

究最热闹的事情之一,研究成果颇丰。90年代初,台湾学者王尔敏著有《中国近代知识普及化传播之图说形式——〈点石斋画报〉例》①一文,对画报的历史背景、画风渊源、主题要义一一加以介绍,强调画报在新知传播、思想启发上所扮演的重要角色,认为"中国知识分子以至下层士人,获得国内外时事要闻,创新发明,海外风俗民情,除同时代《申报》《万国公报》外,《点石斋画报》(引者加)当为第三个重要来源。对于启发国人思想,自为重要媒介"。王尔敏在另外一文中进一步提出,图绘时事成为画报的重点内容,这些新闻画也成为后来研究者重建中国近代史、晚清历史、上海历史的重要资料。② 而早在1993年,美国加州斯坦福大学历史系资深教授康无为(Havold Kohn)撰文《画中有话:点石斋画报与大众文化形成之前的历史》(*Drawing Conclusion: Illustration and the Prehistory of Mass Culture*)③,在台湾出版过中英文版。在刊物《中国学术》第八辑上,也有德国学者鲁道夫·G.瓦格纳的长文《进入全球想象图景:上海的〈点石斋画报〉》,讨论《点石斋画报》怎样表现了中国人的想象开始从局部转向世界、融入世界,从全球化的角度出发,对《点石斋画报》的意涵,提供了新的观察视野。2002年,台湾"中研院"历史语言研究所李孝悌借用《点石斋画报》和《良友》画报材料,来说明1880—1930年上海的传统和现代这两种质素,如何共同建构出上海近代城市文化的特有风貌,④并在《中国学术》第十一辑撰文对《点石斋画报》这份城市刊物中所显现的传统文化质素和志怪式的乡野图像进行了着重分析,认为"在这一扇扇通往现代世

---

① 此文最初发表于"中研院"近代史研究所的《"中研院"近代史研究所集刊》1990年第19期。后收入《明清社会文化生态》,台北:台湾商务印书馆1997年版。
② 王尔敏:《〈点石斋画报〉所展现之近代历史脉络》,王尔敏:《近代文化生态及其变迁》,南昌:百花洲文艺出版社2001年版。
③ 此文载台湾"中央研究院"近代史研究演讲集(1)《读史偶得:学术演讲三篇》,"中研院"近代史所,1993年,第98页。
④ 李孝悌:《上海近代城市文化中的传统与现代——1880年代至1930年代》,《中国的城市、欲望和生活》,上海:上海人民出版社2007年版,第273—327页。

界的窗口之后,《点石斋画报》呈现给一般读者的,其实还是一幅完整未经割裂的传统式文化图像"①。

更有甚者,以《点石斋画报》为博士论文的研究对象,后将博士论文出版专著,如叶晓青《点石斋画报中的上海平民文化》(*The Dianshizhai Pictorial Shanghai Urban Life, 1884-1898*, Center for Chinese Studies, the University of Michigan, Ann Arbor),将这份画报视为老幼都能理解的大众文化的代表性刊物。2008年华中师范大学彭雷霆的博士学位论文《近代中国人的日本认识》分析了《点石斋画报》对甲午战争的想象性报道;2009年清华大学郭秋惠的博士学位论文《"点石":〈点石斋画报〉与1884—1898年间的设计问题》以"点石斋"的"点石"作为切入点,将"点石"作为基于大众的设计价值观,论述《点石斋画报》与1884—1898年间的设计问题;2009年中国艺术研究院朱其的博士学位论文《鲁迅艺术思想中的灵魂意识及其现代性》分析了鲁迅从国民性角度对大众视觉文化的看法在《点石斋画报》中的表达;2006年华中师范大学金立群的博士学位论文《媚俗化:中国近现代通俗文学的现代性碎片呈现——文化、媒介的综合研究》以《申报》和《点石斋画报》为例,细致描述了由晚清大众报纸、石印画报小报文字所构筑的都市印象与现代体验如何标志着中国近现代文学的媚俗化过程。研究视野多元,研究观点新颖,大大促进了《点石斋画报》研究的广度和深度。由博士学位论文修订而成的学术专著《晚清画报的图像新闻学研究(1884—1912)——以〈点石斋画报〉为中心》②,跳出晚清画报研究中普遍的出版史和文化史研究视角,从新闻学与新闻史角度,以《点石斋画报》为中心,研究晚清画报的图像新闻学特征。研究认为,晚清石印画报图像报道经历了三次重要变革,在这一演变过程

---

① 李孝悌:《走向世界,还是拥抱乡野——观看〈点石斋画报〉的不同视野》,《中国学术》2002年第3期,北京:商务印书馆2002年版。

② 郑建丽:《晚清画报的图像新闻学研究(1884—1912)——以〈点石斋画报〉为中心》,桂林:广西师范大学出版社2015年版。

中,图像的传播功能从艺术创作发展到新闻叙事,图像新闻故事的叙事主体地位和独立言说的图像新闻报道形式日益成熟。

以《点石斋画报》为硕士学位论文研究对象更是不绝如缕,论文数量更是庞大。如2005年河南大学裴丹清的《从〈点石斋画报〉看晚清社会文化的变迁》、2005年中山大学曾佳妮的《从〈点石斋画报〉看晚清婚姻问题》、2007年吉林大学刘畅的《〈点石斋画报〉研究》、2008年北京大学王娟的《〈点石斋画报〉中的西方想象》、2010年福建师范大学张美玲的《〈点石斋画报〉视野下晚清女性生活形态探究》、2010年中国美术学院谢菁菁的《西画东渐与〈点石斋画报〉》、2010年黑龙江大学张晗的《〈点石斋画报〉建构的外国人形象研究》等都对《点石斋画报》的历史面向做了多角度、较系统的分析。

以上研究都集中侧重阐释画报所刊登信息内容及其蕴含的内在意义,把这些画报上的图像看作论证历史的重要依据,关注画报对于清末城市生活、大众文化、妇女群像等方面的想象与呈现,认为这份画报是上海城市的通俗读物。

最近一个时期以来,中国学者陈平原更是用力甚勤。他在前人研究的基础上,重新确定了图像的历史地位,阐释了以"图像"解说"晚清"(历史)的初衷①,并进一步界定晚清画报在特定的历史时空中,传统中国的"左图右史"与西学东渐的"图像叙事"结盟,进而汇入到以"启蒙"为标志的现代化进程;详细描摹晚清画报之"前世今生",呈现其"风情万种",探究此"五彩缤纷"背后蕴藏着的历史文化内涵。② 陈平原提出,《点石斋画报》的创办,是"晚清西学东渐大潮中的标志性事件",它"开启了图文并茂因而可能雅俗共赏的'画报'体式",图文之间折射出"晚清社会风尚、文化思潮和审美趣味的复杂性"。③ 这些

---

① 陈平原:《点石斋画报:图像晚清》,天津:百花文艺出版社2006年版。
② 陈平原:《左图右史与西学东渐:晚清画报研究》,香港:三联书店(香港)有限公司2008年版。
③ 同上书。

研究是近年来有关清末画报的重要成果,也是中国近现代画报学术史上的得力之作。

第二股潮流是关于《良友》画报的。

《点石斋画报》的研究热潮为沉寂很久的中国画报史研究注入了新的活力。最近几年,由伍联德1926年2月15日创刊于上海的《良友》画报又成了研究的另一个热门话题。美籍华人李欧梵所著《上海摩登:一种新都市文化在中国1930—1945》专辟一节,将《良友》作为印刷文化的代表,分析其对都市现代性建构的巨大推动力。其弟子艾兹拉·布劳克(Eera Block)的学年论文《模拟现代:20世纪30年代的〈良友〉画报》探讨《良友》画报想象性地建构了中国30年代的现代性图景。

更有吴果中、刘永昶等中青年学子将《良友》画报作为博士论文的研究对象,对其进行个案分析。《〈良友〉画报与上海都市文化》就是吴果中在博士论文基础上改成的专著①,该书系统地研究了《良友》画报二十年对上海都市文化的想像与建构,从而探讨了大众传播媒介与大众文化、社会变迁之间的历史互动,大大深化了画报研究,是《良友》画报研究史上的一得力之作。刘永昶在博士论文《作为时代图像志的〈良友〉画报》基础上修改而成的学术专著《20世纪30年代视觉媒介研究——以〈良友〉画报与左翼电影为中心》②对《良友》画报做了系统评述。2012年苏州大学施茜的博士学位论文《与万籁鸣同时代的海上时尚设计圈》从设计艺术学的角度对《良友》画报的时尚设计圈进行了研究,见解独到。

大陆和台湾相关硕士学位论文更是不胜枚举,如汤静《〈良友〉画报与美术传播》(中央美术学院,2003年)、张琰《〈良友〉与二三十年

---

① 吴果中:《〈良友〉画报与上海都市文化》,长沙:湖南师范大学出版社2007年版。
② 刘永昶:《20世纪30年代视觉媒介研究——以〈良友〉画报与左翼电影为中心》,南京:江苏凤凰教育出版社2015年版。

代上海的时尚想象》(上海社会科学院,2007年)、赵夏欢《〈良友〉画报与近代上海文化消费》(辽宁大学,2010年)、李春宇《〈良友〉封面对女性形象的建构研究》(黑龙江大学,2010年)、蒲彩《〈良友〉画报对女性的书写》(华东师范大学,2011年)、罗妍《〈良友〉画报广告研究》(厦门大学,2008年)、冯伟《〈良友〉画报时政人物报道研究》(青岛大学,2011年)、郑长俊《〈良友〉画报的美术字研究》(中国美术学院,2011年)、李欣《民国〈良友〉画报的文学研究》(南京师范大学,2010年)、郭晓云《用影像诉说历史——〈良友〉画报的传播学研究》(郑州大学,2011年)、肖晶《日常生活中的个人与国家——解读〈良友〉画报的现代身体图像》(复旦大学,2011年)、沈雁君《〈良友〉画报中的图像叙事研究》(上海师范大学,2012年)、张洁亮《〈良友〉画报的跨文化传播研究》(中南大学,2012年)、钟建珊《〈良友〉画报洋货广告与上海市民文化变迁》(广西大学,2014年)、李磊《〈良友〉画报刊载的中国历史文化图像简析》(湖北大学,2014年)等。

相关研究的期刊论文还有许敏《〈良友画报〉与二三十年代的上海》①、杨春晓《解读〈良友〉画报的封面》②、王若梅《一脉殊途异地:沪港〈良友画报〉之比较》③、吕新雨《国事、家事、天下事——〈良友〉画刊与现代启蒙主义》等。

关于《良友》画报文献资料整理的成果也卷帙浩繁。1986年上海书店影印了《良友》画报全26册,近几年香港良友图书有限公司出版了《良友》画报合订本21册,齐集了1926年到1945年间出版的全部172期画报及2期特刊,并包含所有插页、拉页、彩色贴图。所有页面均以原尺寸还原,忠实再现了当年老画报的原貌。2002年《良友》画

---

① 张仲礼主编:《中国近代城市企业·社会·空间》,上海:上海社会科学院出版社1999年版。
② 《新闻大学》2004年冬季号。
③ 梁元生、王宏志编:《双龙吐艳:沪港之文化交流与互动》,沪港发展联合研究所、香港中文大学香港亚太研究所2005年版,第239—257页。

报第四任主编马国亮的回忆性著作《良友忆旧——一家画报与一个时代》①面世,这是最为全面、权威、可信的文献资料;臧杰的《天下良友》②汇聚了一本画报里的人生"传奇",撰述了《良友》五任主编、经理余汉生及文字编辑赵家璧等的人生经历。回忆性资料还有伍联德遗著《良友·回忆·漫谈》③、赵家璧论文《〈良友画报〉二十年的坎坷历程》④及专著《回顾与展望》⑤《编辑忆旧》⑥和《文坛故旧录》⑦等。

第三股潮流是关于《北洋画报》的。

在上述两股潮流面前,《北洋画报》的研究热潮似乎显得有些微小和缓慢,深度和力度都有所不及,但后起之势却也不可小视。《北洋画报》创刊于1926年7月7日,较《良友》画报晚四个多月。较早关注《北洋画报》的是张元卿,曾撰文《读图时代的绅商、大众读物与文学——解读〈北洋画报〉》⑧,阐明读图时代的传媒如何建构传播者的"文化理想",如何制造"时尚",如何创造读图时代的"当代文学"。近几年来,陈艳的博士论文《〈北洋画报〉研究》以及相关系列论文《"新女性"的代表:从爱国女学生到女运动员——20世纪30年代〈北洋画报〉封面研究》⑨《〈北洋画报〉时期的刘云若研究》⑩《〈北洋画报〉与"津派"通俗小说新类型》⑪《〈北洋画报〉与现代通俗小说的生产》⑫等彰显出《北洋画报》研究的火热态势。2014年南开大学王晏殊《民国

---

① 马国亮:《良友忆旧——一家画报与一个时代》,北京:生活·读书·新知三联书店2002年版。
② 臧杰:《天下良友》,青岛:青岛出版社2009年版。
③ 伍联德:《良友·回忆·漫谈》,香港:香港良友画报社1966年版。
④ 赵家璧:《〈良友画报〉二十年的坎坷历程》,载《新闻与传播研究》1987年3月号。
⑤ 赵家璧:《回顾与展望》,太原:山西人民出版社1986年版。
⑥ 赵家璧:《编辑忆旧》,北京:生活·读书·新知三联书店2008年版。
⑦ 赵家璧:《文坛故旧录》,北京:中华书局2008年版。
⑧ 《天津社会科学》2002年第4期。
⑨ 《广西社会科学》2009年第12期。
⑩ 《中国现代文学研究丛刊》2011年第4期。
⑪ 《中国现代文学研究丛刊》2012年第2期。
⑫ 《现代中文学刊》2012年第1期。

时期天津〈北洋画报〉研究》①运用文化研究的思路和方法,认为"《北洋画报》的发生恰恰经历了近现代中国城市文化发展的过程,在这其中充满着传统和现代两种质素的相互交织,二者在大众媒介的城市文化生产场域中被合理地想象与呈现着。在大都市的现代化背景、新派商绅和本土平民相结合的编辑群体、新风尚和传统文化相交融的办刊理想等综合质素作用下,《北洋画报》形成了天津近现代城市文化演变中传统与现代之间矛盾的、共生的、相互依赖的特有风貌"。2015年东北师范大学阴艳的博士学位论文《美者其目标——〈北洋画报〉与城市现代生活》②选取了一份现代画报和一个现代城市来考量和发现中国社会日常生活的现代性问题,进一步阐释在现代与传统的相斥相纳中,现代画报自觉塑造美的家园来对抗现实世界的焦虑等论域进行深入的思考和阐释。

相关硕士学位论文数量的激增和思想性的增强,也表现出《北洋画报》逐渐升温的研究态势。《记录时代的侧影——〈北洋画报〉研究》③对《北洋画报》的诞生背景、发展历程、编辑视野、经营策略及历史地位做了全面的分析,《媒体·消费·性别:民国时期都市女性身体研究——以天津〈北洋画报〉为中心》④以女性主义的研究方法探究《北洋画报》对民国时期女性身体的呈现及人们的性别消费意识,《西洋化生活与近代天津社会变迁——基于〈北洋画报〉广告的研究》⑤《〈北洋画报〉建构的明星形象研究》⑥《〈北洋画报〉之日本形象研

---

① 王晏殊:《民国时期天津〈北洋画报〉研究》,南开大学2013年博士学位论文。
② 阴艳:《美者其目标——〈北洋画报〉与城市现代生活》,东北师范大学2015年博士学位论文。
③ 李永生:《记录时代的侧影——〈北洋画报〉研究》,暨南大学2008年硕士学位论文。
④ 李从娜:《媒体·消费·性别:民国时期都市女性身体研究——以天津〈北洋画报〉为中心》,南开大学2010年硕士学位论文。
⑤ 林小玲:《西洋化生活与近代天津社会变迁——基于〈北洋画报〉广告的研究》,暨南大学2014年硕士学位论文。
⑥ 张显惠:《〈北洋画报〉建构的明星形象研究》,黑龙江大学2012年硕士学位论文。

究》①《〈北洋画报〉女性身体审美研究》②等,各自从不同角度探究《北洋画报》对于明星、国家形象、女性身体等方面的想象与建构。韩红星所撰写的专著《一报一天堂:〈北洋画报〉广告研究》③细致地阐释了《北洋画报》的广告风貌以及从广告图像中所折射出来的消费场景和天津城市的娱乐与休闲文化图景。

在上述三股潮流之外,还有些许涓涓细流,它们自由流淌,却也异彩纷呈。2014年复旦大学杨健的博士学位论文《政治、宣传与摄影——以〈晋察冀画报〉为中心的考察》④,吴果中的《图说中国近代知识普及化传播——以〈启蒙画报〉为中心的视觉解读》⑤《政治文化视阈下的民众动员——〈真相画报〉及其社会影响》⑥《媒介的社会批判:清末〈图画日报〉的文本特色》⑦,行龙的《图像历史:以〈晋察冀画报〉为中心的视觉解读》⑧、董惠宁的《〈飞影阁画报〉研究》⑨、南开大学硕士学位论文李永健的《〈醒俗画报〉及其性别意识研究》、姜海龙的《图文互观与晚清知识分子民众启蒙思想表达——以〈醒俗画报〉为中心》、李钊的《画中有话:晚清〈人镜画报〉的文化构图——性别、国族和视觉表述》和上海师范大学程艳的硕士学位论文《〈图画日报〉视野下的清末社会文化研究》等对中国近现代画报史上的典型个案从多种视角做深度解剖,挖掘基点,搭建画报学术研究的整体框架。尤其值得人们关注的成果是2004年由台湾"中央研究院"近代史研究所出版、黄克武先生主编的《画中有话:近代中国的视觉表述与文化构图》

---

① 陈泽漪:《〈北洋画报〉之日本形象研究》,浙江工商大学2013年硕士学位论文。
② 解丹儒:《〈北洋画报〉女性身体审美研究》,暨南大学2013年硕士学位论文。
③ 厦门大学出版社2012年版。
④ 杨健:《政治、宣传与摄影——以〈晋察冀画报〉为中心的考察》,复旦大学2014年博士学位论文。
⑤ 《新闻与传播研究》2010年第5期。
⑥ 《新闻与传播研究》2011年第5期。
⑦ 《国际新闻界》2011年第12期。
⑧ 杨念群主编:《新史学》(第一卷),北京:中华书局2007年版,第217—248页。
⑨ 《南京艺术学院学报》2011年第1期。

一书,其中收集了1998—2002年该所举办的两次研讨会成果,共收录了王尔敏等十三位历史学、地理学、语言学、艺术学等多学科专家从不同角度分析视觉文化的相关论文,"导论"(《映现抑或在现——视觉史料与历史书写》)更是值得认真阅读的作品。

画报原始文献的搜集与整理成果斐然。国家图书馆分馆文献开发中心与全国图书馆文献缩微复制中心,将珍藏在国家图书馆的清末民初报刊画册遴选出十种:《飞影阁画册》《新闻画报》《申报图画》《神州画报》《民呼日报图画》《图画新闻》《舆论时事报图画》《时报附刊之画报》《民权画报》《天民画报》,整理而成《清代报刊图画集成》,于2001年出版发行,并于2003年再版;后又于2003年出版《清末民初报刊图画集成续编》,为广大读者了解清末民初这一特定历史时期的情况提供了宝贵的第一手材料。更有2007年出版发行的鸿篇巨制《民国画报汇编》,汇集民国时期出版的近百种画报,分为"北京卷""天津卷""上海卷""粤港卷"和"综合卷",资料翔实,为研究者提供了很大方便。

综观目前的画报研究文献可以发现,最早的画报研究成果大多数以梳理史实、鉴别种类、评估价值等宏观、表象研究为主;20世纪90年代以后的画报研究成果已经开始关注画报与中国近代社会经济、历史文化、现代化进程等话题的结合,试图发掘画报图像中的"微言大义",但研究者寥寥。连专注于中国晚清画报研究的陈平原、夏晓虹编著《图像晚清》时仅以介绍性的文字和图像梳理、呈现《点石斋画报》,而对于这些文字和图像的解读却付之阙如,他们自己也申明:"如何引申发挥,怎样发掘微言大义,则留给远比我们高明的读者。"[①]

近几年来,有人试图将图像与中国现代性结合起来,研究中国近代画报的视觉文化及视觉现代性话题。彭丽君(Laikwan Pang)的《哈

[①] 陈平原、夏晓虹:《图像晚清》,天津:百花文艺出版社2006年版,第4页。

左图右史与画中有话：中国近现代画报研究（1874—1949）

哈镜：中国的视觉现代性》①是一部具有较大影响的、以中国近代画报为研究基础探讨视觉文化与中国现代性的国外学术专著，书中广泛涉及印刷术、摄影、广告、电影与戏曲表演等一系列媒体和视觉形式，探讨了在1880年至20世纪30年代这一动荡的历史时期，中国市民主体在与新兴视觉文化的相互碰撞中，观看自身的多重而复杂的方式。柯律格的《明代的图像与现代性》(Pictures and Visuality in Early Modern China)②研究了明代中国艺术品及其图像的视觉含义。国内的相关研究以四川大学徐沛的2008年博士学位论文《图像与现代性——中国近代画报视觉文化研究（1884—1937）》为代表。作者通过对五类画报图像文本（女性图像、"生番"图像、景观图像、战争图像和体育图像）的分析，探究图像对中国现代性的表征。复旦大学陈阳的2014年博士学位论文《〈真相画报〉与"视觉现代性"》试图从"视觉现代性"的角度来分析《真相画报》的图像传播，由此阐明《真相画报》在新闻传播史和艺术文化史中的地位和作用。文章认为，《真相画报》的"视觉现代性"是在"摄影现代性""绘画现代性"和"传播现代性"的综合作用下通过丰富的视觉文本来建构人们对世界的认知，即"看什么"和"如何看"。肖晶的硕士学位论文《日常生活中的个人与国家：解读〈良友〉画报的现代身体图像（1926—1937）》③对20世纪二三十年代《良友》画报的现代身体图像进行考察，探讨日常生活中个人主义与国家话语如何作用于普通人现代身体的生成，从而揭示现代性中个人与国家/民族的关系。这些研究从"视觉文化"和"视觉现代性"切入，开阔了研究视域，拓展了研究思路，促进了画报史研究的纵深发展。

当然，相对来说，中国画报史较多仍然停留于"编年史"的研究体

---

① *The Distorting Mirror*: *Visual Modernity in China*, 夏威夷：夏威夷大学出版社2007年版。彭丽君：《中国视觉现代性》，张春田等译，上海：上海书店出版社2013年版。

② 〔英〕柯律格：《明代的图像与视觉性》，黄晓鹃译，北京：北京大学出版社2013年版。

③ 复旦大学2011年硕士学位论文。

例,采用的仍是传统历史学的研究方法,缺乏对图像深度的文化意义阐释,"迄今为止,近代画报的研究者还很少将目光投向画报图像内容以外的其他方面,几乎没有通过分析图像来窥看图像意指实践中的意义生产这一过程"①。因此,在"文化转向"或"视觉转向"的学术背景下,如何将中国画报史"编年史"的研究体例逐渐转换到社会文化史的研究路径,融入社会学、人类学、民俗学、艺术学、图像志等多种新史学的研究方法,从多个角度呈现图像视阈下工匠、农民、妇女、儿童、乞丐、学生等非精英的下层普通人与明星名媛、艺术家、军事家等上层社会名流精英相互交织的文化历史已成为中国画报史研究的迫切话题。由此,画报研究必须思考并回答这样一个问题:图像中的信息是"谁"在生产与接受?画报的传播者群体与目标受众群体由哪些类型的人组成?他们在怎样特定的场合和社会背景下制造和阅读画报?画报建构了怎样的日常生活中的个人与国家想象?画报图像中包含怎样的文化意蕴?带着这些问题,本书开启了中国近现代画报研究的艰难之旅。

---

① 徐沛:《图像与现代性——中国近代画报视觉文化研究(1884—1937)》,四川大学2008年博士学位论文,第12页。

第一章　中国近现代画报的历史形态

画报是一种以图画为主、文字为辅、受众喜闻乐见的媒介样式,是"以刊载摄影图片、绘画为主要内容的期刊,它用形象的直观的图像传播信息和知识"①。画报之所以为画报,是因为有"画"与"报",画即pictorial,报即news,也就是说画报是艺术趣味和新闻信息二者兼备的大众传播媒介。中国画报产生于儿童报刊滥觞时期,并以第一部儿童报刊《小孩月报》为画报的生长点,在两个方面彰显出其内在要素。一是媒介内容和形式较自然地迎合了受众群体的阅读需求。英国报业大王北岩爵士说:"图画为无音之新闻",借图画表现文字,可以使村夫稚子,都能一目了然,"画报与字报比较,画报如同看戏,字报比作听书,看画报的,不认字可以瞧画儿,看字报的若是不认字,即只好数个儿罢。画报一看便知,不论妇孺,易于知晓。"②正如《启蒙画报》创办人彭翼仲所说:"孩提脑力,当以图说为入学阶梯,而理显词明,庶能收

---

① 《中国大百科全书·新闻出版》,北京:中国大百科全书出版社1990年版,第149页。
② 《菊斋画报》,转引自蒋荫恩:《中国画报的检讨》,载《报学季刊》1935年第1卷第4期,第17页。

博物多闻之益。"小孩对图像的心理审美,催生了画报以儿童为对象的传播路径。二是人类文明产生于画。"最古的史是画,最古的新闻也是画。如此说来,最古的报要算是画报了。"①自从人类知道形象时,就有画。远在文字出现之前的新石器时代,人们便在石片、鹿角等器具和军用的旗子上画画,使之在政治、军事、宗教等方面发挥作用。可以说,"伏羲画卦是中国文明的本源,有八卦然后才有易经,有易经然后才有书经诗经等。"②正是这种实用的图腾文化,开启了中国的古代文明。而一切最大的文字都是象形文字,象形文字自然是画来的。文字的演变促进了书刊的发展,也促进了人类的文化。画与象形文字所告知的,就是最原始的新闻,所谓"左史记言,右史记行"中的"史",也就是当时的新闻。画与新闻的同步起源,催生了报纸的老祖宗——画报。

然而,与中国近代报业是在外国传教士手中创办起来、中国土地上近代报刊的历史由外国人揭开序幕一样,中国画报未能在中国近代社会里自发地生成,覆盖其身的封建权力话语霸权和自给自足的自然经济的双重压制,是经由西方文化的浸润才渐次松绑的。

"画报的潮流发轫于海上……上海画报销数达万余"③,上海是中国近代画报的起源地,又是画报出版最兴盛的地区。据统计,辛亥革命以前全国共出版画报约七十种,而上海达三十多种,占一半。20世纪二三十年代的画报更是无处可比。以上海为中心探究中国近代画报的历史轨迹,自然是一个很具普适性意义的研究。中国近代第一份画报就是1874年创办于福州、1875年移至上海的儿童报刊《小孩月报》,它开启了中国画报的历史序幕。

---

① 老太婆:《画话》,载《北晨画刊》1934年5月19日第1卷第1期。
② 同上。
③ 朱涤秋:《北京画报发刊后》,载《北京画报》1926年11月1日。

第一节　1874—1949：潮起潮落

一、1874—1884年：十年萌芽

中国近代画报最初是外国传教士为了普及殖民教育而设，以图画表现新闻信息和传播知识，这是中国80%以上的农民都不识字的国情使然。因此，这一时期的画报均是属于西方传教士之手，宗教教义的传播成为创办画报的主要动因。

关于中国最早画报的定名，学术界众说纷纭、莫衷一是。谈论中国画报史者，如黄天鹏《五十年来画报之变迁》（见《良友》画报第49期）、蒋荫恩《中国画报的检讨》（见《报学季刊》第一卷第四期）、阿英《中国画报发展之经过》（见《良友》画报第150期）等，大多以《点石斋画报》为起点，而忽略了前期很长时间的酝酿过程。《北洋画报》的创办人冯武越谈道："在吾国之谈画报历史者，莫不首数上海之《点石斋画报》……去此以前为木刻时代，在吾国未必再有画报也。"①张若谷也认为："到了纪元前三〇年（光绪初叶）间，石印术流行起来，才开始有关于时事新闻的画报出现，最著名的有纪元前二十八年（清光绪十年，即公元一八八四年）出版的《点石斋画报》等。"②可是，胡道静公然挑战了张若谷的说法："最早的画报为上海清心书院所出的《小孩月报》，其次为《瀛寰画报》，第三为清心书院所出的《画图新报》，第四才挨到《点石斋画报》。"③而有人对《小孩月报》能否可以作为中国最早的画报存有怀疑。阿英说："因为《小孩月报》，实系一种文字刊物，附加插图，目之为画报，是不大适当的。"这种观点得到了陈平原的呼应，

---

① 冯武越：《画报进步谈》，载《北洋画报》1928年12月1日第六卷卷首号。
② 张若谷：《纪元前五年上海北京画报之一瞥》，载上海通社编：《上海研究资料续编》，上海：上海书店出版社1984年版，第326页。
③ 胡道静：《报坛逸话》，转引自张静庐辑注：《中国近代出版史料初编》，上海：群联出版社1953年版，第76页。

以为画报应以新闻性为第一位,"图文并茂"的传播样式必须从属于近代报刊这一特性。

然而,从上海通志馆收集的若干份《小孩月报》(无创刊号)来看,《小孩月报》应是中国近代画报的萌芽。它不但刊载有故事、寓言、诗歌、传记、小说、戏法、科学常识,而且刊有论说、教会新闻、杂志新闻、国内外时事等,并配有精美的铜版和黄杨雕版的图画。新闻性、图画性,已彰显画报的刊物特质,并呈现出了中国近代画报的面目雏形。

由于难以亲睹,《小孩月报》的创刊时间、地点、附属领地,依然成为学界的一大公案。① 根据朱传誉先生的研究,《小孩月报》1874年2月于福州创刊,到1875年才移至上海。根据范约翰所著《小孩月报志异记》记载和现存原样推论:《小孩月报》创刊于1875年5月5日,1881年5月改名为《月报》,由画图新报馆发行;1914年1月又改名为《开风报》,由中国圣教书会和沪汉联会合办;1915年12月停刊,共四十年的出版历史。

《小孩月报》用连史纸印刷,封面用黄纸,三十二开,线装书册式,

---

① 关于《小孩月报》沿革的各种说法。1927年戈公振先生的《中国报学史》所载:"《小孩月报》(Child's Paper),于光绪元年(1875年)出版于上海,为范约翰(J. M. W. Farnham)所编辑。连史纸印,文字极浅近易读,有诗歌、故事、名人传记、博物、科学等。插图均雕刻,铜版尤精美。至民国四年改为《开风报》,但出五期即止。"萨空了先生于1931年在北平燕京大学演讲《五十年来中国画报之三个时期及其批评》,认为光绪元年前后上海确已有编辑印刷皆已甚佳之画报,但关于《小孩月报》曾询问戈公振,戈说亦未亲睹。《上海研究资料续编》中《最早的画报》一文也谈到,《小孩月报》创刊于1875年,最初为上海清心书馆所出,约在1880年以后,移交给中国圣教书会(Chinese Religious Tract Society, Shanghai)印发,1894年中国圣教书会与华东圣书会合并,改名"圣教书会",《小孩月报》至1915年才停刊。方汉奇等编《近代中国新闻事业史事编年》载:"1875年3月某日,我国最早有插图的中文杂志《小孩月报》(Child's Paper)从福州迁至上海出版。月刊。上海基督教清心书馆发行,该校校长美国长老会传教士范约翰(J. M. W. Farnham)主编,用连史纸印刷,文字浅近易读"(见《新闻研究资料》1981年第四辑)。而朱传誉《报人·报史·报学》发表见解道:"《小孩月报》的真正创刊日期,是1874年2月。创刊地点在福州,而不是在上海。创刊者不是'清心书馆'的范约翰,而是普洛姆太太和胡巴尔太太。到1875年,才由美国长老会牧师范约翰接办,移到上海出版。"费毓龄、陈祖恩《〈小孩月报〉与中国近代启蒙教育》一文中记载,《小孩月报》于1875年4月创刊(见《新闻研究资料》总第二十六辑)。葛伯熙《〈小孩月报〉考证》认为《小孩月报》创刊于1875年5月5日(见《新闻研究资料》总第三十一辑)。

图1 《小孩月报》第一部1876年7月刊,第二部1877年9月刊

宗教内容,多图画,当时便有"图画月刊"(Illustrated Monthly)之称,成为一份生动活泼的画报,月印三千五百本,影响较广。之后,申报馆的《寰瀛画报》、范约翰的《画图新报》、广学会的《成童画报》《孩提画报》《训蒙画报》等外国人在中国出版的画报渐次兴起,中国近代画报的旅程正式拉开帷幕。不过,画报内容的过去式、装帧的书册式、黄色封面的中国式,均体现了画报对中国读者文化心理的固定印象,影响了画报对于西方先进报刊理念的及时吸纳,并因制图均用镂版,致使画报远远落后于字报的近代化进程。中国画报的近代化历史,是由石印术和《点石斋画报》开启的。

二、1884—1907年:中国画报的近代化旅程

历史要由人民自己创造。在西方报业模式的背景下,真正推动中国报业蓬勃发展的,是国内人民的自身努力。中国新闻事业史上的两次办报高潮,乃是很好的例证,画报亦然。以上海为中心的画报,就是在国人绘画和石印技术的引进中开始其近代化历程的。

《点石斋画报》①被赋予中国画报的"鼻祖"称号而享有盛誉,它作为中国第一张石印画报和最具影响力的时事画报,创制了中国近代画报以图文并茂手段传播时事新知的新体式。《点石斋画报》创刊于1884年5月8日,终刊于1898年8月②,每十天一号,月出三册,共发行了44集共528号。每册八页,价洋五分。由尊闻阁主人,即英国人美查(Ernest Major)作为申报馆的副业创办,吴友如为主笔,编目用天干、地支、八音、六艺,共出版三十六卷。内容以"奇闻""果报""新知""时事"为主体,有新闻,有百美图、百卉图、百兽图、名人书画,有上海时装等品类,从《点石斋画报缘起》"爱情精于绘事者,择新奇可喜之事,摹而为图"的阐释中可以看到其追新猎奇以吸引读者的刊物旨趣。《点石斋画报》配合新闻,注重时事,图文互动,"当然,也有风土人情、琐事逸闻、幻想故事等,但对于'时事'的强烈关注,始终是'画报'有别于一般'画册'的地方。与新闻结盟,使得画报的'时间意识'非常突出……"③如果说《小孩月报》等的图文关系和时事性还不足以构成严格意义上的画报,那么《点石斋画报》则已补充了这方面的不足,开启了中国近代画报史上的新时代。

与中国近代主流报业的生长背景一样,中国画报主要受外国画报的影响,也受中国本土传奇小说前插图即绣像小说的影响。就《点石斋画报》来说,"一半是仿外国画报,一半是仿传奇小说前的插图"④,

---

① 《点石斋画报》初刊本大多存于上海图书馆和伦敦大学亚非学院图书馆,其他散见于中国国家图书馆和世界各大学图书馆。现今学者采用的多为点石斋重印本,重印本种类各异。可参阅唐宏峰:《"点石斋"的遗产》,《文学与文化》2014年第4期。

② 关于《点石斋画报》的停刊时间,学界尚存分歧,存有1894年、1898年和1900年等几种说法。可参阅裴丹青:《〈点石斋画报〉研究综述》,《河南图书馆学刊》2007年第2期;苏全有等:《对〈点石斋画报〉研究的回顾与反思》,《重庆交通大学学报(社科版)》2011年第3期。

③ 陈平原:《新闻与石印——〈点石斋画报〉之成立》,《开放时代》2000年第7期,第7页。

④ 朱传誉:《报人·报史·报学》,台北:台湾"商务印书馆"股份有限公司1985年版,第111页。

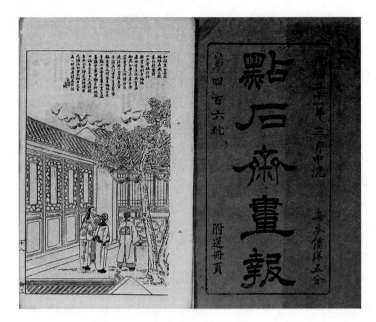

图2 《点石斋画报》第四百六号,光绪二十一年三月

总之,就是中西文化合流的产物。这一点,《点石斋画报缘启》说得很清楚:

> 画报盛行泰西,盖取各馆新闻事迹之颖异者,或新出一器,乍见一物,皆为绘图缀说,以征阅者之信,而中国则未之前闻。
>
> ……
>
> 世运所至,风会渐开,乃者泰西文字,中土人士颇有识其体例者,习处既久,好尚亦移。近以法越构衅,中朝决意用兵,敌忾之忱,薄海同具。好事者绘为战捷之图,市井购观,恣为谈助,于以知风气使然,不仅新闻,即画报亦从此可类推矣。①

由此可知,美查是在泰西画报的启发下,才开始《点石斋画报》出

---

① 《点石斋画报缘启》,载复旦大学新闻学新闻史教研室编:《中国新闻史文集》,上海:上海人民出版社1987年版,第16—17页。

版构想的,对此,王尔敏做了进一步的论述:"就图画新闻纸而言,《点石斋画报》所直接承受西洋书报影响者,当为《花图新报》(The Chinese Illustrated News)。"①《花图新报》是美国北长老会教士范约翰(Rev. J. M. W. Farnham)于1880年创办,至1913年终刊,以"上海清心书馆"名义发行,内容刊载天文、地理、科学、器物、时事、人物等,每月出版三千份,刊载图画并附加详细文字说明。② 虽未标明画报,但内容和体式已是"表现一种画报品类"。《点石斋画报》受其影响,仿效并设计了刊物样式,于1886年6月26日的《申报》上,做了进一步介绍:

> 本馆印行画报,非徒以笔墨供人玩好,盖寓果报于书画,借书画为劝惩……而且外洋新出一器,乍创一物,凡有利于国计民生者,立即绘图译说,以备官商采用。③

前者"寓果报于书画,借书画为劝惩"的创办宗旨,是"道地的中国特色"④,而对于"以备官商采用"时事新知的编辑与处理,又寓含了西方报刊的近代理念、政治倾向和文化情怀,清楚地记录了晚清"西学东渐"的渗透轨迹。

《点石斋画报》的大规模流行,除以新闻取胜,还得助于石印技术的运用。石印术发明于1796年,八十年后方才引入中国。最初使用者为上海徐家汇土家湾印刷所,用于天主教宣传品的印刷。1878年,点石斋石印书局从西洋购得新式石印机器一台,照印各种书画。⑤ 使

---

① 王尔敏:《中国近代知识普及化传播之图说形式——点石斋画报例》,《"中研院"近代史研究所集刊》1990年第19期。
② 百瑞华(Roswell S. Britton):*The Chinese Periodical Press, 1800—1912*, Shanghai, 1933; Reprinted by Cheng-Wen Publishing C., Taipei, 1966, pp. 56-57;上海通志馆期刊,1933年第1卷第2期,第545页;《花图新报》第12期,光绪七年三月,上海清心堂图记;台北:台湾书局1976年10月影印。
③ 申报馆主:《第六号画报出售》,载《申报》1884年6月26日。
④ 陈平原、夏晓虹:《图像晚清》,天津:百花文艺出版社2006年版,"导论"第6页。
⑤ 《申报》1879年5月25日的一则广告云:"本馆去年(1878年)从西洋购得新式的石版印刷机,可以与原件毫无二致地复制所有的书籍,并且还可以缩小尺寸。"

用石印术后,能使书画"与元本不爽锱铢,且神采更觉焕发"①,且出版速度大为提高,因此,不仅增强了画报对于绘画印制的本真性,而且增强了画报报道新闻时事的及时性,在"像"与"快"之间达到了读者的心理期待,并"开启了以'价廉费省'的石印方式报道'各国新奇事'的新时代"②,营造了中国近代画报的春天。

《点石斋画报》的意义,概述起来有两点:一是创造了以图像解读"时事"、传播"新知"与"奇闻"的画报时尚,开创了中国新闻史上最早的"读图时代"和中国近现代画报的石印时代,建构了中国画报的近代化报刊理念与模式,为后世所效仿。据彭永祥统计,从1877年至1919年,国人共出版的画报有118种,"绝大多数是图画石印或刻版,摄影画报很少"③。"因《点石斋画报》之起,海上画报遂日趋繁多,然清末数十年,绝无能与抗衡者"④。这不免有为自己做广告之嫌,但其功绩却是中国画报史上前无古人的。

继《点石斋画报》之后,石印画报大兴,如上海的《图画日报》《图画演说报》,北京的《浅说日日新闻画报》《新铭画报》等,尤其是申报馆发行、吴友如主持、创刊于1890年的《飞影阁画册》,1902年创刊于北京的《启蒙画报》,1905年创刊于广州的《时事画报》,1906年创刊于京师的《开通画报》,1908年创刊于上海的《世界画报》,1909年创刊于上海的《图画日报》等。更有甚者,新闻纸逐日附送画报单页之风最初在上海盛行,1893年11月,《新闻报》率先开创了这一局面。之后,各报竞相仿制,《申报》《民立报》《民权报》《时事新报》《神州日报》等都附有光纸石印的画报,渐次开启了中国近现代画报石印时代的新气象。

---

① 美查:《点石斋印售书籍图画碑帖楹联价目》,载《申报》1879年7月27日。
② 陈平原:《书画争夸点石斋》,载《文史知识》2006年第4期。
③ 彭永祥:《中国近代画报简介》,载丁守和主编:《辛亥革命时期期刊介绍》第四集,北京:人民出版社1986年版,第656页。
④ 沈瀣斋主:《上海掌故谈》,载《申报春秋》1938年12月13日。

二是扩大了报刊读者范围,在图像喜闻乐见的传播样式中,培养了民众的阅报习惯,并自觉地实现报刊"开愚""启蒙"的社会功能。作为新的出版形式,画报已为大众乐于接受。除了新闻画的常规性出现,《点石斋画报》随后会附录文学作品,如连载的笔记小说、戏曲、谜语等,并附有插图,吸引了大量文学爱好者。同时,从创办第二年起《点石斋画报》便开始附赠美术插页,每期大致有一张到两三张不等,随画报共同发售。插页画大都为"海派"画家群体所作的人物、花鸟和山水画,绘制精细,构图精美,尺寸远大于画报本身,便于绘画爱好者单独收藏、装裱或挂起。《点石斋画报》"通过长期稳定地提供小说附录和插页画,而为自己增添了重要的文学意义和美学意义,有力提升了自己在文化产品层级上的地位"①。因此,在新闻信息接受者群体之外,文学爱好者和美术爱好者共同建构了《点石斋画报》的读者群体,致使《点石斋画报》当时影响最大。包天笑曾回忆道:"我在十三岁的时候,上海出有一种石印的《点石斋画报》,我最喜欢看了。本来儿童最喜欢看画,而这个画报,即是成人也喜欢看的。每逢出版,寄到苏州来,我宁可省下了点心钱,必须去购买一册。"②"各家画报售纷纷,销路争夸最出群。纵是花丛不识字,亦持一纸说新闻"。③ 看画报,渐渐成为清末民初大众的一种生活仪式,无论是报刊内容传播,还是读者群体规模,中国近现代画报已经具备近代化的基本要素。

三、1907—1937 年:中国画报的成熟与发展

传播技术的先进性,促使大众媒介日新月异地发展。中国最早的中外文报刊,都只有文字新闻,没有插图,更无新闻照片。报刊采用新闻插图,始于 19 世纪七八十年代。由于铜版印刷取代石印技术,以及

---

① 唐宏峰:《"点石斋"的遗产》,《文学与文化》2014 年第 4 期。
② 包天笑:《钏影楼回忆录》,香港:香港大华出版社 1971 年版,第 112 页。
③ 兰陵忧患生:《京华百二竹枝词》,载雷梦水等编:《中华竹枝词》(一),北京:北京古籍出版社 1997 年版,第 277 页。

摄影术的传入并普及,中国近现代画报走进了近代化的发展时期——铜锌版时代。

摄影是画报发展成熟的最重要因素。摄影画报以其更清晰更真实的视觉效果和更精美的印刷质量,在感官上大大超过了石印画报。而在其中的图文关系上,图画的中心地位更是远较石印画报明确,图对文的超越,以至图文并茂的传播效果是中国近代画报成熟的明显标志。

摄影最初出现在西方。中国人对西方文化的引进,往往是"初则惊,继则异,再继则羡慕,后继则效"[①]。1840年,摄影术随英国的炮舰来到中国,很快在广州等地传播开来,并迅速波及上海,被视为科学致用的工具,与绘画并重的摄影便开始了中国之旅。随着观念的改变与提倡、摄影器械与工艺的进步,摄影术逐渐为社会各阶层所认同,画报生存与壮大的文化土壤得以滋养。

1907年是中国新闻摄影史上一个值得纪念的年份。这年秋天,由张静江、吴稚晖、李石曾诸人主办,最早采用照相制版的铜锌版技术,以新姿态出现的画报——《世界》画报于巴黎创刊。张静江主要给予财政支持,所有的办刊经费,几乎都是由其一人负担;具体编排和印刷等一应事务,主要由吴稚晖亲自负责,采用当时十分先进的凸版印刷,此法印刷的照片画面非常清晰,在当时亚洲具领先水平;李石曾执笔撰文,翻译出版。编辑人为"仁和姚菊人学使之女公子姚蕙",亦为张静江夫人,是中国历史上第一个画报女性主编。

《世界》画报在巴黎印制后运回上海发行。据上海图书馆珍藏齐全的两期来看,第一期扉页上盖有一枚蓝色印章,印文为"上海老闸桥南厚德里世界画报总发行所,电话2890",从第二期起发行所就迁到了上海新闻界的大本营:四马路望平街,地址是204号。《世界》画报为季刊,八开本,用重磅道林纸彩印,间以三色版,彩色石印封面,印刷精

---

① 唐振常:《市民意识与上海社会》,《二十一世纪》1992年6月号。

美,富丽异常。每期刊出照相图片近四百幅,取材立足全球、偶尔关注国内,"半数以上为世界各地的风光名胜、科学技术、文化生活作品和时事照片"①。内容包含"世界各殊之景物""世界真理之科学""世界最近之现象""世界纪念之历史"和"世界进化之略迹"等五大板块,各个板块都集中介绍能代表西方民主和科学的一些事物。

《世界》画报成为国人自办最早的摄影画报。更为重要的是,它以内容新潮、印刷精美等特性,在当时引起了很大反响。对于《世界》画报的印刷,曾主编过多种画报的画家张光宇给予了高度赞扬:"《世界》画报初次发行的时候,不用说在中国是属于空前的创举,即使在印刷界进步甚速的日本,也没有那样精美和豪华类似性质的画报出现。《世界》画报真可以骄傲地占坐东亚印刷界的第一把椅子,是东亚画报中的鼻祖。"这样精美的画报,曾引起很多读者的垂涎,张光宇在文中进一步回忆,自己少年时路过望平街,每每被《世界》画报所吸引,但该刊每册定价高达大洋两元,并且具有明显的革命倾向,故父母不肯买。以后成年了才收集到该刊,算是圆了自己的少年之梦。② 作家施蛰存对《世界》画报的评价更高,他在20世纪30年代曾撰文表示:"要找一种像英国的《伦敦画报》、法国的《所见周报》和《画刊》这等刊物,实在也很少。就是以最有成绩的《良友》和《时代》这两种画报来看,我个人仍觉得每期中有新闻性的资料还嫌太少一些,至于彩色版之多,编制的整齐,印刷之精,这诸点,现在的画报似乎还赶不上三十年前的《世界》。'东方文明开辟五千年以来第一种体式宏壮图绘富艳之印刷物。西方文明灌输数十年以来第一种理趣完备组织精当之绍介品。'这个评语,即使到现在,似乎还应该让《世界》画报居之无愧。"③

---

① 方汉奇:《中国新闻事业通史》(第1卷),北京:中国人民大学出版社2000年版,第1005页。
② 张光宇:《吴稚晖先生谈世界画报》,《万象》1935年第3期。
③ 施蛰存:《绕室旅行记》,转引自《施蛰存七十年文选》,上海:上海文艺出版社1996年版。

1921年,沈知方创办世界书局,历经十余年的苦心经营,后发展为堪和"商务印书馆""中华书局"比肩的大书局。而沈知方承认,开设书局,以"世界"为名,正是看了《世界》画报后受到的影响。① 这些足以证明《世界》画报在当时知识分子心目中的崇高地位。

《世界》画报奏响了中国近代画报走入新时期的先声。

1912年1月1日,中国历史上第一个资产阶级共和国诞生;2月12日,清帝溥仪被迫退位,统治中国2000多年的封建帝制宣告结束。受辛亥革命胜利的推动,中国新闻事业出现了空前的繁荣。画报在这一时期也出现了新的面目。

完全脱离国外干系,在国内正式实现照相铜锌版印刷,则是高奇峰1912年6月11日创刊于上海的《真相画报》。旬刊,标注为每月逢一出版,一日、十一日、二十一日见报,十六开本,书册式装帧,封面彩印,至1913年3月停刊②,共出十七期。取材精粹,包括时事、社会活动、人物、书画等,偏重于政治和美术,以论语、时评、时事画、美术画、历史滑稽画等剖析新闻和社会政局,"以文学图画构成,或庄或谐,或图或说,社会状态时局变迁无微不显,无幽不著"③。因此,被人称为

图3 《真相画报》

---

① 李鸿球:《世界书局与世界文化》,载《世界月刊》1947年第2卷第6期。以上关于《世界》画报的部分介绍,可参考张伟:《一百年前的〈世界〉》,载《纸韵悠长——人与书的往事》,台北:秀威资讯科技股份有限公司2009年版,第85—93页。

② 《真相画报》第17期署1913年3月1日,而从第14—17期,画报连续刊载了"宋案"真相的照片,宋案发生于1913年3月20日,因此,可以判断《真相画报》的停刊时间绝不是3月1日。

③ 《真相画报出世之缘起》,载《真相画报》1912年第1期。

"我国近代史上著名的一份大型革命画刊"①。

顾名思义,《真相画报》是探讨"真相",即中华民国的真相,"舍实行监督之外,决难为功。然非洞明政府之真相,则监督亦无从措手。此本报之设所以真相名也"②。画报的刊物宗旨就是"特集合躬亲患难,组织民国之知己相与讨论民国之真相,缅述既往,洞观现在,默测未来,以美术文学之精神为中华民国之前导,分类制图,按图作说",以"监督共和政治、调查民生状态、奖进社会主义、输入世界知识"。③ 第1期马星驰绘画,图示全国各地社会真相,"上海真相:遁逃薮""内地之真相:疮痍满肤""北京之真相:运动场""政党之真相:兄弟斗墙"。从第14—17期连续四期报道宋教仁被暗杀的经过,试图揭露政局真相。《真相画报》立志以艺术塑造国民精神,教育民众"知我民国以往之历史""现在之状态"和"将来之结果"。如第2期醒迟生戏笔"国民之真相",以三幅图画对国民做了如下的道德评价:"过去之国民:蜷伏专制下""现在之国民:权利竞争""将来之国民:权利义务平等"。

短短十七期《真相画报》,无论刊物旨趣,还是经营实践,在刊物的内容取材和装帧印制上,以新闻性和精美性"实具后来之大型月刊画报的规模"④,作为摄影画报的一面旗帜,为中国近现代画报的成熟创制了借鉴的摹本。

《真相画报》"是中国摄刊照片的(笔墨绘图的不计)图画杂志之开元"⑤。在此之后,五四新文化运动,促进了"人的意识"的觉醒,确立了以受众为中心的画报观念。这种观念的强化使得初具雏形的中国近代画报焕然一新。办刊宗旨摆脱了外国传教士的宗教蛊惑、西方物质器具风俗的说教、低级趣味的消遣;内容趋于科学知识、文化文

---

① 丁守和:《辛亥革命时期期刊介绍》第五集,北京:人民出版社1986年版,第159页。
② 谢英伯:《真相画报发刊词》,载《真相画报》1912年第1期。
③ 《真相画报出世之缘起》,载《真相画报》1912年第1期。
④ 阿英:《中国画报发展之经过》,载《良友》画报1940年第150期。
⑤ 梁得所:《艺术的过程——高奇峰先生与画报》,载《大众》画报1933年第2期。

明,图文并茂的传播样式更适合读者的审美趣味。五四新文化运动和摄影铜版印刷技术催生了中国新型的画报。

中国摄影画报蓬蓬勃勃地发展起来。据统计,到 1935 年竟达 235 种之多。① 戈公振、沈能毅主编,1920 年 6 月 9 日上海《时报》增出《图画周刊》,体例仿照外报的星期画刊,完全使用铜版印刷,"为画报界开一纪元"②。内容刊载新闻时事、美术、风景人物、妇女儿童照片,以"彰善阐恶"为本旨,"若夫提倡美术,增进阅者之兴趣,又其余事耳"。由此,《图画周刊》很受读者欢迎。"毕倚虹看了眼热,也就办起《上海画报》来。"③

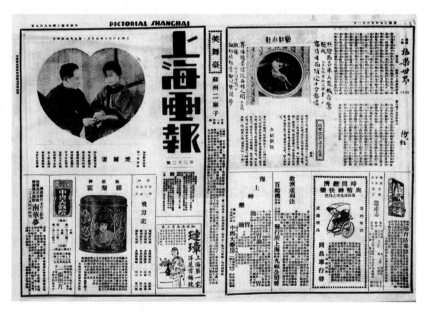

图 4 《上海画报》第二十三号

《上海画报》创刊于 1925 年 6 月 6 日,由许窥豹、曾师竹做助手,毕倚虹主刊。它是一份介于日报和月刊之间的新型画报,三日刊,八

---

① 吴福辉:《漫议老画报》,载《小说家》1999 年第 2 期,第 97 页。
② 刘凌沧:《中国画报之回顾》,载《北洋画报》1933 年 1 月 31 日第 2 版。
③ 郑逸梅:《上海的画报潮》,载《书报话旧》,北京:中华书局 2005 年版,第 264 页。

开,四个版。首创三日刊画报发行模式。《上海画报》报道范围非常广泛,及时跟踪报道"五卅"惨案,还刊载了许多外地市民甚至国外华侨支援上海人民的消息和图片,并对圣约翰大学爆发的学生风潮和"商务""中华"的罢工潮都作了及时报道,刊登了大量触目惊心的照片。它一般侧重于人物报道,如政界要人有吴佩孚、蒋介石、陈独秀、李大钊等,报人有邵飘萍、林白水、戈公振等,学术界有蔡元培、王国维、胡适等,还有许多画家、明星名媛等。它还刊载名人的亲笔手迹,如孙中山的题词、王国维的绝命书、张学良的购书函、胡适的书扇、梁启超的刻印等。它策划出版了十几期特刊,如"中华歌舞大会特刊"(第256期,1927年7月24日)、"天马会特刊"(第290期,1927年11月6日)、"刘海粟先生去国纪念展览会特刊"(第412期,1928年11月15日)、"南国戏剧特刊"(第492期,1929年7月30日)、"救济国难书画展览会特刊"(第775期,1932年1月24日)、"陈树人个人画展特刊"(第815期,1932年7月16日)、"游艺救国总动员特刊"(第847期,1932年12月26日)。

《上海画报》因执力于独家新闻报道,一炮走红。一方面,其新颖的形式和扎实的内容赢得了市民的青睐,发行量很快达到二万份,"京津报房以电索报者踵相接"①,周瘦鹃曾赞道:"不意白帜招展,揭帖纷飞中,而《上海画报》奋然崛起,如春雷之乍发,如奇葩之初胎,吾人惊魂未定,耳目为之一新,倚虹之毅力,有足多者。"②另一方面,《上海画报》的成功,"刺激了芸芸众生,跟风而起者顿如雨后春笋,毕倚虹的助手们也先后离他而去,独创门户"③,"从此掀起一股'画报热',一时间

---

① 炯炯:《呜呼!毕倚虹先生》,载《上海画报》第112期,1926年5月18日。
② 周瘦鹃:《去年今日》,载《上海画报》第118期,1926年6月6日。
③ 张伟:《往昔岁月的图文写真——一九二五—一九三三年的〈上海画报〉》,载《纸韵悠长——人与书的往事》,台北:秀威资讯科技股份有限公司2009年版,第99页。

铜版画报风起云涌"①,在当时形成了一个蔚为壮观的"三日刊画报潮"。如张光宇、刘豁公主办的《三日画报》,松江闻野鹤主持的《中国画报》,曹梦鱼主持的《骆驼画报》,周瘦鹃主辑的《紫葡萄画报》,严芙孙主编的《星期画报》。尤其是林泽苍、庞亦鹏、丁惠康三人创办的《摄影画报》,每周六出版,运用活体楷字,注重照片的精美,颇清晰悦目。北方之铜版画报,也呈兴盛之势。如1924年冯武越的《图画世界》,杂志式,插图丰富,印刷亦精;1925年9月发刊的《晨报》附刊《星期画报》,为对开之单张,注重美术及小品文字,排版印刷,颇具美术思想;继起者还有林凤眠主编的《世界日报》附刊《世界画报》,取材精美而又通俗,注重画学知识之灌输,同为一时优秀之刊物。

戈公振创办的《时报》附张《图画周刊》,为中国报纸增辟现代画刊之始。自此以后,一些大报纷纷效仿,如《京报》《晨报》《申报》等。

图5 《良友》画报八月号,1935年8月

在这个背景下,中国历史上出现了一种大型综合性摄影画报——《良友》画报。1926年2月15日《良友》诞生于上海,至1941年12月停刊,1945年10月续办一期,共出172期和两个号外,时间维度将近二十年。月刊,初为24页,双面印48面,后渐增到四十多页,最多时达到74页,第100—130期平均每期渐增至56页,单独订册,取代了当时"上海盛极一时"的单张画报,容量很大,且具独立性。从25

---

① 方汉奇:《中国新闻事业通史》(第2卷),北京:中国人民大学出版社2000年版,第255页。

期起,图像的说明文字一律采用中英文对照,中国画报完成了它的现代转型。

《良友》画报最初用铸铜版,到 1930 年 4 月第 45 期时,率先试用影写版技术印刷。这是中国近现代画报在印刷术上又一大革新。《良友》内容上也有了新的改进,"既不如《世界》的侧重国际,亦不似《真相》的偏于政治、军事与绘画。而是强调着中国军事、政治、经济、建设以及国际的重要动态,旁及于一般的社会生活、艺术文化。这是中国画报内容的一种高度的进展"①。怪不得有人认为"伍联德是中国第一个大型综合性画报的创始者,而梁得所是把画报革新,奠定了画报地位的第一个编辑,在中国画报史上,两人的业绩都是不可磨灭的"②。《良友》画报开辟"中国现代闻人""名人生活回忆录""上海地方生活素描""西游记""新闻时评"等栏目,既有新闻敏感性,又有文化的丰富性,"在官方与民间、政治与文化、文字与图片、高雅与流行之间找到了巧妙的契合点"③,以图像解说 20 世纪 20 年代至 40 年代上海都市的现代性进程,记录了上海都市文化的历史变迁。

20 世纪二三十年代是中国近现代画报的鼎盛时期。自《良友》之后,上海滩模仿者风云而至,如《大众》《中华》《文华》《时代》等,"这些大都市的大画报领导时尚潮流,展现都市摩登,报道时事人物,紧扣时代脉搏,全然一道文化艺术风景线"④。1927—1937 年,中国画报业甚为兴旺。据统计,1934 年仅上海出版的画报(不包括报纸的图画附刊)就有 23 种。⑤ 自《良友》画报之后,尤其是影写版技术的使用,中国近现代画报完成了现代化的转型。

---

① 阿英:《中国画报发展之经过》,载《良友》画报 1940 年 1 月第 150 期。
② 马国亮:《良友忆旧——一家画报与一个时代》,北京:生活·读书·新知三联书店 2002 年版,第 107 页。
③ 同上书,"序"第 2 页。
④ 谢其章:《百年回眸老画报》,载《中国档案报》2001 年 7 月 27 日第 8 版。
⑤ 《全国定期刊物一览(民国二十三年)》,载《报学季刊》1935 年第 1 卷第 2 期。

就报道的内容看,中国画报形成了单一性与综合性两类。前者妇女类有《玲珑》和《妇女画报》、世界题材的有《国际现象画报》、电影类有《电影画报》《时代电影》、美术类有《美术生活》《美术杂志》《鼎脔》《漫画生活》。1920—1939年中国出版的画报约有350种,其中专业性的有230种,综合性的120种,大型综合性画报除《良友》以外,还有上海的《时代画报》《文华》《大众》画报、天津的《北洋画报》,影响较大。

《大众》画报,即THE COSMOPOLITAN,梁得所主编,1933年11月出版,八开本,月刊,发行人黄式匡。借助在任《良友》主编期间积累起来的经验、图片资源和刊物理念,梁得所手中的《大众》画报遗留着《良友》的踪影,它的取材和编排完全可与创刊多年的《良友》媲美。据《良友》当时主编马国亮回忆:"它的出现,不同于别的画报,可以说是《良友》画报最足注意的劲敌。"① 这迫使《良友》将月刊改为半月刊。

图6 《大众画报》第一期

与《良友》不同的是,《大众》画报试图在读者群体中做普及运动,"取材切合实际生活,售价低廉以便购买,意识正确以负时代前驱之责,经营克己以服务效率为前提,持远大之眼光,作周详之计划,采群力以实现之"②。为引起读者阅读的需求,画报从三个方面用力:一是有新闻性,使人看了一期,还想看下期;二是美术欣赏,以艺术慰解苦闷;三是知识灌输,使画报不但有"平面",而且有

---

① 马国亮:《良友忆旧——一家画报与一个时代》,北京:生活·读书·新知三联书店2002年版,第105页。
② 《大众出版社创办旨趣》,载《大众》画报1933年第1期。

"容积"。画报编排很有系统,分"图片"和"文字"两部分,图片篇幅约占十分之九,并注重新闻时事照片,设有"国内时事"和"国际瞭望台"两个固定栏目,是现代画报的完美形态。

《大众》画报能秉承刊物的严肃态度,摒弃了为"好看"而刊登美人画片等媚俗的行为,相对于《良友》画报明星名媛的封面、大量闺秀照、校花照、游泳泳装照以及明星时装照等的内里,《大众》画报明显走的是硬新闻与知识普及的严肃路径,试图从两个方向寻找目标路径:一是要以图画引起读者欣赏美术的兴味,故不以迎合读者之低级趣味为事;二是要能由图画介绍实际有用的知识,而不以图画为低级享乐的资料,或者只供人的笑谈。这种努力,曾得到很高评价。"惟就印刷及材料方面来分别轩轾,在我以为最佳的,首推《大众》,用影写版印,内容亦比较丰富,《时代》与之不相上下,《良友》与《大上海》次之,《文华》再似乎较逊。其实,画报能够编辑到此地步,即比之欧美、日本这些先进国家,已尽无有愧了"。"在所有画报中,我之所以推《大众》与《时代》为首者,即因其尚能表现几分的国民意识……"[①]

很明显,梁得所是在另辟蹊径,矫《良友》画报的媚俗之气,与其一争短长。然而,矫枉过正,他忽视了弥漫在上海消费社会的多种文化需求,严肃的媒介风格没能给他带来太大的经济效益,销路在短期内还不能自给自足;况且,当时的《良友》画报已经有相当稳固的经济基础和关系资源,作为一个文化品牌和消费符号,适应了受众的精神享受与情感习惯,赢得了大众的认同与接受。因此,《大众》画报创办仅仅一年多,便不得不宣告结束。

《大众》画报停刊后,梁得所患病,回老家广东连县休养,一年多后重返上海,应《时代》画报之邀出任主编。

凭着年轻人的勇气,为了与风行一时的《良友》抗衡,1929年10月,张光宇、叶浅予等人创办了《时代》画报。但由于资金短缺,出版几

[①] 吴越生:《画报种种》,载《文化建设》(月刊)1934年11月第1卷第2期。

期后,由邵洵美出面收拾残局。邵洵美不仅拿出巨资作为画报的启动资金,还用出卖房产所得的五万美金去国外购买了最先进的印刷设备。于是,从第二卷起,邵洵美的名字正式出现在《时代》画报上。《时代》画报,初为月刊,后为半月刊。张光宇、叶灵凤、叶浅予等人先后担任编辑,梁得所任主编后,又改为月刊,以刊登时事社会新闻摄影和漫画为主,益以政治、社会、文化评论和文艺作品。《时代》画报出版长达九年,基本涵盖了抗战爆发以前的整个30年代,共出版119期(包括一期号外),为1929—1937年之间的社会历史研究提供了宝贵的资源。

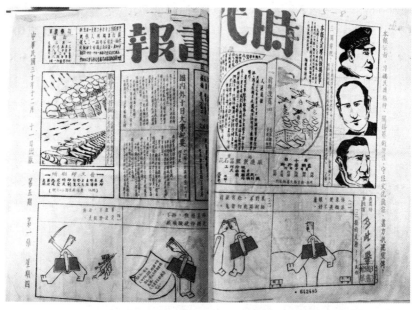

图7 《时代》画报第五期第一张,1942年12月11日

相比于文字报刊而言,画报最需要大都市的文化环境。因此,在上海画报繁荣的语境下,北方画报业一直处于沉寂,除北京《晨报》的画报外,北京、天津等报摊上出售的大多是来自上海的画报,自此《北洋画报》一出,真有"风行一时"的盛况。

《北洋画报》1926年7月7日创刊于天津,1937年7月29日停刊,共出1587期,并于1927年7月至9月另出版副刊20期。创办人冯武越、谭北林,主编吴秋尘。独资经营,曾得到奉系军阀的资助。周刊,继改为三日刊,最后改为隔日刊。以"传播时事,提倡艺术,灌输知识"为宗旨,取材广且善,包含一切时事、各界名人、今中外各门艺术,各项材料均有一定的位置,不随意移易,使读者更易阅读。

图8 《北洋画报》第八百五十一期封面,姚念媛女士像

《北洋画报》在中国近代画报史上具有重要的意义:作为华北历史上最久的独资定期画报和华北唯一的独立画报,它装点了华北的画报事业,构成了中国近代画报史上南北对峙的局面。自此以后,中国近现代画报主要集中于沪、津、京三地。

超前于中国新闻主流报刊的传播思想与实践,中国近现代画报率先自觉履行受众本位的刊物理念,在知识、趣味的内容取向上,成就了巧妙的契合,并以受众喜闻乐见的传播手段,开启了中国近现代新闻事业的别样形式。这不仅与当时的唯美主义思潮有关,而且与画报以图像为主的媒介本质有着紧密的关系。

四、1937—1949 年:中国画报的挫折与低落

历史进入抗日战争时期,画报也发生了一系列变化:一是大量画报被迫停刊,有的从上海、天津、北京迁往重庆、香港等地继续出版;由于报纸容纳照片有限,为充分发挥图片的作用,对战争作身临其境的、有系统的报道,上海、武汉等地又创办了不少画报。二是画报中心有所转移。上海是画报的中心,哪怕是在八一三事变以后,上海的画报业又一次勃兴,创办了不下 15 种抗战画报。然而,1937 年 11 月,上海失陷,这些画报,除《良友战事画刊》随《良友》迁往香港外,全部停刊。重庆、桂林、武汉、香港一时成为画报的出版地。三是画报的作用与性质发生了改变。趣味性减少,新闻性加强,闲情逸致被战火的硝烟所代替;以艺术陶冶性灵和改造国民精神的画报旨趣,转变为以抗战救亡、民族正义为主题的时代内涵。四是画报的政治色彩加重,各自在国统区、解放区、沦陷区的不同政治领域扮演不同的媒介角色,从而形成各自不同的文化风格和出版个性,因此,这一时期画报出现复杂化的多元格局。五是画报寿命短暂。出于抗战需求办报,画报多为散张,或多为文字报纸的画刊,且旋生旋灭,没有出现影响力巨大且持久的大型独立画报。

国统区的画报因卢沟桥事变而异常活跃。为真实地拍下战争场面,新闻摄影发展迅速。最早报道卢沟桥事变的画报是《北洋画报》,在事件发生后第 6 天,就刊载了 9 幅相关新闻照片。《时代画报》亦于 7 月底出版号外"卢沟桥之役",全面报道事件经过。《良友战事画刊》出版了相关专刊。"抗战"成为画报的主题。武汉成为国统区的政治

中心后,画报中心移至武汉。许多报纸如《武汉日报》《扫荡报》迅速增附画刊,与抗战初期宋一痕主编的《战斗画报》一起战斗,后者是国统区第一家为共产党的抗日军队出专辑的摄影画报。

抗战初期,上海依然是画报的重镇。八一三淞沪战役以后,上海新刊行的有《抗战画报》《良友战事画刊》《战时画报》《抗日画报》《抗敌画报》等十多种。1937年12月至1941年12月"孤岛"时期,上海画报先后不过十余家,或停刊,或迁移至内地和香港,还有的挂上洋商牌子继续出版。

图9 《抗敌画报》第三集,第十一期

《青年知识画报》是"孤岛"上最先出版的画报,1937年12月创刊,16开本,内容以科学新闻照片和文字叙述为主,多从外国科学画报取材,几乎不涉及中国抗战话题,却为希特勒及其帮凶空军元帅戈林留有不少版面。1941年11月停刊。

这一时期,具有美国商业控股背景的大美晚报馆在1938年、1939年两年内出版了四种画报:《中国画报》《大美画报》《远东画报》《远东摄影新闻》。它们比较客观公正地报道抗战,认为这是一场日本发动的侵略战争。

1939年底,上海"孤岛"除《中国画报》和《大美画报》继续支撑外,《展望图画杂志》《世界画报》《大路》《良友》以及其《第二次世界大战画报》陆续出版,这7种画报装点了"孤岛"时期摄影画报的繁荣。

1941年12月8日太平洋战争爆发,日军占领上海公共租界,上海进入了为期四年的沦陷期。敌伪画报开始活跃,《青年良友》刊载"和平救国运动特辑",替汪精卫作汉奸宣传;最有代表性的《中华画报》,是汪伪喉舌《中华日报》的附属,16开本,封面上标明"宣传部特许编印"字样;还有《远东画报》(后改名《欧亚画报》)、《国民新闻画报》《摄影新闻》《太平》等均为反动的敌伪画报。

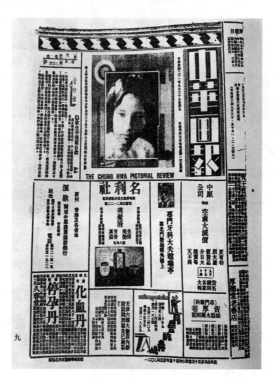

图10 《中华画报》

抗战胜利后,中国近代画报可谓盛极一时,上海的画报率先活跃起来,在1945年9—11月,出版的画报达十种之多,如《联合画报》《胜利画报》《上海图画新闻》《良友》《大华图画杂志》《寰球画报》《凯旋画报》《特写画报》等,报纸画刊更是络绎不绝,在补版面上新闻照片之不足和吸引读者增加销路等方面发挥了作用。

解放区的画报也有一定程度的发展。中共认为画报是"宣传的一种最好武器"。1926年6月25日,中共六届二中全会的《宣传工作决议案》中强调:"党必须注意编印画报画册及通俗小册子的工作。党报须注意用图画及照片介绍国际与国内政治及工农斗争情形……"毛泽东在1929年《中国共产党红军第四军第九次代表大会决议案》第四部分"红军宣传工作问题"中也谈到:"军政治部宣传科的艺术股,应该充实起来,出版石印的或油印的画报。"抗战时期的中共画报有晋察冀政治部主办的《抗敌画报》《解放画报》《晋察冀画报》和《冀热辽画报》《战场画报》《胶东画报》,以及《前线画报》《抗敌画报》《山东画报》《战斗画报》《苏中画报》等。解放战争时期,先后出版画报达五十种左右,如《人民画报》《江淮画报》《天津画报》《东北画报》《华北画报》《华东画报》《中原画刊》《人民军队画报》等。它们尽管是地区或军区部队画报,尚无条件出版统一的面向全军或全国的画报,但在及时记载战争、鼓舞士兵斗志、迎接全中国的解放等方面具有无法替代的意义。由于纸张、摄影器材等的限制,解放区的画报多为油印或石印的美术作品,印刷较为粗糙,取材和编排的艺术性稍差一些,远不能与上海二三十年代的画报媲美。

图11 《解放画报》)

图 12 《人民画报》

带着历史的沧桑最先跨入新中国的,是以沙飞为社长、石少华为副社长的《华北画报》(前身即为《晋察冀画报》改名的《晋察冀画刊》),1948年10月创刊于石家庄,1949年2月迁至北平,第2期出版时,中华人民共和国已经诞生。

五、余论

画报,是绘画、摄影和印刷三位一体的大众媒介,因此,其历史演变无疑就是唯美主义和实用主义思潮在三个领域的碰撞、配合与协调。当然,还有印刷技术的物质保障,使画、照片构成的图像得以传播受众欲知的信息。

印刷、摄影技术明显影响了中国近现代画报的历史分期,即镂版、石印、铜锌版、影写版四个画报时代。《小孩月报》《点石斋画报》《真相》和《良友》各自对应着不同的技术,为中国近现代画报的历史考略提供了可行的线索。

中国近代早期画报无论是"下而贩夫牧竖,亦可助科头跣足之倾谈""内而蟓首蛾眉,自必添妆罢针余之雅谑""开愚"和"启蒙"的《点石斋画报》,"传播时事、提倡艺术、灌输知识"的《北洋画报》,还是"努力于民众的文化教育事业"的《良友》画报,都遵循为求杂志好看而采用美人、明星、名媛、校花、交际花照片等内容的办报模式。更有甚者,如《上海画报》,以刊载名妓玉照和《顾小姐逃婚记》《顾小姐结婚记》等媚俗文字为特色。正是这种低级趣味和空泛内容,导致许多画报昙花一现。

具有里程碑意义的是良友图书印刷公司出版的《良友》画报和大

众出版社出版的《大众》画报。《大众》画报致力于民众的普及运动,在图像的软性内容中注入硬性的新闻信息和知识趣味,"从不刊载名伶、校花一类的照片取悦读者……其中没有一幅美女照片。这在当时出版的画报中是极为罕见的"①。而《良友》画报积累了丰富的经验,在"俗"的画面里,掺入知识,所选择的美术作品、文学作品常常做了知识与趣味的联姻。并且,媒介内容选择紧跟时代,在抗战时期,以高度的新闻敏感记录了真实的历史,因此,它又实现了新闻与文化的联姻。近二十年的办刊历史,见证了它在人们心中的文化分量,标志着中国近代画报的鼎盛与成熟。

在战争炮火里诞生的画报或报纸副刊,作为战斗的武器,具有明显意义上的党派属性,画报软性而富于延展性的活泼面孔,转变为严肃的、作战的英雄形象,其作用与意义与主流的文字报纸无异了。

第二节　启蒙宗旨与消闲策略

启蒙是中国近代新闻事业永恒的传播主题。依据学者李金铨所言,"百年以降,中国报刊的主要角色是救亡图存,其三部曲是启蒙、革命与追求国家现代化",②启蒙是中国近代知识分子在报刊场域的首要追求。中国进入近代以后,创办报刊成为知识分子或政治活动家表达启蒙与革命的社会理想、进行民众动员、追求国家现代化的重要手段。从19世纪末期的康有为、梁启超,到五四时期的胡适、陈独秀,再到20世纪40年代的储安平等,或者说从康梁、孙中山、蒋介石到毛泽东等人,凡是在政治或社会舞台上活跃的人物,或者试图继续扩大其社会影响的人物,均借助于报刊营造浓厚的政治文化气息,造成强大

---

①　方汉奇:《中国新闻事业通史》(第2卷),北京:中国人民大学出版社2000年版,第537页。
②　李金铨:《文人论政:知识分子与报刊》,桂林:广西师范大学出版社2008年版,"序言"第1页。

的舆论中心,实现社会的民众动员。因此,研究发现,在中国新闻史上,新闻事业和社会运动之间形成了密切的互动关系。一方面,社会剧变、运动频发导致新闻事业的变革和动荡;另一方面,新闻事业以"能量倍增器"的舆论效应加速了社会运动的进程。报刊的具体影响在于为公众的思想交流沟通提供了新的渠道体系和公共领域的交往平台,"能够很快地把分散的个人观点集中起来并加以鼓吹,创造了类似现代的社会舆论的事物","这就是现代的公共舆论在中国的开端"。①

而画报的图像视觉效果和解读的直观性,致使启蒙的传播宗旨和办刊意向更为突出,彰显小孩新知启蒙、民众思想启蒙、国家科技启蒙、市民艺术文化启蒙的刊物旨趣。1875年创刊于上海的《小孩月报》、1884年创刊于上海的《点石斋画报》、1902年创刊于北京的《启蒙画报》、1905年创办于广州的《时事画报》、1907年创办于天津的《醒俗画报》、1909年创办于上海的《图画日报》、1909年创办于北京的《醒世画报》、1926年创办于天津的《北洋画报》和上海的《良友》画报,都曾开宗明义地强调"开愚"与"启蒙"的办刊宗旨。《时事画报》创刊号上自述道:"仿东西洋各画报规则办法,考物及记事,俱用图画,以开通群智,振发精神为宗旨。"1906年创刊于京师的《开通画报》在第八期《本馆同人启》征稿时便表明了宗旨:"有开愚故事,特别感化社会之演说,惟望写文寄信本馆,必能说明图画,以扩充耳目。"②一般来说,"开民智""振精神""感化社会"是中国近代画报的核心主题与重大目标。

中国历代有识之士多志于借助通俗的内容、浅显的表达,使蒙童至成人白丁均能开拓见闻。清朝末年,就其文化、思想和社会运动来

---

① 费正清:《剑桥中国晚清史(1800—1911)》下卷,北京:中国社会科学出版社1985年版,第379—380页。

② 参见彭永祥:《中国近代画报简介》,《辛亥革命时期期刊介绍》第四集,北京:人民出版社1986年版。

说,"启蒙"的观念是它最直接的符号代码。如果说从19世纪60年代的洋务运动到90年代的戊戌变法运动,还只是在科学技术、社会制度等方面倡导改革,那么,甲午中日战争和庚子义和团运动的惨败以及八国联军入侵中国所造成的前所未有的危局,促使当时的进步知识分子产生了非常强烈的民族危机意识,使得"开民智"的主张一下子变成知识分子的新论域。1895年2月,严复在天津《直报》上撰写《原强》一文,宣称解决中国问题的治本之道在于民智、民力和民德。在其后的《原强修订稿》中,他正式鲜明地标举"鼓民力""开民智""新民德"三个口号。同年4月,康有为写道,"尝考泰西之所富强,不在炮械军器,而在穷理劝学",西方因厚植人才,"各国读书识字者,百人中率有七十人"[1],所以民智大开,社会富强。而中国如何呢?据梁启超描述:"四万万人中,其能识字者,殆不满五千万人也;此五千万人中,其能通文意阅书报者,殆不满二千万人也;此两千万人中,其能解文法执笔成文者,殆不满五百万人也;此五百万人中,其能读经史略,知中国古今之事故者,殆不满十万人也;此十万人中,其能略通外国语言文字,知有地球五大洲之事故者,殆不满五千人也;此五千人中,其能知政学之本源,考人群之条理,而求所以富强吾国,进化吾种之道者,殆不满百数十人也。"[2]因此,梁启超认为:"教小学教愚民,实为今日救中国第一义。"[3]他们普遍体认到开启人们智识和民众思想改革的迫切性,强烈呼吁要"救亡",必须"启蒙",于是试图通过介绍某些具体、专门的知识,改变人们的思想和道德价值观念,开启蒙昧。

一、"启迪蒙稚":《启蒙画报》的宗旨范式

在知识阶层和一些处在时代前沿的思想家的共同倡导下,"启蒙"

---

[1] 康有为:《上清帝第二书》,载《戊戌变法》(Ⅱ),(中国近代史资料丛刊,第八种,上海),神州国光社1953年版,第148—149页。
[2] 梁启超:《中国积弱溯源论》,《饮冰室合集》(1),北京:中华书局1989年版。
[3] 梁启超:《蒙学报、演义报合叙》,《时务报》1897年11月5日。

观念,"启蒙"称谓在20世纪最初十年逐渐成为一股强大的社会思潮,并通过办报纸、建学堂、设学会等,展开了一场史无前例的大规模的民众启蒙运动,清末进入了"一个启蒙的时代(an age of enlightenment)"①。而创办画报就是一种重要的启蒙途径,它以形象的、直观的图像传播信息和知识,因"不识字者亦能读之",②而最受读者欢迎。1878年12月17日《申报》一篇题为《阅小孩月报记事》的文章称:"沪上有西国范牧师创设《小孩月报》,记古今奇闻轶事,皆以劝善为本,而其文理甚浅,凡稍识之者皆能入于目而会于心,且其中有字义所不能达之处,则更绘精细各图以明之,尤为小孩所喜悦,诚启蒙之第一报也……"而稍后诞生的《启蒙画报》更彰显了这个时代的印痕,反映了该期的历史与思潮。

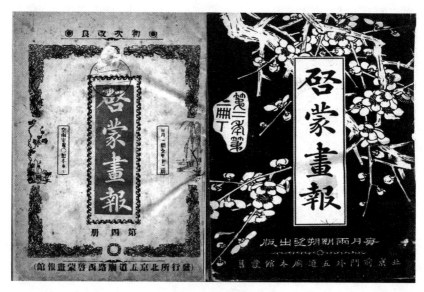

图13 《启蒙画报》

---

① Kant, "What is Enlightenment?", Carl J. Friedrich, *The Philosophy of Kant*, New York: The Modern Library, 1949, p. 138.
② 戈公振:《中国报学史》,北京:中国新闻出版社1985年版,第201页。

《启蒙画报》是彭翼仲在亲历庚子之难和目睹义和团运动失败之后创办的。1900年,八国联军侵入北京,"京内大乱,白昼抢劫,杀人放火,无所不至"①,彭翼仲亲身遭受了美国士兵的抢劫,险些丧命,其父因受惊吓而去世。而义和团迷信幼稚、愚昧保守,造成滔天大祸。彭氏"痛定思痛,忧心如瘘",而又"手无寸柯,救时乏策。苦思多日,欲从根本上解决,辟教育儿童之捷径,遂有《启蒙画报》之举"。②彭翼仲认定拯救国家以开民智尤其开童智为急务,首先必须引进科学,破除迷信,科学的引进与传播又须借助白话报纸的大力鼓吹。1894年中日甲午战争之后,以康梁为代表的维新派人士兴办报业,倡导维新,掀起了国人办报的第一次高潮。维新报业的兴盛及其对维新变法运动的巨大推动,激发了彭翼仲的办报志向,于是《启蒙画报》得以面世。

《启蒙画报》1902年6月23日创办于北京前门外五道庙街西,终刊于1904年底或1905年初,累计二十二个月,由彭翼仲创办兼编辑。它以儿童为传播对象,是北京地区刊行最早、销量最多的画报。

《启蒙画报》的创刊宗旨,据刊载在该画报第一册背面的《启蒙画报缘起》称:"将欲合我中国千五百州县后进英才之群力,辟世界新机。特于蒙学为起点,而发其凡。……孩提脑力,当以图说为入学阶梯,而理显词明,庶能收博物多闻之益。""参考中西教育课程,约分伦理、地舆、掌故、格致、算术、动植诸学,凡此诸门,胥关蒙养,兹择浅明易晓者,各因其类。分绘为图。""本报浅说,均用官话,久阅此报,或期风气转移。"在第一册"附页"栏第一图《小英雄歌》称:"今之开智宜阅报,臧否人物且勿谈,是非朝政且勿告,我愿小英雄,览画报启颛蒙,从此世界开大同。"第二年第一册(上)广告栏"京华日报出张预告"说:"京师首善民智未开,本馆创设画报,足以启迪蒙稚。"

---

① 诚垩庵:《彭翼仲五十年历史·庚子之难及七月二十五日之纪念》(上编),北京:京华日报社1913年版。
② 诚垩庵:《彭翼仲五十年历史·投身报界》(上编),北京:京华日报社1913年版。

由此可知,《启蒙画报》以"教人爱国""开启蒙稚"为宗旨,以白话(以北京方言为基础,时有生活化口语)和图片为根基,以蒙学为特色,以知识性和教育性内容为主体,向儿童传播新知识、新文化、新思想,从根本上开辟教育儿童的捷径,最后开启民智,改良社会。

二、传播"时事"与"新知":《点石斋画报》启蒙意识的开拓与延伸

另一以"时事"和"新知"开启民智的大手笔当属《点石斋画报》。对于中画西画的技法比较、对于"新奇可喜之事"的摹图、对于"时事"即社会热点问题的强烈关注,充分表明了创办者尊闻阁主人(美查)在这方面的工作意图。在《点石斋画报》创刊号的《点石斋画报缘启》中谈道:

> 爰倩精于绘事者,择新奇可喜之事,摹而为图,月出三次,次凡八帧,俾乐观新闻者有以考证其事,而茗余酒后展卷玩赏,亦足以增色舞眉飞之乐。

从后来的四千余幅图画中,不管是前期的报道"中法战争""朝鲜甲申(1884)之变""缅甸乱略"(1885年英军侵灭缅甸之事),中期的连载"英国女王维多利亚在位五十年庆典""上海开埠五十周年纪念",还是后期的追踪"甲午中日战争"和台湾民众反抗日军,《点石斋画报》均紧密结合时事,强烈关注社会热点问题,与新闻结盟,以引起民众的兴趣。

与关注"时事"相呼应,《点石斋画报》很重视传播"新知",借助图画的可读性和审美效果,发挥画报介绍"新奇可喜之事"的媒介优势。《点石斋画报》对世上新事当必加以宣扬,致使天下知晓。对此,见所见斋的《阅画报书后》中有较好的描述:

> 今点石斋以画报问世……月余以来,购者纷纷,后卷嗣出,前卷已空,由后补前。司石司墨者日则数易手,犹不暇给。噫!

是殆风气之渐开,而人心之善变欤! 不然,何其速也。……每有新奇之事,曩之极欲讳饰者,今愈盖而愈彰。……凡夫制度之新奇与器械之精利者,莫不推诚相示,资我效法。每出一器,悉绘为图画,当事者得见之,而民间则未之知也,今此报既行,俾天下皆恍然。……岂非民间未有之观,乍见之而可惊可喜哉! 则又不徒以劝戒为事,而欲扩天下人之识见,将偏于穷乡僻壤而无乎不知也。①

从上段论述可以看出,画报传播新知的选择途径是:首先,明确"新知"的具体含义为"制度之新奇与器械之精利者",而不局限于船坚炮利。介绍新知一般分为三个层次:其一,地方性上海地区可以亲见亲知之新来事物;其二,包括上海在内,全国性之新事物;其三,海外新知奇闻。其次,画报所传播"新知"的对象在于民间,而不在于官府,希望将"新知"普及到"穷乡僻壤"。② 再次,传播"新知"的归宿以"扩天下人之识见"为最重,而远在"以劝戒为事"之上。

无论是广布"时事",还是传播"新知",《点石斋画报》总把"增人识见,怡人心目"作为努力的方向,犹如小说家包天笑所写的:

我在十二三岁的时候,上海出有一种石印的《点石斋画报》,我最喜欢看了。……每逢出版,寄到苏州来时,我宁可省下了点心钱,必须去购买一册。这是每十天出一册,积十册便可以线装成一本。我当时就有装订成好几本。虽然那些画师也没有什么博识。因为上海那个地方是开风气之先的,外国的什么新发明,新事物,都是先传到上海。譬如像轮船、火车,内地人当时都没有见过的,有它一编在手,可以领略了。

---

① 《申报》1884年6月19日,第4016号。
② 王尔敏:《中国近代知识普及化传播之图说形式——点石斋画报例》,《"中研院"近代史研究所集刊》1990年第19期。

风土、习俗,各处有什么不同的,也有了一个印象。①

时人的回忆资料或许能证明《点石斋画报》使"识字不识字之人,皆得增其识见,扩其心胸"②的刊物功用,画报的启蒙意旨可见一斑。

《点石斋画报》的消闲策略进一步延伸到吴友如创办的《飞影阁画报》。"作品内容除时事新闻、社会面貌、市民生活外,又遍及人物仕女、鸟兽鳞介、花卉草虫、山水名胜、考古纪游、探奇志异,运用新颖之笔触,作艺术之突破"③,寓庄于谐,引人关注。

三、"唤醒国民、校正陋俗":《醒俗画报》的民众启蒙思想

1907年3月23日,一份由地方著名知识分子温世霖、吴芷洲创办的《醒俗画报》于天津启文阅报社内正式面世,后迁到城内鼓楼东大街。主笔为陆莘农、张绍山,旬刊,自1907年7月14日第13期起改为五日刊。1908年5月4日,改名为《醒华画报》,每月发行九期。1910年8月,《醒华画报》与《醒俗日报》合并,逢双日出版,每月发行十五期。约1913年1月《醒华画报》停刊。这份在天津生存近六年之久的画报,共出版1618期。(为方便写作,本书采用它最初使用的名字《醒俗画报》称谓这一系列报纸。)

当然,有一个历史细节必须如实说明。在1907年由《醒俗画报》改名为《醒华画报》之间,有一份名为《人镜画报》的画报,无论从刊载的图像来看,还是刊物主创人员的构成来看,都延续了《醒俗画报》的画风和笔法,可视为《醒俗画报》的续本。其创办缘起和过程如下:

1907年夏天,时任天津巡警道的段芝贵以女伶杨翠喜为"礼物"行贿慈禧宠臣载振,试图谋求黑龙江巡抚一职。当时

---

① 包天笑:《钏影楼回忆录》,香港:大华出版社1971年版,第112—113页。
② 《论画报可以启蒙》,《申报》1895年8月29日。
③ 董慧宁:《〈飞影阁画报〉研究》,《南京艺术学院学报》2011年第1期。

画家张瘦虎以"愁父"的笔名，以杨翠喜"明星照"为摹本，以上述事件为题材，精心制作了一幅长46厘米、宽58.5厘米的《升官图》，投稿于《醒俗画报》。① 这幅画极富讽刺意味：中间太师椅上坐着一位时髦美女，手拿一把折扇，身侧的几木上摆放灵芝盆景和桂花，以"芝""桂"谐音"段芝贵"；一位服朝服的官员匍匐于地，用手指着时髦美女用脚踢给他的花翎官帽。得到这幅画，陆辛农和温世霖喜出望外，决定单独设页随报发行，就在画已印好准备派发时遭到吴芷洲的拒绝和扣留，双方争执不下，陆辛农和温世霖愤然离社，与顾叔度另外组织《人镜画报》。②

图14 《人镜画报》创刊号封面

《人镜画报》创办于1907年7月22日，到12月29日停刊，只存在近半年的时间，共出版二十四册。它刊载了大量的政治讽刺画，尤其是每期的封面画均为一幅以镜子为主题的政治讽刺画，开启了中国漫画的新形式。

《人镜画报》的创刊宗旨从创刊封面和第一期发刊词可得知一二。创刊封面写道：

> 人之好丑不待言传，以镜自照，无或遁焉。以镜为镜，只得媸妍；以人为镜，自辨奸贤。敬告我同胞，人之视己，如见其肺肝然。

第一期发刊词进一步写道：

---

① 参见赵强：《讽刺时弊的张诚》，《天津青年报》2003年12月25日。
② 参见陆惠元：《清末政治丑闻与〈醒俗画报〉》，《天津文史》2001年第26期。

《书》曰:"人无于水鉴,当于民鉴。"《国语》曰:"鉴于人,无鉴于水。"注云:以人为镜鉴成败,以水为镜见形而已。皆我画报之宗旨也。……凡有关于人心风俗足资劝惩罚者或绘入图画或编列新闻,惟必用浅近文义以致妇孺都解,咬文嚼字无当也。……吾国今日之社会,本际兹过渡时代,其旧者之腐败之野蛮之顽固,固当一一摄影,留为纪念,其号为维新者,率多幼稚,甚且支离。新者未得,旧者先失,以致非鹿非马,百怪千奇,……充其能力,可以立起千百年之陈痼,唤醒四万万人之国魂。①

由此可见,《人镜画报》的宗旨在于点评人心风俗、改良社会风气、传播思想、唤醒国民。于是,在题材内容上,"盖之以新发明,种种科学之原理,并最有兴味之小说,或撰自理想,或译自瀛海,以形完备而扩见闻"②。从而,也设置了与之相对应的、丰富多样的栏目,如讽画、谈丛、俳优小说、汇报、科学丛录、广告、社说、新译小说、内部新闻、外部之新闻、谕旨、杂俎、格言笺释、俳谐、闲评、演说、滑稽画、译丛、来函、专件、时评等。《人镜画报》的宗旨及刊物风格,与《醒俗画报》有某种程度的相似性。

从"醒俗""醒华"的画报称谓,不难推断《醒俗画报》的创办目的与动机。正如学者侯杰所言:"从办报者到主笔人,莫不以笔为器,以画为媒,大力提倡社会新风尚、新文明,激烈抨击社会旧风习、旧传统。报人自觉或不自觉地充当了联系社会公共空间和私人空间的媒介。"③《醒俗画报》第二期上关于办报宗旨的说明亦可为证:"本馆同仁以唤醒国民、校正陋俗为宗旨,录事盖用图说,以期人人易知易

---

① 《人镜画报之发刊词》,《人镜画报》第一册,光绪三十三年六月十三日出版(1907年7月22日)。
② 《人镜画报》第一册,光绪三十三年六月十三日出版(1907年7月22日)。
③ 侯杰、王昆江编著:《〈醒俗画报〉精选》,天津:天津人民出版社2005年版,第6页。

图 15 《醒俗画报》"看吸烟之坏处"图,"私贩烟土"图,"形同狗彘"图

解。"对此做一解读,可以发现,《醒俗画报》承载着知识界对晚清尤其是甲午战争与义和团运动之后中国局势的普遍认识:"是故国之强弱贫富治乱者,其民力、民智、民德三者之征验也,必三者既立,而后其政法从之"①,致力于"唤醒国民"的民众启蒙活动,代表了晚清地方知识分子关于人类智识、风俗、日常习惯、伦理道德现代化等方面启蒙思想的叙事表达,体现了晚清知识分子对国家、民族危难的"救亡"意识及对民众的"教化"诉求。

19世纪末20世纪初的天津,是北方最重要、最繁华、现代化程度最高的商埠,与南方上海遥相呼应。西方文明能率先被传播和接受,激荡着天津固有的社会结构、习俗理念和生活方式,如天津民族资本的昌盛、新式教育的普及、西方城市消费文化的流行等。然而,另一方面,天津根深蒂固的旧有民众风气、落后与愚昧的社会风俗和市井风情依然挥之不去,民众骨子里的鬼神观念、女子缠足之风、官场买官贪污的丑态、社会边缘人群的嫖娼赌毒等依然稳定而恒久。

---

① 严复:《严复选集》,周振甫选注,北京:人民文学出版社2004年版,第26页。

正是在这样的社会背景下,置于民众启蒙思想的社会潮流中,《醒俗画报》试图对旧有的中国传统习俗和不文明现象进行集中的剖析甚至批判,画报创办者群体便设置了"校正陋俗"的内容安排和"图说"的形态定位的传播策略定位。他们认为,中国社会要"救亡图存"和"自强求富",首先必须"校正陋俗"。一方面,《醒俗画报》早期强烈指责民间"旧俗",如年节习俗、婚姻习俗、丧葬习俗、信仰习俗中的各种迷信色彩。迷信是《醒俗画报》重点批判的社会陋俗,它采集全国各地与迷信相关的故事,分别采用"迷信误人""迷信误事""迷信耗时""迷信耗财""迷信至死"等醒目标题,揭露迷信陋俗给人们的生命和生活所带来的极大危害,告诫民众破除迷信。不仅如此,《醒俗画报》还试探着找寻破除迷信的方法,如拿办装神弄鬼的巫婆神汉、教育警示奉劝轻信的民众、用新的智识开启民众心灵等,竭力利用报刊进行民众启蒙。

同时,《醒俗画报》又以官场弊病作为批判和攻击的焦点,描述了一幕幕晚清、民国时期中国官场现形记的可恶情态。见钱眼开的大小官员往往通过卖花翎、收陋规、吃空额、增捐纳等手段聚敛钱财;有的官员假公济私、草菅人命,在升堂审案时,不顾律例、良心和公正,明明是奸夫诱拐他人之妻,却被县官稀里糊涂地判亲夫赔偿奸夫的经济损失;明明是故意杀人,由于县官看中了凶犯的妹妹,而判死者自己跌落河中意外身死。有的官员往往是烟馆、妓院、赌场的常客,用《醒俗画报》中的话说就是"虽浪子亦长官"。画报同仁"以笔为刀枪,直击丑陋的官员们,从品级较低的县令、老爷,到位居高位的总督、委员,莫不在其笔下和画中尽显丑态"①。《醒俗画报》抨击贪官污吏良苦用心,主要在于提倡廉洁奉公、秉公办事、主张正义、为民服务的官场新风气,因此,以民为重、关心民生疾苦、破除陋俗的"真正的父母官儿"成为《醒俗画报》视阈中的重要赞颂对象。

---

① 侯杰、王昆江编著:《〈醒俗画报〉精选》,天津:天津人民出版社2005年版。

另一方面,如果说《醒俗画报》早期更多地侧重于批判中国传统陋俗和不文明现象,那么后期却着眼于新式文明风尚的提倡,借此引导健康的社会风气。如《巡警可嘉》报道中,描述了一巡警驱逐半夜捶门、酒后勒索之徒,为老百姓驱扰解难的事情,《醒俗画报》称其为"新政之明效也"。在《女窃被获》这则新闻中,称赞巡警侦破盗窃案件的手段与效率很高,"章程严肃,手段和平,程度之高,令人钦佩"。巡警是清末新政期间出现的一种新式职业,它所带来的官场新风气代表了新式政治文明的新气象,《醒俗画报》用力宣传和报道,意在赞赏和提倡一种新的政治文明。

同时,随着晚清政治改良运动的发展,新式宣传方式如演说、戏曲、阅报社等日益成为民众获得新知、新智的重要途径,成为推动社会新风尚的新式媒介。《醒俗画报》不仅大为介绍和称赞,如《开学志盛》《拨款助学》《学生为国流血二则》《小学生热心演说》《女学宜兴》《新戏志盛》等报道,而且积极热情地报道了津京地区名角在茶楼、戏园的义务演出和义卖活动,画报反映了很多为灾民赈灾、募捐的感人场景,如《善人行善》《艺善助赈》《济良盛举》《聚众请赈》等。

上至政治改良、新式政治文明的启蒙,下至下层民众启蒙运动思潮的普及,抨击、校正陋俗,倡导社会新风尚和新文明,以唤醒国民,新民德民风,以图说的形式作用于民众,这正是《醒俗画报》得以存在的主要目的。

四、"增长国民知识,开通民社风气":《图画日报》的社会批判

自《点石斋画报》之后,中国新闻史上迎来了一股"画报热",画报的启蒙宗旨得以继续传承并被赋予更多新的时代含义。作为中国画报史上第一份大型综合性日报,刊行于1909—1910年的上海《图画日报》也秉承了这一传统。1909年8月13日,上海环球社刊登《图画日报》创办启事,开宗明义地提到:"以增长国民知识,开通民社风气

为己任。"①第 173 期《图画日报第二年出版纪言》一文中表示:

> 夫画报之创始也,迄今将三十年矣。近二十年,流风且杳灭,而嗣响乏人矣。环球社主人跃然兴起曰:当今之时局,匪(非)夙昔者,苟欲图存以自捍,保菁燐而自强,无己,其唯一完善者,图画尚矣。盖对于社会之般般个个,靡不有心领神会,触类旁通,启聋发聪,唯兹利器。于是征艺士,揖文豪,探大陆之景物,搜社会之现形,海外英豪陈迹,都归文字。②

由此可见,"图存以自捍,保菁燐而自强""图有功于社会"是《图画日报》追求的内在主线。在《图画日报》看来,报纸之于社会,最大的贡献应在于:以进步的思想感染民众,以先进的知识教诲民众,在图画和文字的开导下,去除愚昧和盲从,救亡图存,从而逐渐实现民族的强大。"增长国民知识,开通民社风气"作为创办动机和传播宗旨,规约了《图画日报》"以针砭时弊的笔法描摹时局、以批判性的眼光审视社会"这种刊物旨趣的内在架构。

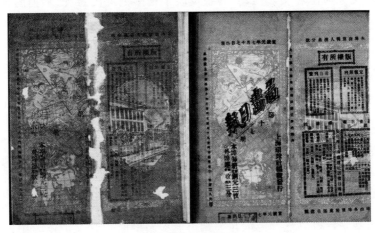

图 16 《图画日报》

---

① 《上海美术志》编纂委员会:《上海美术志》,上海:上海书画出版社 2005 年版,第 413 页。
② 《图画日报第二年出版纪言》,《图画日报》1910 年第 173 号。

《图画日报》这一刊物旨趣的形成,受到社会历史背景诸多要素的深层制约。首先是晚清政局式微,列强入侵、官场腐败形成内忧外患,民众渴望了解危局形成的内外缘由。《图画日报》诞生前的10余年,中华民族处于步履维艰的多事之秋:甲午战争的失败,《马关条约》的丧权辱国,戊戌变法的受挫,八国联军的烧杀抢掠及随之签订的《辛丑条约》,清政府在政治、军事、外交领域的无能与腐败,无不直击民众的心理底线。民众"有了迫在眉睫的危机感,以及明确的'国家'观念与'民族'意识"[①]。这种特定环境下产生的受众需求,成为《图画日报》践行批判路径的重要原因。独立出版发行的经营模式,更能保证批判的客观与公正。

其次是晚清画报批判社会、关注时政的历史渊薮,成为《图画日报》社会批判路径选择的重要依据。晚清影响最大的石印画报《点石斋画报》"非徒以笔墨供人玩好。盖寓果报于书画,借书画为劝惩"的办报思路"奠定了近三十年中上海画报的基本模式"[②],体现为内容上蕴涵强烈的社会批判意识,如揭露官场的腐败、批判洋人的各种嘴脸。之后诞生的画报或多或少沿袭这一风格,利用绘图小说、讽刺画等文本样式批判时局,如《民呼日报》所附画报《民呼日报图画》,就以"小说漫画""讽刺漫画"等栏目抨击官场腐败现象。

而追溯《图画日报》的发展演变,也可窥见其批判色彩的由来。《图画日报》的前身之一是创刊于1908年2月的《舆论日报图画》,这是由《舆论日报》附送的画报,内容多以社会新闻画为主,擅长以讽刺画的形式批判社会现象。1909年4月,《舆论日报》与《时事报》合并为《舆论时事报》,附送的画报名为《图画旬报》,由上海环球社印行,逢十刊出。虽然《图画旬报》的文本特色暂无原版可考据,不过,1909

---

① 陈平原:《左图右史与西学东渐:晚清画报研究》,香港:香港三联书店2008年版,第71页。
② 熊月之、张敏:《上海通史·晚清文化》第六卷,上海:上海人民出版社1999年版,第40页。

年《舆论时事报》编印的《戊申全年画报》或可为之佐证。这本以《图画旬报》为主要来源的"上海第一本漫画集"中,有200余幅针砭时弊的漫画作品,涉及揭露帝国主义的侵略,清廷的卖国,官僚的腐败,批判色彩浓厚。《图画旬报》于1909年夏停刊,是年8月上海环球社另行独立刊发《图画日报》,绘画风格与栏目多继承自《图画旬报》及其前身《舆论日报图画》,包含大量的讽刺画、寓意画,只是由旬刊变为日刊。

再次,以清末新式知识分子为中心的传播主体及其价值取向,成为《图画日报》的内容选择与媒介风格颇具批判性色彩的直接原因。清末新式知识分子不再以"帝师王佐"为唯一追求,积极投身企业实体和新闻出版等文化机构。他们"渐渐肯抛弃向来夸大狂的态度,渐渐肯回头来谴责中国本身的制度不良,政治腐败,社会龌龊"①,以笔代刀讨伐黑暗现实成为他们关注社会的主要方式。

《图画日报》拥有一批以晚清新式知识分子,如孙家振(警梦痴仙)、蒋景缄(景)、贡少芹(璧)、顽、碧、桐、珮等为主的著述团队,他们社会批判意识强烈。如历任《舆论时事报》《图画旬报》《图画日报》总编辑的孙家振,其《海上繁华梦》就不遗余力地揭露了娼妓、嫖客、赌徒之间的欺骗、敲诈等行径。他感怀"十年来社会上尽多可诧可惊可笑可怜可愤可悲可讽可嘲之事",②于是在主持《图画日报》报务后,便以"警梦痴仙"为笔名,在其上连载《续海上繁华梦》,力图呈现上海社会的种种恶习,谴责畸形繁华的都市风貌。

《图画日报》先后有顾祝筠、孙兰荪、陆子常、张松云、刘伯良等画师。孙兰荪是《营业写真》的唯一绘图者,所画总计456幅,真实地反映社会。《新智识之杂货店》栏目除刊登本社绘画部创作的寓意画、滑稽画外,多刊登批判时局的漫画来稿,如漫画家丁悚的漫画稿常见于

---

① 胡适:《胡适文存:三集》,上海:上海书店出版社1989年版,第786页。
② 孙家振:《续海上繁华梦》,载《图画日报》1909年第4号。

报端。1909—1910年,丁悚以"慕琴"为笔名渐次在该刊物上发表《是为外交者》《中国自上至下人心各不相同》《诸君不见此强权世界乎》等,鲜明地批判官场昏聩。尤其《自治局议员之金钱主义》一图,根据选举自治局议员时有"张某自书(己名)十三票之多"的怪状,发出"呜呼自治,我为自治一哭"的"记者识之",足见其贬斥晚清立宪名不副实之立场。

在画报潮流中,由同盟会会员于右任创办的、颇具爱国救亡思想的《神州画报》,政治舆论宣传工具的《天民画报》,反对袁世凯态度坚决的《民权画报》,关注民生和社会的《新闻画报》等随报纸附送的副刊性画报,更是延伸了主报的启蒙立场和民众动员主旨,与独立画报为伍,关注时局、针砭时弊、影射朝廷、宣传革命。

五、艺术文化启蒙的南北巨擘:《良友》《北洋画报》

如果说《启蒙画报》《图画日报》以及上述多种副刊性画报目击社会、直指政府的启蒙宗旨过于直白和坦露,那么20世纪二三十年代创刊的画报却使刊物动机和传播意图更显含蓄和深刻,"发扬文化,提倡美术"①成为这个时期画报追求的重要目标。从《申报》的出版预告看,《中国画报》《申江画报》《艺术画报》《摄影画报》《上海画报》《国闻画报》《时代》《大众》《文艺画报》等掀起了画报文化艺术启蒙思潮。当然,最具意义的当属南方上海的《良友》画报和北方天津的《北洋画报》。

《良友》画报由伍联德创刊于1926年2月15日,1941年10月暂时休刊,1945年10月一度复刊,先后在上海、香港两地出版了19年174期。正如阿英在《中国画报发展之经过》一文中所说:"包括自国民革命军北伐到这一回中日战争的全部画史,无论中国的哪一种画

---

① 见1925年8月4日、8月19日《申报》的出版预告中分别报道"发扬文化,提倡艺术"是《中国画报》《申江画报》的宗旨。

刊,是从来没支持那么久,而又这样富有意义的。"①1954年在香港复刊,未易其主,至1968年因伍联德身体健康关系停刊。1984年由伍联德之子伍福强再度在香港恢复出版。迄今已过八十春秋。它是世界上最早的大型画报之一,比《苏联建设画报》早出版四年,比美国《生活》画报早出版十年,也是中国画报史上第一份大型综合性画报和全球华文传媒史上唯一刊行八十载的画报。

图17 《良友》画报

《良友》曾一度赢得新闻学界的称许。《报学月刊》编辑黄天鹏称其"材料更丰富,印刷更为美化""在画报界开一新纪元"。② 阿英认为:"在现存的画报之中,刊行时间最长,而又最富有历史价值的,无过于'良友'。"③萨空了认为它是中国印刷最精美的画报,从此,中国画报显然渐有新趋向。④ 这一新趋向主要表现在:一是一洗《点石斋画报》和当时上海盛行的单张画报的陈腐幼稚,成为一张现代式的画报,开辟了中国出版界的新纪元。《良友》初为月刊,1934年7月第90期改为半月刊,1935年1月第101期恢复月刊。九开本,采用图片、漫画、摄影、文字等多种符号形式,详尽报道中外时事,介绍美术名作、科学知识、体育活动和妇女儿童、摩登时尚、健康活泼等方面的潮流,使

---

① 阿英:《中国画报发展之经过》,《良友》画报1940年纪念号第150期。
② 黄天鹏:《五十年来画报之变迁》,《良友》画报1930年8月第49期,第36页。
③ 阿英:《中国画报发展之经过》,《良友》画报1940年纪念号第150期。
④ 祝均宙、萧斌如主编:《萨空了文集》,上海:上海科学技术文献出版社2002年版,第368、369页。

画报成为增长见闻、开拓生活视野的刊物,雅俗共赏,编排印刷精美,销数从创刊的七千,增至后来的四万多。据1932年12月"上海邮政局挂号杂志销数"统计,《良友》销量仅次于《生活》周刊,位居沪上杂志销量第二位。①《良友》"不特销行于中国各地,即海外各国,亦无不有《良友》之踪迹"②。

二是以"沟通文化,启发国民新知"为主旨,"在普遍性的园地,培植美的、艺术的、知识的花朵",③视"介绍实际智识,推进社会文化"④、普及教育为画报之最大使命。伍联德在1928年4月的《良友》第25期提出,良友的使命和志愿是"以出版业保国育民,以印刷业富国强民""希望我们《良友》现在所抱着的普及教育、发扬文化的目标保持到底。不见异思迁,不因难而思退;更不受任何势力的支配。取材严而均,言论公而直……"编辑赵家璧再次声明:"以商业的方式而努力于民众的教育文化事业,这就是我们的旨趣。"⑤创办人伍联德在《良友一百期之回顾与前瞻》中有交代:"当时(1925年前后,引者加)四开大小的单张画报,颇为流行,唯一察其内容,大都缺乏学问之原素。窃以为在文化落后之我国,藉图画除普及教育之工作,至为适宜。"⑥可见,知识启蒙、教育启蒙是《良友》画报的主要宗旨。

《良友》文化启蒙的办刊目的,在此后多年的发展过程中一再强调和重申。正如伍联德先生在回顾《良友》出版百期时撰文所说:"本志……对于文化之推进,及智识之灌输,更思竭其驾驶,以求精益求精……"⑦按照他的想法与设计,画报正是通过直观、具象的审美图像来达到教化民众、开启民智的目的。由此可见,"良友"既不以政治救

---

① 《上海通研究资料》,香港:南天书业公司1972年版,第399页。
② 伍联德:《良友一百期之回顾与前瞻》,《良友》画报1934年12月第100期,第4页。
③ 《良友》画报1927年3月第13期第35页"编者之页"。
④ 《良友》画报1934年12月第100期,第1页。
⑤ 赵家璧:《再为良友发言》,《良友》1929年7月第37期。
⑥ 伍联德:《良友一百期之回顾与前瞻》,《良友》,1936年12月第100期,第4页。
⑦ 同上。

国,也不以经济救国,走的是一条教育救国、文化救国的软性道路。

依据这条道路,《良友》画报进一步明确,宣扬民智开、教育兴的唯一门路,就要多出版书报,而书报有赖于印刷。因此,《良友》联合多数没有党派的同志,群策群力,热衷于出版印刷的职业,除《良友》画报以外,还出版《汎报》《银星》《艺术界》《中国学生》《现代妇女》《体育世界》《妇人画报》《电影画报》《知识画报》《文季月刊》《音乐杂志》《人间世》等;编辑有"一角丛书""万有文库""现代中国史丛书""中国新文学大系""良友文学丛书""良友文学丛书特大本""苏联版画集""良友文库"等,以普及教育、传播艺术、宏扬文化为重任,普遍贡献于自己的国家与民众。在艺术、文化、知识的生产场域,营造关于国家救亡、民族独立等整体意识形态的话语权力。

这种民族主义情感在政治话题里也得到进一步落实。伍联德在创刊的第一年,就积极主动地关注时事、介入政治。1926年的《孙中山先生纪念特刊》、1927年的《北伐画史》、1936年的《蒋委员长寿辰纪念画册》以及对五四运动和五卅惨案的纪念报道,都实现了用影像见证历史、在印刷媒体领域汇聚想象共同体民族认同的抱负。

《良友》画报尽管带有摩登与时尚的都市文化气息,但在现代启蒙主义追求过程中却日益造就了独具一格的良友文化传统。探寻出版救国、印刷救国、教育救国的办报过程,能够发现《良友》正派、耿直的文化品位。画报的主创人员伍联德和后来的主编梁得所、马国亮等都是接受过新式教育且对美术具有强烈兴趣的知识分子,因此,"在《良友》商业化运作模式的背后寄托着他们的文化理想,即通过发展出版业来开导民智,滋养人心,倡导'真、善、美'的生活"①。又如《良友》画报对广告的态度,它认为,广告登出,刊物本身应负道义上的责任,因此编辑部拒绝刊载两类广告:一是内容不可靠有欺骗嫌疑的;二是与

---

① 肖晶:《日常生活中的个人与国家——解读〈良友〉画报的现代身体图像(1926—1937)》,复旦大学2011年硕士学位论文。

性、色情有关的性病或药物广告。据编辑马国亮先生的回忆:

> 《良友》画刊是一本男女老幼皆可阅读的刊物,是一本内容健康、能摆在家庭里面面无愧色的刊物,内容更不应该有任何坏影响的广告。即使有人出重价,也不为所动。①

《良友》画报就是这样以出版印刷事业实施刊物"启蒙主义的价值追求"②。中国传统美学和西洋美术集中出现在画刊上;大量刊登被去除了"色情"、强调健康和"自然美"的女性裸体形象照片;设置大量关于大学和中学体育活动的报道,强调体育与现代教育的结合;设立"现代成功人士自叙"和"名人生活回忆录"栏目,成为"鼓励青年自强努力、刻苦奋斗的好教材";刊载大量妻子现代、丈夫体贴、孩子健康活泼的家庭照片,提倡和睦、平等的现代婚姻家庭。《良友》画报中所营造的"美术、科学、体育、现代妇女、现代家庭等构成了一个现代启蒙的价值体系"③,以艺术开启中国现代性过程中的美育启蒙、以现代体育竞技倡导身体的康健,以《中国大观》以及由此而来的全国性的摄影采访焕发起现代民族国家转型中的自我认同和民族情感。现代启蒙意识是《良友》画报创办的根本动机和宗旨。

与此相对照的,有同期北方天津的《北洋画报》。它承载着创办者——"受欧风美雨熏陶的新派士绅"④——冯武越的文化理想,选取"时事、艺术、科学"六字为口号,提出"传播时事,提倡艺术,灌输知识"的追求目标,以"艺术""知识"为核心,成就文化企业经营。在其简短的发刊词中谈到:

---

① 马国亮:《良友忆旧:一家画报与一个时代》,北京:三联书店2002年版,第119页。
② 吕新雨:《国事、家事、天下事——〈良友〉画刊与现代启蒙主义》,《读书》2007年第8期。又见吕新雨:《书写与遮蔽:影像、传媒与文化论集》,桂林:广西师范大学出版社2008年版,第100—113页。
③ 吕新雨:《书写与遮蔽:影像、传媒与文化论集》,桂林:广西师范大学出版社2008年版,第109页。
④ 张元卿:《读图时代的绅商、大众读物与文学——解读〈北洋画报〉》,《天津社会科学》2002年第4期。

> 画报的好处,在于人人能看,人人喜欢看,因之画报应当利用这个优点,容纳一切能用图画和照片传布的事物,实行普及知识的任务;不应拿画报当作一种文人游戏品看。①

因此,画报的启蒙宗旨在此已更多地转换为艺术知识启蒙。《北洋画报》申明该报的定位是"言不及政治,语不涉专门,只为遣兴消闲之读物""最高使命,乃在救济社会生活之烦闷,畀以滋润之剂,又在矫正社会观点与行为之错误,为作正途指示,故于端庄之中,杂以诙谐,总期谑而不虐、乐而不淫而已"②。在此目标的影响下,《北洋画报》的内容定位偏重游艺、轻视中外时事政治新闻。这种内容定位一度引起读者的不满,怪不得第106期"读者与编者"栏中刊载如下启事:

> 本社接到王郎君来函,希望本报副刊多刊载各国社会与政治新闻,蔚成世界政治画报,其立意甚为正大,本报极为感佩。唯本报创办时,本以游艺为宗旨,现在增设副刊,系容纳静的方面之文艺作品,如果多刊世界政治新闻,深恐不能引起读者兴味。……盖本报之唯一目的为注意艺术,而对于社会,亦惟求其艺术化而已。此后深望各界读者共起赞助,此本报所最欣幸者也。(1927年7月23日)

传布"真、善、美"的艺术,将社会进行艺术化的图像呈现,这是《北洋画报》的根本目的。《北洋画报》传播宗旨的"软性化"转移,刚好印证了中国现代化画报经营策略的一次回归,也再次凸显了中国画报固有的媒介特性以及经营路径——启蒙宗旨语境下消闲策略的艺术化使用。

六、消闲策略:中国近现代画报的生存之道

识字率不高、民风民俗愚昧的社会环境和官府、权贵、军阀施压于

---

① 记者《北洋画报》1926年第1期,第2页。
② 画楼主人:《五周纪念感言》,《北洋画报》1931年7月7日(2)。

进步报业报人的媒介语境,迫使画报报人采取一种不偏不党、不激不遂的政治态度,实施以风气开通、思想启蒙、文化传承和艺术普及为基本导向的消闲策略。此处的"消闲"并不是指做一些无聊的文字抑或刊登一些低俗不雅的图像,而是将对政府、权贵及官僚的谴责和批判转化为生活化、艺术化的话语表达,也包含日常生活的审美化、艺术化呈现,用当下时髦的话说就是"硬道理软着陆"。

无论从媒介的主题设置、内容选择、论域所指,还是封面、主体图像的编辑安排,画报"大多画一些政治性较弱的中外历史人物、世界风俗、社会新闻、格致浅说等"①。美国传教士范约翰主编的《小孩月报》从诗歌、故事、博物、科学知识等方面取材;以"唤醒国民、校正陋习"为宗旨的《醒俗画报》较多地刊载了"俗"与"风"两大方面的图文,早期重在指责民间"旧俗",后期转至引导社会风气,提倡文明之风;以"奇闻""果报""新知""时事"为内容主体的《点石斋画报》,妖怪鬼魅的东方情调与西方文化并存,"惩恶扬善"的抨击与"展卷玩赏"的乐趣二者合而为一,"寓果报于书画,借书画为劝惩"②。

颇具强烈媒介批判色彩的《图画日报》也能从侧面立意,不从正面进攻,在文学、美术等艺术空间里软性地实现媒介对社会的强烈批判。就栏目设置看,除长期刊登的《大陆之景物》《绘图小说》《时事新闻画》《新智识之杂货店》《世界新剧》,初期刊登的《中外新列女传》《当代名人纪略》《画谜》外,前期延续较长的栏目还有《营业写真》《上海社会之现象》《世界名人历史画》《杂俎》等,后期相应被《三十年来伶界之拿手好戏》《曲院现象》《俗语画》《说文解字画》等取代。其中,《新智识之杂货店》栏目以寓意画、寓言画、滑稽画、讽刺画、讽世画、警世画、时画、感时画、想象画、无题画等 10 种漫画雏形为载体,对社会不平等、官场昏庸腐败等社会弊病进行广泛的批判。在第 2 号第 9 页

---

① 杨炳延主编:《旧京醒世画报》,北京:中国文联出版社 2003 年版,第 347 页,"跋"。
② 申报馆主:《第六号画报出售》,《申报》1884 年 6 月 26 日。

左图右史与画中有话：中国近现代画报研究（1874—1949）

《缠足不缠足之比较》中，新闻画上的两个女子，一位撑着洋伞悠闲地漫步，一位以手扶墙痛苦地抚摸小脚。整个文本除标题外不着一字，但作者的意图全然凸显：揭示缠足对女性的身心迫害。作为面向知识水平层次不高的受众的新闻媒介，《图画日报》以通俗易懂的漫画形式，释放出批判缠足陋习的先进观念信号，是其媒介批判立场的有力表征。而《世界新剧》一栏，运用改编的剧本针砭官场、谴责鸦片害人、批判社会乱象、叹息时艰。前后共登《新茶花》《嫖界现形记》《明末遗恨》《刑律改良》等9个新剧，皆是上海新舞台剧场经典剧目。新舞台是晚清有名的进步剧场，该报第13号《上海著名之商场》曾介绍新舞台"所编新剧……尽警劝之能事，诚为世道人心之助"，而将进步舞台的种种"有功世道之剧"作为《世界新剧》的文本，充分体现编者的批判意识和对新剧本的认识。如连载37期的《黑籍冤魂》改编自吴研人的同名小说，后由新剧作家郑正秋整理发表于该报，并指出是为了揭穿"鸦片烟害人的真相"。此外，《营业写真》栏目的《卖凉粉》《卖西瓜》《卖丝绵褥子》等"新闻画"，还对卖国者、弄虚作假者进行了深刻批判。

就媒介论域看，在长达一年多的刊发时间里，《图画日报》刊载小说、所涉及的话题从上流社会的奢华生活，到平民百姓的添衣购菜，可谓包罗万象。刊载谴责小说实现"小说救国"的媒介指向是《图画日报》的明显特征，其小说版块占据画报五分之一版面、阅读面最广。其第1号的启事说明："如蒙以有裨社会有益人心世道之小说见贻"，明白表达刊载小说以有益于社会的宗旨。"小说救国"是推进社会变革的一大利器，该报登载了数量众多的"谴责小说"，其中以短篇小说为主，多明确标为"醒世小说""警世小说"；主旋律为"揭短、揭弊、揭病"[1]，鸦片、嫖赌和迷信，封建社会里危害民众健康、腐蚀民众思想的

---

[1] 熊月之、张敏：《上海通史·第六卷：晚清文化》，上海：上海人民出版社1999年版，第522页。

三大恶习,成为该报谴责小说批判的主要对象。

视"介绍实际智识,推进社会文化"①、普及教育为使命的《良友》画报更是在"名人生活回忆录""上海地方生活素描""西游记"以及《孙中山先生纪念特刊》《北伐画史》《远东运动会特刊》《全国运动会特刊》等多种艺术空间实现了"官方与民间、政治与文化、文字与图片、高雅与流行"②的巧妙契合,正如马国亮主编所回忆:"像《良友》那样,除了军事政治、国内外时事,还有经济建设、社会生活、艺术文化、科学知识、电影体育、家庭妇女儿童等方面,无不兼备的,国内还没有。"③《良友》因此而享誉天下,"凡有华侨旅居之处,无不有《良友》画报"④。画报的销路便也由此而打开了。

若感性地阅读《良友》画报,会发现它以自然亲切和友爱关怀的刊物文化品格深深地吸引了大量读者。正如李欧梵所说:"《良友》的良好声誉不是通过知识刺激或学术深度达到的,而是借着一种朋友般的亲切姿态做到的。开首几期的'编者志'就显然给读者这个印象:该杂志是希望成为读者日常生活的亲密伙伴。"⑤这是《良友》办刊的一种策略。从媒介内容来看,既强调时事性又突出趣味性,题材全面广泛,涵盖了时事、政治、经济、文化、社会、体育、美术、科学、音乐等现代生活的方方面面。用主创者的话说,那就是:"内容不务深奥,不偏不倚,惟以建设的友爱的精神,与阅者结不解缘,运用浅明的图画文字,传播与时俱新的知识。"⑥《良友》画报用浅显新颖的知识和生动唯美的图像充实了人们生活的余暇,成为深受人们欢迎的消闲读物。

---

① 《良友》1934年12月第100期。
② 李辉:《听他讲述美妙往事》,载马国亮著:《良友忆旧:一家画报与一个时代》,北京:三联书店2002年版,"序"第2页。
③ 马国亮:《良友忆旧:一家画报与一个时代》,北京:三联书店2002年版,第6页。
④ 同上书,第3页。
⑤ 〔美〕李欧梵:《上海摩登——一种新都市文化在中国(1930—1945)》,毛尖译,北京:北京大学出版社2001年版,第75页。
⑥ 伍联德:《再为良友发言》,《良友》1929年第37期。

然而,《良友》的生存策略是经过了一番曲折的。这种困境的形成除了当时上海的文化背景外,更有《良友》画报自身的原因。

首先,从最初创办的动机和本质上来说,《良友》是一份商业性刊物,是带有精英抱负的"商人"伍联德个人理想和商业价值均衡"调适"后的产物。自晚明以来,中国商业文化是一个与士大夫文化相抗衡的知识体系①,余英时也认为"商人恰好置身于上层文化和通俗文化的接榫之处",《良友》画报"是在商业基础上建立起的一种文化"②。伍联德在《良友·回忆·漫谈》一书中曾对创办《良友》的目标有所披露:"倘若能办一份图文并重、雅俗共赏的画报,一定会畅销全国,人手一册。"个人兴趣与经济利润是伍联德创办《良友》的综合动机。

伍联德,广东台山人,父亲早年去美国,开洗衣店,寄钱回国供给家人。他对印刷出版发生兴趣,是在广州岭南大学预科读书时,从该校图书馆看到进口的彩色印刷品的时候开始的,便与同学陈炳洪"共同翻译一本关于美术的书,叫《新绘学》,卖给上海商务印书馆。两人拿了三百元的稿费,到上海玩了一个月,参观了商务印书馆,从此对出版事业发生了极大的兴趣"③。伍联德执意从事出版工作,拒绝了父亲要他去美国留学的要求,决心到上海闯门路。一开始在岭南大学校长钟荣光的推荐下,被商务印书馆录用,主编《儿童教育画》,达三年之久。由于踌躇满志的出版规划未被采用,便毅然离开,和商务的一个姓莫的同事,合作创刊了一张四开单张的儿童刊物《少年良友》,可销路无法打开,读者寥寥。第一次尝试以失败告终。伍联德从失败中得到教训,认识到从事出版工作,必须有自己的印刷所,才能减轻成本,才能高效印刷。

---

① 叶文心:《都市、大众和文化》,载姜进主编:《都市文化中的现代中国》,上海:华东师范大学出版社 2007 年版,第 7 页。

② 臧杰:《天下良友:一本画报里的人生"传奇"》,青岛:青岛出版社 2009 年版,第 8—9 页。

③ 马国亮:《良友忆旧:一家画报与一个时代》,北京:三联书店 2002 年版,第 11 页。

为赢得资金支持,伍联德办报初期接受了上海先施公司前总经理欧彬的未亡人的援助,一方面她把丈夫生前开办但现已停顿的一间印刷厂低价转让给伍联德,另一方面,她协助伍联德获得了广东银行上海分行的贷款。同时,为了了解读者需求和更有效地开拓画报市场,伍联德曾做过两次非常重要的"出游"。一次是在1926年11月,遍访新加坡、槟城和吉隆坡等英属东南亚的华侨圈,考察了南洋电影界,并拜访福建华侨企业家陈嘉庚。① 另一次是在1927年4月,他途径神户、檀香山、旧金山去美国。在旧金山,由岭南大学同学邓祖荫(大埠商会总干事)引导视察了当地华人街;②在温哥华访问了良友公司加拿大总代理龚贞信,在费城拜见旅美巨商伍永高,③并使其成为公司重要股东兼董事,进一步扩大了良友公司的华侨关系网。

海外市场是《良友》创办初期的首选目标。主要原因是受制于创办人伍联德的社会关系网。伍联德是广东台山人,台山离香港很近;他曾在广州岭南大学预科读书,而岭南大学聚集了很多华侨子弟,毕业后直接去海外发展。因此,伍联德的社会关系网自然扩展到了香港和海外华侨圈。日本学者村井宽志关于《良友》画报与华侨关系网曾做过统计调查,以1928年为例,认为良友图书印刷股份有限公司8个董事中,住在上海的只有3个,另有3个在香港(监察陈炳洪也在香港),1个在广州,1个在美国。而同年的股东住址分布,按股份来看(1股=100元),占较大比率的为香港(266股、44.6%)、美国(143股、24.0%),加上新加坡,华侨几乎占了7成(414股)。内地股东只有广东(大部分是广州)的111股(18.6%)和上海的70股(11.7%)。持有20股份以上的股东的名字、地址和所属,除了两个美国华侨和一个广

---

① 伍联德:《南游记》,《良友》第13期,1927年3月,第26—28页。
② 伍联德:《旅途通信》,《良友》第15期,1927年5月,第26页。
③ 伍联德:《游美归来》,《良友》第19期,1927年9月,第23—26页。

州居住者以外,4个股东都住在香港,没有住在上海的。① 由此可见,良友公司与香港及海外华侨的关系是非常紧密的。

海外关系网影响着《良友》画报的发行与销数,也在某种程度上制约着《良友》画报的内容定位与文化定位以及生存策略的选择。

《良友》画报以文人集资等经济实体的报刊样式,抛弃"白纸印黑墨"的"只谈空理的老调文章"的内容刊载,运用"有趣而生美的"的图像②,传播中国人文化视野中的新闻,包括"最新的世界知识,最新的社会的、科学的,以及美术的文学的种种学问",达到"小学生不会嫌其太深,大学生不会嫌其太浅。甚至不识字的人,也可因看图而心领神会"③的传播效果。在同人所标称的"不惜工作和成本"两方面牺牲的同时,使其选材力求"趣味和实际的知识并重""使趣味而不流于胡闹,实际而不使人头痛""软性的不觉其空无一物,硬性的却不嫌其艰涩难读,人生微妙的哲理,世界实际的常识,互相融合于一炉,务使本志成为一种满含着不枯燥的学问,不浪费的消遣的良好的读物,正如诸君的一位知己的良友一样,于笑谈趣语中贡献人生的至理和实益"④。这是《良友》同人基于行业定位所做出的内容选择。

《良友》初创时,因对名人名媛、高雅艺术和鸳鸯蝴蝶派小说的过分钟爱,"阳春白雪"的雅态背后忽视了"下里巴人"的生活常态,它常常受到大众文化世俗话语的挤兑。然而,当过多地刊载贫民生活的情态时,却又不免招来一些人的不满。第48期的《良友》刊载了两种针锋相对的读者看法:

> 从读者的意见中,我们可以找出几种不同的观点。例如

---

① 村井宽志:《〈良友〉画报与华侨关系网》,载姜进主编:《都市文化中的现代中国》,上海:华东师范大学出版社2007年版,第423—424页。
② 伍联德:《为良友发言》,《良友》第25期,1928年4月,第7页。
③ 马国亮:《本刊百期言》,《良友》第100期,1934年12月,第5页。
④ 《良友》编者:《纪念本公司创业十周年·更进一步》,《良友》第91期,1934年8月,第3页。

有一位很老实地批评,说本刊何不多点贫民生活,为国中社会写真;现在取材,多属漂亮华丽,未免贵族化。同时,一位华侨来信说及,本刊阅者不少外国人,素有轻视华人的成见,所以不宜刊载赤膊抬轿之类的照片,宜应宣传我国的新事物,为在外的华侨挣点体面。

这些互为矛盾的观点,为刊物如何忠实、全面、立体地呈现社会提出了更高的要求,也映射出精英文化与大众文化在刊物传播视域中的相互较量。针对如此冲突的观点,《良友》画报做出回应:"……可知环境不同意见便有分别。然而我们须认清楚,刊物所载第一贵乎忠实……本刊态度趋于美与善的建设。"①当然,在具体办刊过程中,《良友》画报难免陷入深深的文化困境,并进而做出调整。这些以商业利益为主要目标的画报同人便不得不采取折中的办法,一是精英知识分子及其作品在《良友》画报平台上的世俗化和平民化转换,以适合都市文化市民的欣赏口味和阅读习惯;二是增加平民性话题,关注都市市民的日常生活和生存况味,立体多重地建构都市文化的全息图景。依据这种理念,《良友》画报在介绍了上海声光化电、"都会的刺激"等繁华景观后,同时刊载的还有普通百姓的生活文化。从第23期起,便出现了"十字街头"栏目:小朋友在街头、坐在地上幼稚无邪地玩耍;街头的人力车,车上可坐几个人,由一人拉着跑,可谓"几个人同走一对脚";算命也是街头的一个生活镜头;浣衣妇、买画者、累了就在板车上打个盹的人力车夫等平民百姓的普通生活渐渐进入了《良友》画报的摄影镜头。从第29期起"到民间去"栏目,更触及了中国民间风俗和民间生活的真实图景。第166期以"四种不同的文化"为主题,集中版面强势推出"租界文化""都市文化""乡村文化"和"部落文化"在衣食住行等日常生活层面的对比画面,这版面语言里所潜藏的信息,昭示

---

① 《编后话》,《良友》第48期,1930年6月,第2页。

了中国各种文化的兼容并蓄,也蕴涵着《良友》画报文化身份的大范围融合。存活并发展在多种文化的冲突中,雅俗共取的文化选择确定了它日益宽松的生存境遇,并被作为印刷文化的代表,建构了上海都市的现代性和多元化立体呈现。

当然,个别追求商业利润的画报,有时不免庸俗与拙劣。如《图画时报》所载,"尽是些女子照片,说是某校高材生,某校皇后,其实无异求婚广告,藉以迎合一般变态心理者的低级趣味",而被人称为"最无价值,无意义的"①画报。《良友》画报第1至4期从内容、材料或编排,都被称为"杂乱无章",后来主编马国亮有描述为证:"有些篇幅编排得杂乱无章。例如第6页刊了两张新闻人物的照片,却在下面放上一张与这些人物无关的中山舰,还添上一张乡村儿童乐团。又如第11页刊载文明与野蛮的服饰对比中,却夹上一张平常的海上帆影照片。再如第17页刊上一张当时被国民党反动派暗杀的廖仲恺的遗像,旁边刊了一张廖的女儿的半身照片,在同一页里,却放进了几张彼此都无联系的照片,一是澳门风景,一是男女交际舞,一是女子健身运动的美术照片,还有一张是没名没姓的男伶,可谓不伦不类。"②而到鸳鸯蝴蝶派作家周瘦鹃主编的第5—12期则充满了旧文学的习气,每期连载鸳鸯蝴蝶派的长篇小说,"礼拜六"派文人如程小青、刘恨我、范烟桥等人的文稿便陆续在画报上出现,引起读者的不满,认为它充满了礼拜六派的气味,完全是吊"上海人胃口"的一本低俗刊物③。如第8期刊发了一篇名为《颤动的心弦》的小说,立刻就有读者来信,指出这是一篇淫秽小说。

读者坚持倡导启蒙宗旨,兼顾消闲软化策略,是中国近现代画报界的共识。不做激进之语,不刊偏激之材,在艺术的图文空间创建"文

---

① 吴越生:《画报种种》,载《文化建设》月刊第一卷第二期,1934年11月10日。
② 马国亮:《〈良友〉画报第一期》,载《读书》1979年第7期。
③ 《沈从文文集》第11卷,广州:花城出版社1984年版,第143页。

化救国""印刷救国""出版救国"的传播理念,同步实施赏玩与启蒙的媒介目标。

第三节 拟想读者与实际受众

早期启蒙画报的拟想读者,毫无疑问是识字不多或不识字的中下层民众和妇女儿童。从最早的画报《小孩月报》的报名便知,它办报的主要目的是为孩童提供优质的课外阅读材料,"小孩"便是其拟想的读者对象。这同样在一些人的论述中可看得出来。《旧京醒世画报》刊有杨曼青《看画报之益》文谈到,"一家之内,有不识字的人……这就用着画报的辅助。家有妇孺,给他画报一看……所以画报能够开通妇孺知识。……家有小学生小姑娘们,看完了画报,又可用他当个画稿铺上纸描画",不识字的、妇孺、小学生小姑娘是早期画报的主要拟想读者。其实,这在《申报》上已早有论述。1895年8月29日的社论《论画报可以启蒙》认为"不特士夫宜阅,商贾亦何不可阅?不特乡愚宜阅,妇女亦何不可阅",由此可知,画报启蒙的重点对象是"商贾""乡愚"和"妇女",而不是有能力识字阅报的"士夫"。"贩夫牧竖,科头跣足"以及闺中"蟫首蛾眉"和识字不多的儿童是画报视阈中拟想的受众群体。

然而,实际受众却并非如早期启蒙者所预料的那样。在《教务杂志》中一份统计显示,1877年《小孩月报》发行达到每月4000份,[1]该杂志上还登载了某位传教士热情洋溢的读者感言:"几乎没有什么基督教团体不欢迎这份杂志,有的甚至订阅达百份之多。这份杂志在中国所受到欢迎的程度不亚于在美国国内。这说明在中国不乏有才能的教士。"[2]这表明《小孩月报》的实际受众包含学生、基督教教徒以及

---

[1] The Chinese Recorderand Missionary Journal, volume 8, 1877, 209.
[2] The Chinese Recorderand Missionary Journal, volume 10, 1879, 279.

非教徒等更广大的群体。美国汉学家韩南认为晚清改革先驱梁启超曾经看过《小孩月报》,梁的同仁所办《蒙学报》曾受到《小孩月报》的很大启发。① 购买画报并阅读画报的实际受众,下层社会民众为数甚少,因为下等社会中绝大多数并不具备购报和阅报的能力,不识字者对图像的解读能力也是较弱的。画报的实际阅读对象以中等以上知识者为主体。随着新型报纸、学堂和学会的大量出现,以及由此而来的阅报社、宣讲所的设立和下层社会启蒙运动的逐渐深入,普通民众的文化素养和艺术品位得到提高,画报不得不依据拟想读者与实际受众的差异以及时代的需求不断调整自己的读者定位。

《点石斋画报》尽管声称传播"制度之新奇与器械之精利者"的"新知"至"穷乡僻壤",偏向于文化程度低的拟想读者,然而现实情形是达到了"即是成人也喜欢看"的效果,这种拟想读者与实际受众的差距在《图画日报》中也能得以求证。据《〈图画日报〉第二年出版纪言》记载,贴近社会、富有时尚气息的《图画日报》一经出版,便广受社会欢迎,每期印数近万册,"凡公卿士大夫及绅商学界,无不手揽一编,即妇人孺子识字不多者,每喜指画求解"。实际受众范畴可能远大于拟想读者的定位设计。

另一方面,画报偏于不识字妇孺的拟想读者定位会遭到实际受众较高文化水准的颠覆。如《点石斋画报》"义蕴闳深"的文字、晦涩难懂的文言语句对读者的接受水平提出了更高的要求。这正好说明它的实际受众与拟想读者之间有较大的文化差距,实际读者的觉悟程度和知识阅历要高得多。对此,美国教授康无为提出了如下独到的见解。

> 《点石斋画报》最早的读者群多是上海租界区的市民;他们有大都会的见闻,受过古文训练,能读能写。……叶晓青认

---

① 韩南:《中国近代小说的兴起》,上海:上海教育出版社2004年版,第178页。

为女人、小孩与未受教育的人也能享受《点石斋画报》。这点,我不以为然。由于这些妇孺文盲不懂图画中的说明文字,因此我只能假定是经过一种神奇的解读过程而加以心领神会。可是《点石斋画报》的文字典雅难解,其中充满成语、典故与地方俗语,且标点又偶尔为之,我想叶博士的看法未免有失浮夸。①

康无为的观点在鲁道夫·G.瓦格纳的论述中也能得到论证。他认为,《点石斋画报》相当广泛和普及的潜在读者群体,与《申报》的潜在读者有某种一致的关系。而从鲁迅的描述中"这画报的势力,当时是很大的,流行各省,算是要知道'时务'——这名称在那时就如现在之所谓'新学'——的人们的耳目"②便可判断,《点石斋画报》的实际读者是具有相当教育程度并相对富裕的人群,这从诸如为日后装订而采取的书籍式印刷等特征上也可看出,特别是从价格上。瓦格纳认为:

> 美查将以前《寰瀛画报》的价格削减了一半,但《点石斋画报》5分钱的售价仍比《申报》贵了6倍。同时订购这两份报纸将花掉一名《申报》记者月薪的2%到4%,即10到20个银元,这是一个相当高的比例了。因此这份画报迎合了习惯西方报纸风格的那些人,他们属于社会上受过良好教育的那部分,绝非上海的小市民,如店员、工匠和西方人的家佣等。③

而对于以"提倡艺术"为主体的画报来说,加强图像的艺术性色

---

① 康无为:《"画中有话":点石斋画报与大众文化形成之前的历史》,载"中研院"近代史研究所演讲集(1):《读史偶得:学术演讲三篇》,"中研院"近代史研究所,1993年10月,第98页。
② 《上海文艺之一瞥》,《鲁迅全集》第四卷,北京:人民文学出版社1981年版,第299页。
③ 鲁道夫·G.瓦格纳:《进入全球想象图景:上海的〈点石斋画报〉》,载《中国学术》第八辑,2001年第4期。

彩,更多地迎合文人墨客和知识阶层的审美趣味,成为它们盈利或赢得社会声望的营销策略,因此,画报实际受众的文化程度比拟想读者要高。如果说吴友如在《点石斋画报》的绘画是力图迎合市民中属于下层的平民大众,而在《飞影阁画册》的绘画风格却更多地迎合真正的绘画爱好者和收藏者。吴友如在《飞影阁画册》卷首小启上说:"蒙阅报诸君惠函,以谓画新闻,如应试诗文,虽极端揣摩,终嫌时尚,似难流传。如绘册页,如名家著作,别开生面,独运精思,可资启迪。何不改弦易辙,弃短用长,以副同人之企望耶!"所谓"同人"者,并非不识字的妇孺儿童,也不是下层民众,而是有志于艺术鉴赏的文人骚客和知识分子,或是真正的绘画爱好者和收藏者。为吸引更多文人骚客和绘画爱好者的赏玩与珍藏,画报想方设法邀请名家高手入社,刊载收藏价值很高的绘画作品,同时也相应地提升了读者的品位。如小说家包天笑主办的《小说画报》就为很好的例证。

《小说画报》1917年1月创刊于上海,包天笑负责文字,钱病鹤负责图画,两人的名望使《小说画报》里名家高手云集。拿所刊图画来说,编辑钱病鹤是光绪二十九年的举人,后入同盟会,民国初年名声大噪的《老猿百态》就出自其手。资历高,声望大,便网罗了一批出色的绘画人才,画报曾敦请上海名画家丁悚、金少梅、丁云先执笔,尤其是丁悚的插图,画技最高,尽管是小说插图,却都是精心创造,堪与居庙堂的大立轴大手卷媲美。随着摄影技术在画报中的使用,《图画时报》(戈公振主编)、《摄影画报》刊载的真实的、精美的摄影作品——时事照片、风景照片、社会活动照片以及名人名媛照片曾一度受到摄影爱好者的追捧与青睐。应该说,文人骚客、绘画和摄影爱好者都是艺术类画报最实际的目标受众,他们规约画报的内容选择、图片刊登及媒介品位,是画报生存的重要影响要素。

画报实际受众广泛的具体情况,在《良友》画报中得到更充分的体现。《良友》第2期"卷头语"说道:

作工做到老倦之时,拿本《良友》来看了一躺,包你气力勃发,作工还要好。常在电影院里,音乐未奏,银幕未开之时,拿本《良友》看了一躺,比较四面顾盼还要好。坐在家里没事干,拿本《良友》看了一躺,比较拍麻雀还要好。卧在床上眼睛还没有倦,拿本《良友》看了一本,比较眼睁睁卧在床上胡思乱想还要好。①

由此看来,阅读杂志的读者应是有时间、有精力并能产生除物质消费之外的符号、意义消费情愫的人群。只有酒足饭饱或者能拥有一间鸟窝式的"亭子间"之后,或者能坐得起马车洋车,看得起大光明电影院的电影,跳得起百乐门舞厅的舞女,常常玩玩麻将娱乐,并渐渐构建起了悠闲安逸的文化心理之后,人们才能用艺术审美的眼光,来打探身边的世界。依据编辑马国亮在《良友》第一百期纪念特号(1934年)上的回顾:"《良友》画报最初的狂热的接受者大部分是那些毫无成见的海外侨胞们,其后,国内一般人士们也开始认识了这画报的价值了,观于近年来本志在国内销数的激增,和其他新办画报的出现,便可明白。"②

具体而言,从《良友》画报的售价和上海当代经济条件下人们工资收入的比较分析中,就能发现其受众构成。《良友》第1—3期(1926年2月—4月)每册大洋一角,每月一期;若订阅,全年大洋一元,半年大洋七角,另加邮费国内全年大洋四角,半年大洋二角,国外全年大洋一元,半年大洋五角。由于亏本不少,《良友》画报决定第4期起加价,零售每册大洋两角,订阅全年大洋二元。然而,不久就收到一千多封劝止加价的来信,于是,《良友》画报不得已想出了一个折中的办法——零售每册只售小洋两角,订阅全年大洋一元五角。从第49期起,即1930年8月,《良友》画报的定价增至每册实售大洋四角,订阅

---

① 《良友》1926年3月第2期。
② 马国亮:《本刊百期言》,《良友》画报第100期,1934年12月。

全年国内四元四角,另加邮费四角,共计四元八角;而国外全年四元四角,邮费一元八角,共计六元二角。而据上海工人生活程度调查资料,年收入200—300元的低薪工人家庭,每年仅有0.63元的文化娱乐开支。他们考虑更多的是大洋一角可以买五斤面粉,或十个鸡蛋。因此,这个阶层的人群不足以成为《良友》画报固定的消费对象。而每月娱乐能足够支付大洋一角的应是中上层,包括由"实业家、企业家、金融家、商人"等构成的资本家群体以及由"职员、中小商人、专业人员、公教人员、知识分子、自由职业者"等构成的职员群体。①

就国外受众而言,他们主要集中于日本、朝鲜、新加坡、菲律宾等华侨较多的国家。20世纪二三十年代,我国出国人员一般由两部分人组成:一是打工的华人,如矿工、洗衣工、修路工人等苦力劳动者,其工资,除去资本家的盘剥,所剩无几,养家糊口的生活压力使他们有可能远离《良友》画报。二是留学生及华侨资本家。这是中上层或中上层子弟,是华侨中有知识或有财富的群体。久居他乡,便产生对家乡了解和思念的强烈情感,当一个满载家乡信息的大众媒介出现时,他们便以最高昂的姿态迎接它的到来。这群人就成为《良友》画报永远的良友——一群忠诚的读者。归纳起来,《良友》画报是一份中产阶级的文化读物,更明确地说,是一份迎合中产阶级审美趣味的艺术品,其受众自然以中上层市民为最大群体。

然而,从广泛的意义上说,《良友》画报的受众定位应是一个大得多的群体概念。学者李楠说:"《良友》画报自我标榜是大众现代生活的探索者,但不菲的价格将它的读者范围仅限在生活富裕的上层市民中,只能为上层市民绘制摩登生活的蓝图。"②这个判断并不十分全面。首先《良友》画报的读者范围不仅仅局限于上层市民中,相反,中

---

① 李康化:《漫话老上海知识阶层》,上海:上海人民出版社2003年版,第120—121页。

② 李楠:《晚清、民国时期上海小报研究——一种综合的文化、文学考察》,北京:人民文学出版社2005年版,第179页。

层市民是它应尽量争取的受众群体。一方面,他们拥有够吃的面包,有时还可以加一根火腿,"既不是高不可攀,也不是完全为生计所累而无暇顾及'趣味'"①。另一方面,他们是一批有思想、有文化素养且掌握着书籍、文字报刊等大量印刷媒介的新式人群,"他们所拥有的资源使他们能够来推广他们的生活趣味和价值观念,当然,其中最重要的资源之一就是他们拥有媒体资源,大众媒体的从业人员本身就是由中产阶级所构成"②。因此,作为一个以商业利益为主要目的的同人报刊,《良友》画报断然不会放弃中层这个庞大的受众对象。

同时,如果将《良友》画报的意义影响局限在中上层市民的中产阶级空间里,而忽视其对周边群落,即中下层市民的辐射,那么,《良友》画报与上海都市文化的互动关系,远不能引起一种"良友"式的文化效用,即《良友》画报对上海都市文化的现代性建构。因为,中上阶层的文化嗜好和精神消费,作为一种时尚,必然成为社会的流行趣味。一是由于"人类不仅有追求个人差异化(differentiation)的冲动,也有要求全体社会成员均等化(equalization)的冲动"③,它们之间的消长变化,以及"上层阶级力求有别于下层阶级,或者更准确地说,有别于中层阶级"④的社会动因,按照上层创造、中层推动、下层模仿的流行体系,致使社会形态永远处于由时尚到流行再到一种新时尚的螺旋式的发展流变中。"一旦社会低层开始模仿某种风格,就越过了高层为保持同一形态具有的一致而划定的界限。于是,精英们立即丢弃他们先前推崇的风格,转而采纳一种新的使他们与众不同的风格。"⑤依据这些社会变化规律,《良友》画报中上层受众群体的文化趣味和审美观念必然

---

① 蒋原伦:《媒体文化与消费时代》,北京:中央编译出版社2004年版,第41页。
② 同上。
③ 陈坤宏:《消费文化理论》,新北:扬智出版1995年版,第59页。
④ 〔德〕爱德华·傅克斯:《欧洲风化史:资产阶级时代》,赵永穆等译,沈阳:辽宁教育出版社2000年版,第164页。
⑤ 〔法〕热拉尔·拉尼奥:《广告社会学》,林文译,北京:商务印书馆1998年版,第20页。

受到下层市民的模仿和笑纳,就此而言,下层市民可作为《良友》画报的间接受众。二是由于中上层流行趣味后隐藏着庞大的后备军,大众媒介也往往以宣传和鼓吹中产阶级的流行趣味为己任,以迅速扩大对受众的影响面。《良友》画报就是用这样的行业操作手段,赢得了越来越多受众的关注。它依托上海都市文化的意义载体,以引领时尚和示范都市文化消费方式为市场契入点,扮演"真""善""美"和文化传播者角色,融入大众,在更为广阔的范围里建构了报刊的受众定位。

《良友》受众的广阔性和大众性,在第100期纪念特刊里有充分的展示。声称《良友》无所不在:在茶几、在厨房、在梳妆台、在收音机旁、在旅行唱片机上、在公园里;《良友》无人不读:主妇、现代女性、工人、巡捕、老头子、掌柜先生、戏院的顾客、茶室里的茶客、学生、小朋友,更有社会名流:老舍、叶灵凤、张天翼、黎明晖、胡碟、金焰等。据主编马国亮的回忆,《良友》画报的读者遍及世界各地,包括美国、加拿大、苏联、澳洲、日本、德国、菲律宾、土耳其、西班牙、埃及、意大利、法国、英国、智利、阿根廷、哥伦比亚、秘鲁、古巴、墨西哥、婆罗洲、苏门答腊、马来群岛、暹罗(泰国)、缅甸、安南、印度、波斯等。① "凡有华侨旅居之处,无不有《良友》画报。"②在国内,无论通邑大都、穷乡僻壤,皆有《良友》的踪迹。在《良友》第34期的"读者来信"中有如此记载:一个远处云南省的读者,寄来用头发编成的表链一条,希望可作为订阅《良友》的报费。若不行,他将改寄火腿或大头菜。由此可以想见广大读者对《良友》的喜爱。

诸多事例证明,画报真实的读者定位并非"种田的、做手艺的、做买卖的、当兵的,以及孩子们、妇女们"③等一些不识字的下层民众,而是那些比他们"知识稍多""觉悟稍高""情怀稍激进"、可以对他们进行

---

① 马国亮:《良友忆旧——一家画报与一个时代》,北京:三联书店2002年版,第47—48页。
② 同上书,第3页。
③ 白话道人:《中国白话报发刊辞》,《中国白话报》第1期,1903年12月19日。

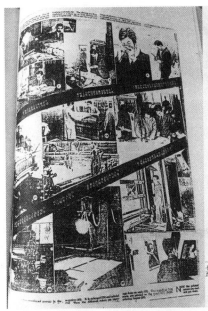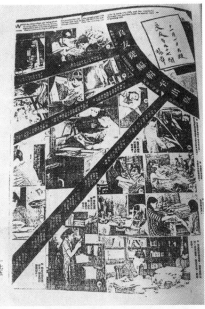

图 18　插入《良友》画报第 100 期读者图

"间接教育"最终实现启蒙宗旨的中等知识分子群体。犹如鲁迅所说,"但要启蒙,即必须能懂。懂的标准,当然不能俯就低能儿或白痴,但应该着眼于一般的大众"①,这一般的大众自然是指懂得解读图画的广大受众。新文化运动后1920年创办于上海的《解放画报》在创刊宣言中谈到本报的宗旨时说,要用"爱国,爱群,爱社会,爱世界"的心,"引着多数平民,向光明路上走,以实现人的生活,尽人的责任,来革新旧社会,振兴我们的国家"②。创办于抗战时期的《晋察冀画报》接受聂荣臻司令员的指导后,提出"我们的画报不仅要面向边区,面向群众,而且面向全国,面向全世界"③的编辑方针和报道理念,从其发行范围远涉平、津、沪、保、石等敌占城市和苏联、美国、英国、菲律宾、印度、越南、新加坡、暹罗等地区和国家来看,实际受众远多于实施抗日宣传和动员的群众这一拟想读者。

第四节　技术力量的媒介规约

在无线电以前,印刷媒介是唯一历时近五个世纪的大众传播媒介。印刷媒介的意义空间,早已成为中外人士涉足的领域。印刷出版是衡量国力强弱和国民素质高低的尺度,孙中山先生对此颇有阐释:"此项工业为以知识供给人民,是为近世社会的一种需要,人类非此无由进步。一切人类大事,皆以印刷论述之;一切人类知识,皆以印刷蓄积之,故此为文明一大因子,世界诸民族文明之进步,每以其每年出版物多少衡量之。"④借用北美学者麦克卢汉(M. McLuhan)"媒介即信

---

① 《连环图画琐谈》,《鲁迅全集》第六卷,北京:人民文学出版社1973年版,第34页。
② 中共中央马恩列斯著作编译局研究室:《五四时期期刊介绍》,北京:人民出版社1959年版,第351页。
③ 周剑云:《本报宣言》,《解放画报汇编》(上),上海:新民图书馆兄弟公司1923年版。又见河北省新闻出版局出版史志编辑部:《中国共产党晋察冀边区出版史料选编》,石家庄:河北人民出版社1991年版,第143页。
④ 孙中山:《建国方略》,沈阳:辽宁人民出版社1994年版,第257页。

息"的观点,也就是说媒介的文化特征直接影响它们所参与塑造的社会关系即社会空间的性质,由此可以推断,作为大众媒介早期样式的印刷传播媒介革命性地影响了一个时代中社会从政治体制、思想架构到人际交往各个层次的空间演变。

美国传播学媒介环境学派的代表人物之一伊丽莎白·爱森斯坦认为,印刷媒介是人类历史上的"传播革命",是推进早期近代欧洲文艺复兴运动、宗教革命和科学革命的重大影响要素,是西欧变革的主要动因之一。她认为"在早期印刷机的推动下,古典的复活在意大利实现了重新的定向。但在同样的推动下,德国却诞生了新教"①;而宗教改革运动"一开始就是由印刷机的力量塑造的,并且在很大程度上是由印刷机引起的","《圣经》传统的重构为宗教改革重新布置舞台""反土耳其的十字军东征是利用印刷术的'第一场宗教运动'……同样,在宗教运动和世俗运动中,新教也率先把印刷机用作宣传鼓动、反对现存体制的工具"②。而印刷术对近代科学革命的巨大影响也是不容置疑的,伊丽莎白·爱森斯坦认为,由于医学文献能够运用印刷术得到恢复和保存,"15世纪最后二三十年和16世纪的上半叶,出版了许多带插图的解剖学图书",致使16世纪解剖学在印刷术以后所发生的全面的复兴与13世纪解剖学的短暂强势迥然不同。"'无论16世纪的大学的校门'对'新科学思想关闭得多么严严实实',但对印刷商的作坊以及作坊里发生的新的思想交流,这些校门确实是敞开的"③。印刷术通过对科学知识与思想著作的出版与发行,矫正、反馈与改良科学,推动了科学革命与社会文明进程。

波普尔曾经说过:"我们的文明是书籍的文明:它的传统和它的本源,它的严格性和它的理智责任感,它的空前想象力和它的创造力,它

---

① 〔美〕伊丽莎白·爱森斯坦:《作为变革动因的印刷机》,何道宽译,北京:北京大学出版社2010年版,第186页。
② 同上书,第187—188页。
③ 同上书,第358—359页。

对自由的理解和对自由的关注——这一切都以我们对书籍的热爱为基础,愿时尚、传媒和电脑永远不会破坏和松弛个人对书籍的这种亲切的依恋。"①"对于早期现代国家以及其他先行的现代性制度的兴起来说,印刷是主要的影响因素之一"。②"印刷术的爆炸延伸了人的头脑和声音,在世界规模上重新构造了人的对话,这就构成了连接各个世纪的桥梁……它的作用就是在心灵上和社会上结束地方观念和部落观念。"③印刷媒介的出现对人类社会的交往环境、知识的生产和传播以及大众文化消费均带来了巨大而深刻的影响。

探究印刷技术的历史流变,可以发现中国在传媒科技现代化专题里的巨大贡献。曹聚仁说:""一部近代文化史,从侧面看去,正是一部印刷机器发达史。"④"因其对文化传播与留存的巨大作用而受到全人类的重视,并引起了全世界的信息传播大革命。"⑤纸——印刷文化的物质基础——于公元前后在中国发明并运用于书写,目前较多学者认为:造纸术的发明至少可以追溯到蔡伦以前200年或更早。⑥有学者论证在蔡伦之前,至少在西汉时期,纸就开始被用于书写和包裹东西,"蔡伦造纸说"在一千多年后终于随着考古发现而得到了彻底的纠正。⑦当然,蔡伦"乃造意,用树肤麻头及敝布鱼网以为纸"⑧,从树皮或其他新鲜植物所取得的纤维体,提供了新的造纸原料来源,因而使大规模的纸张生产成为可能,促进了印刷文化的成熟与发展。纸,自从印刷术发明以后,已成为灌输知识、流传文化的重要媒介物,是文明

---

① 波普尔:《通过知识获得解放》,杭州:中国美术学院出版社1996年版,第162页。
② 吉登斯:《现代性与自我认同》,北京:三联书店1998年版,第27页。
③ 麦克卢汉:《人的延伸——媒介通论》,成都:四川人民出版社1992年版,第194页。
④ 包礼祥:《近代文学与传播》,南昌:江西人民出版社2001年版,第1页。
⑤ 陈伯海主编:《上海文化通史》(上卷),上海:上海文艺出版社2001年版,第547页。
⑥ 钱存训:《中国纸和印刷文化史》,桂林:广西师范大学出版社2004年版,第2页。
⑦ 项翔:《近代西欧印刷媒介研究——从古登堡到启蒙运动》,上海:华东师范大学出版社2001年版,第19页。
⑧ 《后汉书》卷七十八《宦者传》。

国家中人民日常生活的一件必需品。它在人类知识结构、价值理念以及生活方式等诸多领域的历史性演变，构建了大众文化消费的现代性需求。同时，纸的流变也记载了一个国家文明的现代化进程。中国虽然是发明纸的国家，但是受着政治经济局势的影响，"现在流行的书报，所用的纸张，却十分之九来自国外，其主要来源，大部在挪威、瑞典、芬兰、德国、加拿大、美国等"①。更有甚者，在国际都市且创制现代性观念的"文化产品"的中心②——上海，纸与黄金五谷同被当作投机的目标。据《良友》画报第154期"洛阳纸贵"记载，上海纸价飞涨的速度，以前一年的同一时间为标准，大约涨了七八倍之巨，于是发生了许多可笑的现象。《良友》画报以图像传播样式描绘了上海纸业的零星片断，对"洛阳纸贵"的现代意义做了一种新的诠释。图片的意义生产由穆一龙、焦志超摄影和骆驼绘画两种媒介共同完成。如一幅图片摄制了一编辑室里字纸篓等于虚设，零碎废纸皆成为有用之物。因此图片中央布置了一幅绘画，一个口含烟斗的男士在墙壁上粘贴"敬惜字纸"的小广告条。因为纸价高涨，有些儿童因此失学；内地甚至用粗纸来印报章，字迹模糊，读者间接受到精神与时间的损失；墙壁上的招贴纸，斑驳残碎，广告只能吸引到穷人的注意，撕去充当燃料而已。纸价与布价并驾齐驱，穷人欲得半张废纸以蔽体，亦属不容易的事；旧报纸每斤值三角，小食贩不得不在成本内算进包裹纸的价钱。纸贵的原因，《良友》画报刊以一幅占用半个版面的巨幅图片进行了演绎，图片摄制了货仓里堆积如山的纸张，在高高的"纸山"顶上，绘有一个躺着悠闲地吸烟的男士，而在"纸山"底下，画着一对栖息的老鼠，并在图像下端做出文字说明：货仓里纸张堆积如山，而市面却闹着恐慌的现象，囤户愈起劲，市价愈升涨，这就是纸贵的一个重要原因。这种现象

---

① 《良友》1940年5月15日第154期。
② 〔美〕李欧梵：《上海摩登——一种新都市文化在中国(1930—1945)》，毛尖译，北京：北京大学出版社2005年版，第55页。

后来因日本帝国主义的侵略战争和上海汪伪政权的压制而日益严重，它不仅影响着抗日报刊的发展，而且严重威胁着敌伪报业的生存。

1939年5月，汪精卫一伙叛逃到上海，为建立傀儡政权扫清舆论上的障碍，组建"中国国民党中央执行委员会特务委员会特工总部"的机构，对上海租界里的抗日报刊及报人进行残酷陷害。他们一面着手筹办他们自己的报馆和印刷所，一面收买原有的报馆和新闻工作人员，迅速发展其新闻宣传网络。1940年3月汪伪国民政府在南京成立以后，这伙汉奸特务竟以"政府"名义，不仅收买抗日报刊、报人，而且新创办了一批报纸和印刷所。然而，早在太平洋战争爆发之前，日本的侵略使上海租界物资、纸张供应困难，迫使汪伪宣传部于1940年10月成立中央报业经理处，掌管各报社用纸和所需印刷机器材料的采购及分配事项，"对报业资料之供应厉行统制"①。1941年年初，汪伪宣传部的内部报告称："报业用纸，现在我国方面实无生产供应，而第三国纸张，不唯在事实上无大量购用之可能，即租界中有部分存储，亦率在第三国商人手中，囤积居奇，价格特昂，且无供给和平宣传机关应用之诚意。"②于是，汪伪决定对报纸杂志及其他出版品用纸实行"数量缩减配给"的办法，并在统治区内开展节约用纸运动。

纸张昂贵，自然影响了印刷出版文化的传播。"原料的昂贵造成了新闻界空前罕有的庞大开支""五年前的新闻纸每令二元二、三角至三元，但现在最高时，每令二百三四十元，涨价也超过一百倍"③。在纸张紧缺的生产局势下，许多报纸或减少页数，或缩减篇幅，或合并，还有的不得不停止出版。文化产品的萎缩，冻结了消费与文化的需求，上海都市文化的发展因此而被迫中断，印刷媒介与现代性建构的内在关联逐步减弱。

---

① 《中央报业经理处组织处章程草案》，《中华日报》1940年10月24日。
② 伪《中国国民党中央执行委员会宣传工作报告》第五节：中央报业经理处，存南京中国历史第二档案馆。
③ 范一：《近年来之中国报业》，载《平报》1942年9月1日。

中国印刷术大约在7世纪中期开始出现,到8世纪时已相当精巧。由于11世纪毕昇以胶泥制成活字的活字印刷和12世纪套色印刷的应用,中国印刷术大为进步。雕版印刷采用梨木、枣木、梓木、苹果木等落叶树为材料,它们光滑平匀的纹理易于雕刻,对于数目庞大的中国文字来说,处理较活字印刷更为经济。因此,雕版印刷成为中国印刷技术的主流。"19世纪中期以后,由于西方技术的输入,雕版印刷和传统的活字印刷都为现代印刷术所逐渐取代。"①现代印刷技术的改进为新型民营出版机构的诞生准备了物质条件,对此,上海是率先成为典型的,张元济主管的商务印书馆、俞复等创办的文明书局、陆费逵创办的中华书局都是中国印刷出版界的主将,"1935年,上海有大小出版企业二百六十家……当时资产在十万元以上的出版企业有三十四家。资产最大者是商务印书馆,四百万元;以下是中华书局二百万元、中美图书公司一百万元、世界书局一百万元、民智书局五十万元、大东书局四十万元、神州国光社四十万元、良友图书公司三十万元……"②论资产伍联德创办的良友图书印刷公司排名第八位,当时的文学书籍主编赵家璧在《追怀"良友"创办人伍联德先生》一文中说:"过去几十年里,特别是30年代上海白色恐怖时期,对中国的进步图书出版事业能有细微贡献……饮水思源,首先应归功于伍联德先生。"③他确为上海以及中国印刷出版事业的繁荣助了一臂之力。

良友图书印刷公司,秉承"以出版业保国育民;以印刷业富国强民"④的媒介使命,依托印刷科技的发展,大量出版书报,因为这批同人深信:"出版印刷的职业,是开导民智、普及教育的唯一工作。"⑤创办人伍联德,如同商务印书馆的王云五、张元济,是中国现代史上著名

---

① 钱存训:《中国纸和印刷文化史》,桂林:广西师范大学出版社2004年版,第5页。
② 罗苏文:《沪滨闲影》,上海:上海辞书出版社2004年版,第164页。
③ 赵家璧:《回顾与展望》,太原:山西人民出版社1986年版,第6页。
④ 伍联德:《为良友发言》,《良友》1928年4月25日第25期,第7页。
⑤ 同上。

的文化实业家,"为中国的图像出版事业,高瞻远瞩,建立首功"①。他以"宣扬文化,传播学术"为刊物旨趣,志在以印刷为根基,进而推进出版业的发展,出版定期刊物达六七种之多,书籍也达数百种,如四十种"良友文学丛书"、十六种"良友文库"和著名的《中国新文学大系》,且销行之广,遍及全球,仅《良友》画报一端,达四万多册,四分之三销往海外,在当时期刊总数中,占国内第一,培养了一大批具有民族情愫和文化消费能力的海内外华侨群落,在思想状态和精神面貌方面实现对人的现代性影响。

《良友》画报是比《东方杂志》还大的期刊,九开本,道林纸铜板印刷。其从编辑、印刷至出版的整个过程,清晰地表达了现代性思维在文化刊物上的整体营建。《良友》画报第100期以样本的文本形式系统介绍了这个过程。介绍从"编辑之手续""内容制版及印刷""封面之印刷""钉装之情形"四个方面展开。第一步,"编辑之手续"。先由编辑部拟一个样本,内容取材及页数亦预先计划;然后按计划收集内容,内容取材有两条途径:一是邮差送来各处特约记者及各地投来的稿件,二是有需自行拍摄者,即由编辑部拟定题目,由本社之特派记者分赴各处摄取。将外来稿及特派记者的稿件做选择和分配,并发付编排;将照片的大小尺寸及全真之格式详编拟好。编排格式、详细绘画完妥之后,即分头在稿样上书写说明。这个工作最为浩繁,每每因极小之语句而遍译群籍,以求详确。中文说明书写完毕,为便利海外华侨及外国读者阅读,再须酌量加译英文。稿件处理完后,再将各界所登广告分别汇入,然后交付排字及制版。排字间将说明及长篇文字一一排妥,妥当后复由校对处再三校对无误,乃交印刷与图片一并制版。第二步,"内容制版及印刷"。先将编辑部交来的照片全部照格式放大或缩小拍摄;将所出胶片再轻轻地修复一遍,以求清晰;胶片修妥,乃照编辑部所定格式剪贴排好,用化学方法印成样稿,糊样;编辑部同仁

---

① 赵家璧:《回顾与展望》,太原:山西人民出版社1986年版,第6页。

将样稿详细校阅,遇有错误或格式不妥的地方,仍可划改;最后校阅完成以后,即由制版处在大滚卷筒上用药水制版;制版后,便交印刷所印刷,印机借助电力加紧工作,印好的散页乃滚滚自机中流出。第三步,"封面之印刷"。先从本社记者所摄回的照片中选择一张,再由摄影部将选出的底片细加修改,之后照封面的尺寸放大,并绘上鲜艳的颜色;绘染后即交制版处将封面分色拍照,并将每色的底片细加修改,将底片分别制成铅版;封面与彩版一并印刷。第四步,"装订之情形"。印刷所将全书内容印完之后,即交装订部用机器将大张的印件切开,依照页数每本配齐叠好,在钉报机上钉装成册,即由寄发处包卷寄往订户,同时装箱寄往世界各地,与各处读者相见;杂志既印刷完毕,便将原稿取回,分别处置,应退者退,存者存,对于存者便将其分类置于贮藏柜内。这四个步骤完成以后,一本完美的《良友》画报便得以成形。

《良友》画报集编辑、排版、印刷、出版发行为一体,大大降低了画报的成本,同时,依托以新闻摄影为主的综合性画报的文化特质和"艺术与娱乐"的刊物主题关注大都会摩登与新潮的生活方式,营造了上海都市文化的整体想象,成为具有较强消费能力的年轻读者的良师益友。其日益显著的影响导致许多与此竞争的同类刊物的出现,《上海画报》《大众画报》《时代画报》等相继效仿而出,尤其是邵洵美创办的《时代画报》,由于时代图书公司花巨资从国外购进一套最适宜于印刷影写版画报的凹版卷筒印刷机,而享有先进的印刷设备,准备与《良友》画报展开竞争。

画报是一门注重印刷质量的艺术媒介,因此,透过中国画报的演变,可以窥探印刷技术的日益改进及其对媒介内容的具体规定。以画报印刷技术的观念来划分,可以分为镂版时期、绘画石印时期、摄影铜版时期和影写版时期。

第一时期的画报:镂版印刷时期

哪一种画报是中国最早的画报呢?这个问题至今未有定论。从

左图右史与画中有话：中国近现代画报研究(1874—1949)

广泛的意义上来说，1874年出版的《小孩月报》和1877年出版的《寰瀛画报》已初步具备文字加插图的传播样式，开启了画报以图像传播信息的历史。然而，从严格的意义界定来说，画报应是一种以图像为主、文字为辅、文字仅为标注图像且能传播及时信息的大众媒介。图像是画报的主角。由于画报"以图片解说新闻"的特性，图片在画报版面中往往起到了独立叙事的作用，可以说是记录新闻事件和描述社会百态的主角。《小孩月报》"实系一种文字刊物，附加插图"①，文字是主体，图像为文字做标注，因此，视之为"画报"，不太妥当。但其用连史纸雕刻铜版精印，图文并茂。1878年12月17日《申报》一篇题为《阅小孩月报记事》的文章称：

> 沪上有西国范牧师创设《小孩月报》，记古今奇闻轶事，皆以劝善为本，而其文理甚浅，凡稍识之者皆能入于目而会于心，且其中有字义所不能达之外，则更绘精细各图以明之，尤为小孩所喜悦，诚启蒙之第一报也……

《小孩月报》姊妹篇是1880年(光绪六年)6月8日范约翰创办的《画图新报》(英文名 Chinese Illustrated News，首卷名为《花图新报》)，由上海中国圣教书会(清心书馆)印行。插图也采用雕刻铜版、黄杨木雕刻印制。

《寰瀛画报》内容"也只是些世界各国风土人情的记载，缺乏新闻性"②，也不被视为大众媒介样式的画报。但究其与《小孩月报》不同，以图像为主，且遍及全世界取材，因而不妨被认为"画报的前驱"。它们所刊登的图画皆出自西人之手，制图也都用镂版，或用铜版镌刻，"插画均雕刻铜版，尤精美"③。

---

① 阿英：《中国画报发展之经过》，载《良友》1940年1月15日第150期。
② 同上。
③ 戈公振：《中国报学史》第三章"外报创始时期"，收入张静庐编：《中国近现代出版史料》第一册，上海：上海书店出版社2003年版，第70页。

关于雕刻铜版,张静庐在为《铜刻小记》所加的按语中说:"雕刻铜版,在我国宋代已经发明应用。"①而与之不同的西方铜版印刷术却"在18世纪初已经传入我国,但这种技术只在宫廷中使用,外间并未流传,后又中断,影响不大。近代雕刻铜版,以王肇鋐留学日本为转机,进入一个新的阶段"②。据1889年王肇鋐《铜刻小记》总论部分记载:"刻铜版之法,创自泰西,行诸日本。镌刻极精图式,宜取诸此。虽细如毫发之纹,亦异常清楚。"③

精细、清晰的雕刻铜版制图技术,生动直观的图画特质,可以说开创了"中国画报的萌芽时期"④。

第二时期的画报:绘画石印时期

石印技术带来了中国画报的规模化生产。据贺圣鼐《三十五年来中国之印刷术》介绍:"吾国之有石印术,发轫于上海徐家汇土山湾印刷所,时在光绪二年(西历一八七六年)……石印书籍以上海点石斋石印书局为最先……于印刷书籍之外,更出石印《点石斋画报》,开吾国画报之先锋。同时更有《飞影阁画报》及《书画谱报》。但其印刷均系单色石印,大抵以黑色为之,间亦有以赤青紫一色为之者。其印刷神轴、山水等件,均以手工着色。"⑤

"西法石印"输入中国,经济便利和印刷精细的技术优势为中国画家绘制和出版画报提供了许多方便。"和雕刻铜版'惟妙惟肖'、细致入微的图像相比,石印版画更能准确地传达制图者的'笔迹',体现画

---

① 王肇鋐:《铜刻小记》,参见张静庐编:《中国近现代出版史料》第一册,上海:上海书店出版社2003年版,第299页。
② 韩琦:《西方铜版印刷术的传入及其影响》,载《印刷科技》(台湾)1991年第7卷第6期。
③ 参见张树栋等:《中国印刷通史》,北京:印刷工业出版社1999年版,第455页。又可参见张静庐辑注:《中国近代出版史料(初编)》,北京:中华书局1957年版,第299页。
④ 阿英:《中国画报发展之经过》,载《良友》1940年1月15日第150期。
⑤ 参见贺圣鼐:《三十五年来中国之印刷术》,张静庐辑注:《中国近代出版史料》(初编),北京:中华书局1957年版,第269—271页。

家的工巧,这种风格可能更符合中国市民的欣赏口味"①,推动了画报的普及化传播。香港中文大学历史系教授叶汉明认为:"石版印刷技术的引进与发展,淘汰了传统中国木版印刷这种成本较贵而又不利于大量生产的印刷图片方式,使大量印刷图画成了可能。在技术层面而言,照相石印术是中国19世纪末最重要的印刷技术。以照相术结合石印术的新技术,大量印刷纹理细致的图像便可以呈现。这种新技术,也使传统中国式木刻图画中可以出现大量直线。"②还有学者认为,由于"人物细致的面部表情和动作,与由无数直线构成具实感的背景放在一起,形成了活力与稳健的奇异组合"③,所以这种新技术有助于人物表情与行动的差异化描述,既具有创新意识又生动有趣。媒介技术的发展改变了画报的版式和内容呈现,使画报的规模生产成为可能。

  石印技术的画报代表是1884年创刊的《点石斋画报》,此为中国正式画报出现的开始。旬刊,每十天出版一册,由点石斋石印局印刷,《申报》报馆、申昌书画室发行,使用石印的方法把中国的线条画印在连史纸上,使用轮转石印机印画报。画报的出版人,就是1872年在上海创办《申报》、1879年在上海开办点石斋石印书局的英国人安纳斯·美查。他采用了当时先进的照相石印技术,把大众化新闻引进中国,居功至伟。④ 主笔画家是吴友如,绘事极其精细,内容也以当时社会上所发生的新闻为主。画报模仿外国 London Illustrated News、Harpers、Frank Leslie's Illustrated Paper 及 The Graphics 的做法。在14年的

---

  ① 孔令伟:《近代中国的视觉启蒙》,《文艺研究》2009年第8期。
  ② 叶汉明:《〈点石斋画报〉与文化史研究》,《南开学报》(哲学社会科学版)2011年第2期。
  ③ Laikwan Pang, "The Pictorial Turn: Realism Modernity and China's Print Culture in the Late Nineteenth Century", *Visual Studies*, Vol.20, No.1, 2005.
  ④ 黄永松:《〈点石斋画报〉简介》,叶汉明等编:《点石斋画报通检》,香港:香港商务印书馆2007年版,第13页。关于Emes Y. Majo的角色,另见Rudol G. Wagner, "The Role of the Foreign Community in the Chinese Public Sphere", *The Giina*, Vol. 142, 1995。

出版期间,它宣示了廉价而普及的画报大量出版时代的来临。① 受《点石斋画报》石印技术与内容方式创新的影响,晚清迅速出现了一股画报潮。"《申报》《新闻报》《民立报》《民权报》《时事新报》等都附刊有光纸石印的画报。"②据彭永祥统计,截止到 1919 年底,国人共刊行过 118 种画报,其中"绝大多数是图画石印或刻版"③。"因点石斋画报之起,海上画报遂日趋繁多,然清末数十年,绝无能与抗衡者。"④

影响次于《点石斋画报》的,是吴友如主持的、1890 年印行的《飞影阁画报》。与《点石斋画报》强调国事记载不同,《飞影阁画报》着意刻画仕女人物。至光宣之交,石印法流行中国南北,因此,中国画报进入了石印画报的鼎盛时代,如上海发行的《图画日报》《图画演说》、北京发行的《浅说日日新闻画报》《新铭画报》等。在印刷方面改用土纸,其图像和文字的标注都很简要化和现代化。

第三时期的画报:摄影铜版时期

石印画报一直繁荣了三十年,直至清末民初,摄影技术从国外引入并盛行,铜版产生后,才渐渐地被淘汰。中国画报进入到铜锌版时期。20 世纪 20 年代,摄影画报逐渐占据主流地位,虽偶有"忽发思古之幽情,也想仿效《点石斋画报》那样办一种"⑤石印线装而"绝不用照相铜版图画"的,恐怕都难逃失败的厄运。采用包天笑的话说:"无他,时代不同,颇难勉强也。"⑥

最先应用照相铜版印刷画报的,要推李石曾 1907 年在巴黎创办的《世界》。它采用重磅道林纸彩印,并有套色,印刷精美。由于中国

---

① 叶汉明:《〈点石斋画报〉与文化史研究》,《南开学报(哲学社会科学版)》2011 年第 2 期。
② 郑逸梅:《上海的画报潮》,《书报话旧》,北京:中华书局 2005 年版,第 263 页。
③ 参见彭永祥:《中国近代画报简介》,《辛亥革命时期期刊介绍》第四集,人民出版社 1986 年版,第 656—679 页。
④ 沆瀣斋主:《上海掌故谈》,载 1938 年 12 月 13 日《申报春秋》栏。
⑤ 包天笑:《钏影楼回忆录》,北京:中国大百科全书出版社 2009 年版,第 114 页。
⑥ 同上。

左图右史与画中有话：中国近现代画报研究（1874—1949）

国内没有此种机器和财力，所以在国内不大流传，直至民国元年高奇峰创办《真相画报》。《大众画报》总编辑梁得所谈到，《点石斋画报》之后十余年，摄影和铜版传到中国，便有"高奇峰先生等所办的《时事画报》和《真相画报》，印刷上自然还幼稚，而所载除一部分美术绘画之外，多采照片，发表清廷财政革命牺牲的真相，介绍世界科学进步国际见闻亦很有系统"，并认为《真相画报》"是中国摄刊照片的（笔墨绘图的不计）图画杂志之开元"①。

1920年，上海《时报》报馆采用照相铜版来印刷《图画时报》，随《时报》附送不取分文。铜版照片比石印清晰逼真，于是铜版画报兴盛起来。据蒋荫恩和黄天鹏的统计②，当时最负盛名的铜版画报，如北京《晨报》的《星期画报》、天津的《图画世界》《北洋画报》、上海的《上海画报》《摄影画报》，这时的报纸副刊、图画月刊如《时代》《良友》等皆用铜版印刷。在画报前后十多年间，可说是铜版画报的全盛时期。

摄影术的历史早在1839年福克斯·塔尔博特发明照相机后就正式启程了。原本为上流社会设计的玩意儿，竟在短短的三十多年后被广泛运用于"警察建档、战争报道、军事侦测、色情文学、百科全书的制作、家庭相簿、明信片、人类学记录（通常伴随有种族屠杀，如美国史上的印第安人一样）、情感教化、调查探索（我们将之误称为'偷拍镜头'），用来制作美学效果、新闻报道以及正式的人像"③。达盖尔发明的摄影"改变并扩展了我们对于什么东西值得一看以及我们有权注意什么的观念……最后，摄影业最为辉煌的成果便是赋予我们一种感

---

① 梁得所：《艺术的过程——高奇峰先生与画报》，载《大众》画报1933年12月第2期。

② 蒋荫恩：《中国画报的检讨》，黄天鹏：《五十年来画报之变迁》，载《良友》1930年8月第49期，第36页。

③ 约翰·伯格：《摄影的使用——给苏珊·桑塔格》，载吴琼等编：《上帝的眼睛》，北京：中国人民大学出版社2005年版，第91页。

觉,使我们觉得自己可以将世间万物尽收胸臆——犹如物象的汇编"①。摄影可以更直接地被"广泛运用在各种人类活动中","与所有人类活动交织成关系密切的网络","摄影这门极精确的技术竟能赋予其产物一种神奇的价值,远远超乎绘画看来所能享有的","最早的达盖尔银版相片以其非比寻常的清晰度与对自然的忠实再现,造成了令人极为震惊的效果"。②"一幅好的照片,可以讲出一个故事,可以交流一种思想,或表达一种感情。在任何情况下,一张好的照片里所表现的人或事物不应该仅只对个人来说是有意义的;它应当对于任何地方的任何人都同样是有意义的。"③

摄影术传入中国大约始于19世纪40年代。1846年香港报纸上有广告宣称:"香港银版摄影和锌版印刷公司有香港及内地彩色与黑白照片出售。"④1860年前后,外国人在广州和上海等地开设了照相馆。人们觉得,摄影比起画像,不仅价钱便宜,方法快捷,而且形象最逼真,致使照相馆生意红火,赚取暴利,"洋钱日获满一车"⑤。摄影术弥补了石印术"不能传真,仅传其意"的弊端,开始运用于画报。

在20世纪及两次世界大战期间,摄影照片"取代了事实,成了直接的证据",那时,摄影"被视为最公正透明的、最能引导我们直接进入现实的工具","任何一种油画或素描,不管它如何地写实,都无法像照片那样属于它的主题"。⑥ 贫穷的主题、街头生活的主题、时尚的消费文化主题都通过照片的拍摄对真实生活进行了一种诠释。

---

① 苏珊·桑塔格:《论摄影》,艾红华等译,长沙:湖南美术出版社2005年版,第13页。
② 瓦尔特·本雅明:《摄影小史》,载吴琼等编:《上帝的眼睛》,北京:中国人民大学出版社2005年版,第3—6页。
③ 美国纽约摄景学院:《美国纽约摄影学院摄影教材》,北京:中国摄影出版社1986年版,第21—22页。
④ 彭永祥、李瑞峰:《中国摄影史话》,《大众摄影》1982年第7期。
⑤ 倪鸿:《小清秘阁诗集》,又见《退遂斋诗抄》卷二,诗名为"照相篇",1881年泉州本。
⑥ 约翰·伯格:《摄影的使用——给苏珊·桑塔格》,载吴琼等编:《上帝的眼睛》,北京:中国人民大学出版社2005年版,第91页。

第四时期的画报：影写版时期

"中国铜版画报最盛行的时候，欧美影写版已很流行"。① 当《良友》画报面世时，它使用的还是铜版印刷。直至1930年4月第45期开始，梁得所大胆革新，首先采用最现代化的凹版滚筒影写版技术印刷。"这一先进的方法，可用次道林纸代替铜版纸，节省了成本，而印刷效果又高出铜版，而且印数越大，成本越低。"②当时印数已达四万册的《良友》画报，因无力购买这类昂贵的印刷机，而上海商务印书馆为了印《东方杂志》所附新闻插图，买有一台，便请商务代为印刷，《良友》画报第45期"读者话"下端的一条英文说明"由商务印书馆代印"足可为证。同年5月，《申报》《新闻报》相继增刊画报，使用影写版印刷。之后，《时代》和《万象》等都改用影写版印刷。《良友》画报率先改用影写版印刷技术，"替画报界开了一个新局面"③，其功足可载入史册。

作为印刷文化产品的代表，《良友》画报还生产了一种现代性的阅读方式。"书报无非智识思想的传播工具，也就是精神的营养品，一如肉体的营养，具有许多方式。"④这些方式一如混合食，以悦目的效果增加受众的阅读欲，在现代性的精神享受中吸收刊物的营养质。当"鸳鸯蝴蝶派"的余声仍残留在上海的闺房和阁楼里，并占据一些书摊和读者的时候，"大批关于游戏、时装、妇女、影剧的画报、书刊的装帧已经西化，文字也换上了穆时英式的"⑤。《良友》画报产生之时，"单张之画报，在上海颇盛极一时"⑥，"当时四开大小之单张画报，颇为流

---

① 黄天鹏：《五十年来画报之变迁》，载《良友》1930年8月第49期，第36页。
② 赵家璧：《〈良友画报〉二十年的坎坷历程》，载《新闻研究资料》总第37辑，北京：中国社会科学出版社1987年版，第64页。
③ 黄天鹏：《五十年来画报之变迁》，载《良友》1930年8月第49期，第37页。
④ 梁得所：《我与大众画报》，载《人言周刊》1935年第2卷第1期，第13页。
⑤ 吴福辉：《都市漩流中的海派小说》，长沙：湖南教育出版社1995年版，"导言"第5页。
⑥ 余汉生：《良友十年以来》，载《良友》1934年12月第100期，第4页。

行,惟一察其内容,大都缺乏学问之原素"①,《良友》画报同人考虑"单张画报不能容多量材料,且零散不易保存,结果必被淘汰。乃决意刊印整本之画报,自树一帜,为画报界放一异彩"②。他们抛弃了洋连史纸或光纸,而用报纸印刷;装订方式也弃线装而西式了,采用整本装帧样式。伴随厚度的增加,信息内容和思想传播的深度也必然增强,一本现代式的画报"在荒芜寂寞的中国出版界的园地里"悄然长成"一枝鲜艳的蔷薇"③,它常常把新政策、新潮流和新思想注入人们生活的主流,并给予人们如何在一个扩大了的社会、政治和经济环境里生活的指引。

《良友》画报的版式也开启了新的阅读习惯。中国的杂志版式随印刷科技的改进而发生改变。民国初年,以《东方杂志》为代表的十八开版式非常流行,后因商务印书馆于1927年购置卷筒机,十六开和廿三开版式替代十八开版式流行开来,其后三十二开版式也渐次出现。然而,在十六开本或三十二开本成为杂志界的流行版式时,也有独标一格的杂志,如《十日谈》《国际论坛》都是八开本。有人问《十日谈》的编者:把版式缩小些好吗?以便在路上或电车上看。编者回答道:"市上十六开本多至一百余种,今用八开本,所以表示区别也;电车上读或者有些不便,但似更宜在书房中、枕头边读。"④这是描述1933年上海杂志界的情景。其实,早在20年代中期,《良友》便已开启了画报史上八开的新版式。这种大型版式的设计,蕴涵《良友》"艺术与娱乐"文化主题和反映都市摩登生活方式的现代性定位意念。外在的形象与内在的图像文字之间"形成意义呼唤的关系,互动互补,组成立体

---

① 伍联德:《良友一百期之回顾与前瞻》,载《良友》1934年12月第100期,第4页。
② 余汉生:《良友十年以来》,载《良友》1934年12月第100期,第4页。
③ 木夋:《介绍良友杂志第二十五期》,载《申报》1928年5月5日。
④ 胡道静:《一九三三年的上海杂志界》,上海通社编辑《旧上海史料汇编》(上),北京:北京图书馆出版社1998年版,第400页。

的、动态的意义结构"①。如其第2期"编者按"就表达了这种意义的互构关系。《良友》画报有意识地想象了阅读的几种时机,即"作工作到劳倦之时""常在电影院里,音乐未奏、银幕未开之时""坐在家里没事干"或"卧在床上眼睛还没有倦"的时候,因此阅读的场所涉及日常生活的各个领域。而且,在电车上不便、适宜在书房和枕头边阅读的八开版式,也潜藏了编者对读者细心品味画报的希冀,并最终产生了值得收集的文化价值,在潜移默化中影响读者的阅读习惯和对画报的依赖,画报也由此而扩大了稳定的阅读群体,产生越来越深刻的文化效用。正如著名杂志主编诺曼·卡曾斯所描绘的:"我们相信,印刷媒介不仅能维持下去,而且将继续是精神生活的一种主要力量。迄今为止,还没有任何一项发明像印刷媒介那样充分地满足人脑的知识需要。人的思想把纸上的小小的符号转变为一定意识的能力,正是人类文明获得基本动力的方式之一。"②《良友》画报在建构现代性读者的文化语境下,履行印刷媒介对国家文化建设和民族素质提升的意义职责。

---

① 杨义:《京派海派综论(图志本)》,北京:中国社会科学出版社2003年版,第208页。
② 罗兰·E. 沃尔斯利:《变化中的杂志》(*The Changing Magazine*, New York: Hastings House, 1973)。转引自〔美〕梅尔文·L. 德弗勒,埃弗雷特·E. 丹尼斯:《大众传播通论》,北京:华夏出版社1989年版,第160页。

第二章　中国近现代画报的论域与主题

中国近代画报是社会变法运动和维新思潮的产物。戊戌变法的失败和1900年使中国受辱的庚子事变,使士大夫知识分子和维新人士意欲推行一种自上而下的、以开启民智和救亡图存为主旋律的思想启蒙运动。近代报刊便成为这场运动的舆论阵地,其中通俗化和可读性强的画报在这个阵地上扮演了重要角色。总览中国近现代画报的历史潮流,发现其从西学东渐的智识启蒙、现实的社会批判、社会民众动员和市民文化的街头生活与娱乐等四个维度,建构了其论域中近代民族国家的媒介主题。

第一节　西学东渐的智识启蒙

19世纪末20世纪初,中国清政府处于内忧外患、国将不国的颓败境遇。当维新改良人士的"变法"运动失败后,开启民智的思想主张便显得越发重要。随着西学东渐,中国近代画报便以此为传播契机,介绍西方先进的科学知识、政治管理模式和发达的文化文明,破除中国人的无知和愚昧、保守与落后,救亡图存。

《启蒙画报》便是一份以"蒙学"为起点、真正关注儿童成长和命运的画报。它1902年6月由爱国和维新人士彭翼仲创办于北京,比《点石斋画报》晚近二十年,是北京地区第一份画报。它以"知识传播"和"开启蒙稚"作为刊物旨趣,围绕科学引进、改良思想等办报宗旨,在伦理、科学、生活等方面建构了三大启蒙论域。

要改良中国民众的思想与观念,必先从伦理道德入手。《启蒙画报》最早的主导栏目便是"伦理"或"伦理实说"。多从历史事件或历史人物中取材,吹捧古往今来的先贤圣哲、帝王将相、孝子烈女等,向阅者推行一种合乎历史潮流的价值理念和行动规范。如第一年第一册第一页"尼山俎豆"介绍至圣先师孔子,称赞其为中国数千年来第一个大圣人,并说"孔子无一日不学,无一事不学,原来圣人是学成功的"。相继图文讲解了孟母搬迁、黄钺借书、胡翰还金等故事,为寻找好环境供孟子读书不得不三次搬家的孟母,借书学习后成忠臣的黄钺,拾金不昧、捡银坐等还人的胡翰,乱世自幼立志的薛世雄等在《启蒙画报》第一期登场。第二册不厌其烦地安排了27个故事,列举贾逵、甘罗、孔融等27人,都刻苦好学,尊敬师长,孝敬父母,后成"圣贤"。司马光、范仲淹、诸葛亮、于谦、周嘉、云敞、贯高、豫让等中国历史名人以及拿破仑、华盛顿、俾斯麦、彼得大帝、西乡隆盛等外国历史人物是《启蒙画报》的主要介绍对象,他们的各种故事多被长篇连载,规劝青少年要学好,向民众传播修身之类的基础知识和进行思想修养教育,开启民德。

开启蒙稚的另一重要途径便是开民智,具备先进科学知识、懂得许多道理是开民智的基本条件。清末时期民众的科技知识匮乏,受众的这种实际文化水平自然影响到刊物的传播设置,因此,《启蒙画报》以地理学、(格致)物理学、动植物学、算学等现代自然科学知识为传播重点,并进行科学观念的宣传,建构了其科学论域的主题。物质世界

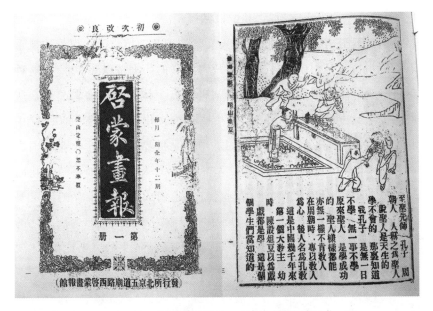

图 1 《启蒙画报》第一册"尼山俎豆"

的基础知识、西方的新发明和新科技、现代教育学等都被纳入画报的传播内容体系,其中,"天文学知识"和"动植物学"所占比率最大。

天文学知识大多被设置在"舆地学""格致学"等栏目。如第一册"地舆学"的主题就是"地圆之证",列举各种圆形物体,如磨盘、西瓜、橘子等,借助它们分析昼夜四季、经纬、赤道、南北半球的形成,从而证明地球是圆的。第十册"格致学"栏目中有《金星二名》《木星体大》《月下谈月》等二十多个关于天文知识的小标题。第十一册"格致学"是天文学专辑,专门普及日、月、星等天文知识。仅拿月刊时期来说,《启蒙画报》传播的天文学知识占所刊载内容的二分之一以上。

"动植物学"也是《启蒙画报》传播最多的。不仅介绍动植物的种类和有关知识,还介绍了动植物的起源和进化。动物多以飞禽走兽、浮游爬行类动物为对象,如珍珠贝、树蛙、夜蛾、鸡、鸭、猪、牛、羊、尺虫、蝴蝶、袋鼠、壁虎、鳄鱼、恐龙等;植物多介绍芍药、野百合、莲、菊、兰草、烟叶、牵牛草、寄生草、桔梗、蕨、薇、大麦、大豆、桃树、梅树、枇杷、薄荷等。均附文字说明,并配以图画。

就实质而言,《启蒙画报》以天文学知识和动植物学知识为传播重点的编辑行为是与中国传统文化紧密关联的。据范继忠分析①,这种编辑行为并不是偶然现象,而"在某种程度上体现了传播者和受众所共同浸淫其中的社会潜意识",即中国传统文化心理积淀中的"农"中心说。这种分析是有一定道理的。中国是世界上有名的农业大国之一,农业的兴起必然与物候和天文知识相关,人类依据随季节变化的动植物习性和天象规律安排农业生产,它们成为人类生存的决定要素,从而衍化出天体崇拜和谷物崇拜的天人感应观念,即古代文化的世界观。天文学知识和动植物学知识在科普传播中的突出地位,体现了这种观念对人类行为的深层影响。

对国外人民生活情况、风俗习惯、风土人情、教育理念的介绍,是《启蒙画报》的又一大启蒙论域。这个论域主题多在"时闻""各国新闻""杂俎""教育精神"和"家庭教育"等栏目中出现。如在《幼稚园》中说道:"东西各国的小孩,不论男女,到八岁必须进学堂,若不进学堂,父母都要受罚……哪知各国的议会,犹以为未足,说八岁的小孩,也不可没有教育,但年齿太小,又不可认真督责……在游戏中带着教育……"而中国的情形如何呢?在《半学堂》中谈到:"我中国小孩念书,向来是整天关在书房里,坐在那里,一步也不许动。还有那野蛮的先生,不是打就是骂,还有跪香跪板的那种不堪的刑罚,以致教育人才的学堂,倒像官府的法堂,罪人的牢狱一般。"又如在《美女生活》篇中云:"我中国的风俗礼法,虽然与西国不同,男女不能杂居,这也因女子没有学问,不能自立,专倚赖男子过活。男子视女子,如同玩具一般……所以要学西法……"再如在《树人树木》中讲到日本某岛的风俗。凡是添养一个小孩,在其出生那天,种植一棵树,精心培育,不许

---

① 范继忠:《京津报刊中科学观念传播考略(1898—1916)——以〈大公报〉及〈启蒙画报〉等为中心》,北京师范大学博士后研究工作报告,2004年,第60页。

移动。等小孩长大成家时,把树砍下来,请木匠做成器具。如果是女孩,就作为嫁妆;如果是男孩,就摆在自己家中。这是一个既树人又树木的文明之举。

《启蒙画报》通过对取自日本和欧美的海外新事物、新的生活方式、社会习俗、文化意识和价值观念等内容的宣讲,并结合中国的具体实际展开议论。它试图将日本和欧美各国的风俗礼仪、先进的教育观念和文明情趣进行一种理想化的想象,在画报的图文符号中建构和再现这种想象的图景,旨在向国人树立标杆和摹本,改变愚昧迷信、落后保守的思想意识,以改良社会。

至此,《启蒙画报》"开启蒙稚"的刊物旨趣在人们的伦理道德、科学知识及观念等方面得到实现之后,在价值观念、行为方式层面得到进一步完善。伦理、科学及生活三大论域所建构起来的传播主体框架,有力地支撑了《启蒙画报》"知识传播"和"开启蒙稚"的传播体系设计,这也是中国近代知识普及化的传播体系构成。

《启蒙画报》的启蒙对象是儿童,为了开启蒙稚,它认真地"写儿童""画儿童",实心实意地"为儿童"。① 因此,画报的内容和形式颇具"儿童式"风格,多选择"浅说"

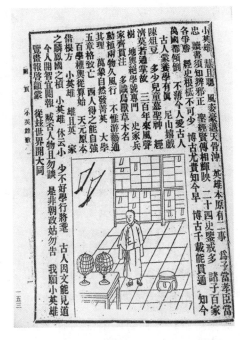

图 2 《启蒙画报》创刊号上的"小英雄歌"

---

① 陈平原:《图像晚清:〈点石斋画报〉之外》,北京:东方出版社 2014 年版,第 25 页。

"蒙养"内容,采用"图说"形式,浅明易晓,吸引儿童兴趣,借此唤起儿童志向,振奋精神,培养"慧且聪""风姿豪迈天骨冲"的"小英雄"气概。由此而来的西学东渐的"开愚"效应更为生动活泼。这种基调成为《启蒙画报》创办之初的美好愿景,有其创刊号上的"小英雄歌"为证。

相较于北京《启蒙画报》"开蒙稚"而言,上海《点石斋画报》的"新知"介绍要全面深入,借用陈平原的话就是"既包括涉及国家利益的声光电化、坚船利炮,也包括落实在日常生活中的医院、学堂以及文化娱乐设施"①,有描述西洋医术手术刀的神奇效果,如"收肠入腹""剖腹出儿""妙手割瘤"等,让中国原有的江湖郎中瞠目结舌、自惭形秽;有介绍西人游艺之赛马、划船、拔河、体操、蹴鞠、马戏等,引起晚清国人的强烈好奇与欣赏,在游戏中轻松地接受西方文明;有比较断案故事中掺杂的中西法律制度,如"利八"中刊有三幅连续的画面"包探私刑""私刑定谳""枷示劣探",饱含对清政府中国官员过于依赖"大刑伺候"的批评②。《点石斋画报》的"智识启蒙"视野更为开阔,西学交流更为活跃,体现出生机勃勃的景象。

第二节 大众媒介的社会批判

1909年创刊于上海的《图画日报》曾开宗明义地提出:"本馆之设,为开通社会风气,增长国民智识,并无贸利之心。"可以看出,有别于以上诸种媒介"开愚"主题的创建模式,《图画日报》是通过对清政府黑暗腐朽和社会风俗江河日下的强烈批判来完成媒介的论域和主题的。它以针砭时弊的笔法描摹时局、以批判性的眼光审视社会。

---

① 陈平原:《左图右史与西学东渐:晚清画报研究》,香港:三联书店(香港)有限公司2008年版,第77页。
② 同上书,第79—80页。

可以说，不论是当时画报业所营造的批判氛围，还是自《舆论日报图画》以来累积的批判性意识，都成为《图画日报》踏上批判性路径的动力。而该报所开设的栏目及其刊发的作品所体现的传播论域则使这一路径选择得以实现。

从栏目设置来看，《图画日报》所建构的社会批判性色彩较明显。除长期刊登的《大陆之景物》《绘图小说》《时事新闻画》《新智识之杂货店》《世界新剧》，初期刊登的《中外新列女传》《当代名人纪略》《画谜》外，前期延续较长的栏目还有《营业写真》《上海社会之现象》《世界名人历史画》《杂俎》等，后期相应被《三十年来伶界之拿手好戏》《曲院现象》《俗语画》《说文解字画》等取代。虽然栏目的主题与名称时有变更，但从栏目整体设置上看，以批判色彩为旨趣的栏目一直占版面主导地位。

其一是《新智识之杂货店》栏目。它以寓意画、寓言画、滑稽画、讽刺画、讽世画、警世画、时画、感时画、想象画、无题画等10种漫画雏形为载体，对社会不平等、官场昏庸腐败等社会弊病进行广泛的批判。在第2号第9页《缠足不缠足之比较》中，新闻画上的两个女子，一位撑着洋伞悠闲地漫步，一位以手扶墙痛苦地抚摸小脚。整个文本除标题外不着一字，但作者的意图全然凸显：揭示缠足对女性的身心迫害。自1898年康有为上书光绪"禁缠足"、发起"天

图3 《图画日报》第2号"缠足与不缠足之比较"

足运动"以来,缠足的千年恶习引起有识之士广泛声讨。但戊戌变法的中途夭折,使"小脚为美"的陈腐观念在当时并未彻底根除,缠足的现象在社会底层仍然盛行。作为面向知识水平层次不高的受众的新闻媒介,《图画日报》以通俗易懂的漫画形式,释放出批判缠足陋习的先进观念信号,是其媒介批判立场的有力表征。

其二是开设两个专栏,痛陈社会时弊,以图警醒世人。其中,最具代表性的是290号至341号刊载的《鸦片烟毒之现象》,从试吸、成瘾、多病,到售卖儿女、乞讨偷盗,最终病死茅丛,作者用50期的篇幅狠狠揭露、批判毒品对人的危害。在最后一期《烟鬼下场》中,作者表明:"画得新图五十张,欲教烟界醒黄粱",他希望以连篇累牍的集中呐喊,让民众远离鸦片,"莫到临终百感生"。在另一专栏《庚子国耻纪念画》连载79期,其中《团匪之缘起》如此描述:"庚子团匪之变,为我中国历来所未有。卒之创深痛钜,受耻实多。华人事过情迁,至今日已有淡然若忘之慨。因仿泰西国耻画法,追思当日各事摹绘成图,并于每幅下系以说略一则。阅者披览之余,如能激发精神,永不忘此惨剧,亦未始非爱国之一助也。"刊载大量篇幅,批判无能政府,希望民众"激发精神"、焕发民族之志。

其三是设《世界新剧》一栏,运用改编的剧本针砭官场、谴责鸦片害人、批判社会乱象、叹息时艰。前后共登《新茶花》《嫖界现形记》《明

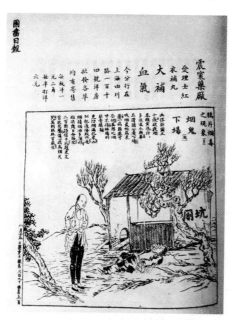

图4 《图画日报》341号《鸦片烟毒之现象》"烟鬼下场"

末遗恨》《刑律改良》等9个新剧,皆是上海新舞台剧场经典剧目。新舞台是晚清有名的进步剧场,该报第13号《上海著名之商场》曾介绍新舞台"所编新剧……尽警劝之能事,诚为世道人心之助",而将进步舞台的种种"有功世道之剧"作为《世界新剧》的文本,充分体现编者的批判意识和对新剧本的认识。如连载37期的《黑籍冤魂》改编自吴研人的同名小说,后由新剧作家郑正秋整理发表于该报,并指出是为了揭穿"鸦片烟害人的真相"。

此外,《营业写真》栏目的《卖凉粉》《卖西瓜》《卖丝绵褥子》等"新闻画",还对卖国者、弄虚作假者进行深刻批判。

《图画日报》新闻画的媒介批判色彩还主要体现于传播论域。在刊期长达一年多的图文中,它所涉及的话题从上流社会的奢华生活,到平头百姓的添衣购物,可谓包罗万象。但综观该报新闻画文本,批判社会恶习、批判洋场新弊、批判官场乱象,构成其表征社会批判色彩的三大论域。

首一,占据画报五分之一版面、阅读面最广的小说板块所关注的主要议题,构建起《图画日报》批判封建社会恶习的论域框架。

《图画日报》第1号的启事说:"如蒙以有裨社会有益人心世道之小说见贻",明白表达刊载小说以裨益社会的宗旨。"小说救国"是推进社会变革的一大利器,该报登载了数量众多的"谴责小说",其中以短篇小说为主,多明确标为"醒世小说""警世小说";主旋律为"揭短、揭弊、揭病"①。鸦片、嫖赌和迷信,这是封建社会里危害民众健康、腐蚀民众思想的三大恶习,成为该报谴责小说批判的主要对象。

《图画日报》强烈批判鸦片对中国民众及社会的危害。《黑籍魂》(第223号)谴责的就是摧残民众身心的鸦片:一个缙绅在儿子吸食鸦片死亡后,竟然将烟具供于灵台上,希望儿子死后也能安享烟瘾,愚昧

---

① 熊月之、张敏:《上海通史·第六卷:晚清文化》,上海:上海人民出版社1999年版,第522页。

得让人痛心。该报在《黑籍冤魂》新剧的简评中曾指出,认识到鸦片危害的热心志士,极力劝诫戒烟,但"虽遍处开会演说,而回头者率鲜。"可见当时烟毒之祸害已经深入骨髓,有识之士更寄希望于口诛笔伐,渴望唤醒无知的民众。《迷信之学校》(第288号)是谴责小说里批判迷信思想的代表作。一座神庙因修建学校被拆,校长却专门举办道场安慰"生气"的神灵才敢举行开学典礼。连载的《续海上繁华梦》揭发妓院的黑幕、赌场的弊害,直斥社会丑恶。

其二,对崇洋媚外、过度消费等洋场新弊的批判,构建起《图画日报》另一传播论域。短篇小说《学究苦》(第315号)写道,一位自称"国文经史算学外,如声光化电动植诸学问颇有心得"的学究,却不知孟德斯鸠为何人,还闹出把电灯当鬼神的笑话。小说形象地刻画出那个时代张口闭口新学,实则对新学一无所知的守旧知识分子形象,用以批判一味以谈论新学为时尚的现象。"写情小说"《自由针》(第211号)中的故事批判了留学生们对于中国千年来积淀而成的礼节不论精华与糟粕一味反对,来标榜"新知识分子"身份的现象。

崇尚消费、过度消费是上海都市生活的怪现象。《图画日报》对时人盲目赶潮流、重消费的风气予以不留情面的批判。《上海社会之现象》栏目相继刊登《男女竞镶金牙齿之时道》《社会竞戴尖头小帽之奇形》《男女手指竞戴

图5 《图画日报》第26号"上海社会之现象——滑头叶货店之怪状"

金刚钻戒指之炫耀》《大排场嫁娶之热闹》等，批判洋场男女竞相攀比的虚荣心态。如《男女衣服高领头之诧异》（第97号）一文，对洋场男女不顾"高至三四寸"的"高领头"服饰会带来"点头回首"不便，反而光顾追捧时髦的行为，以调侃的口吻"作男女高领谣各一首以嘲之"。又如《浮荡少年无事坐马车之荒唐》（第127号）一文，作者先举"西人皆乘马车办事，取其快捷"讲述马车的价值所在，后举"沪上之浮荡少年……无所事事……俱包雇马车……以示阔绰"的消费性现状。对这种"处处豪奢"导致沦为"偷质妻子衣饰、典卖祖宗田产"之徒，作者感到愤慨无比，模仿这类人作抵债书一篇，期望"愿为若辈作当头棒喝"。

其三，运用漫画刻画晚清官场卖官鬻爵的腐败、执事无能的昏庸、预备立宪的虚伪、欺下媚上的丑态，从而建构官场批判论域。在404期共计268幅漫画中，就有68幅是刻画官场乱象，形成浓厚的官场批判氛围。如《官耶？贼耶？》《官场之变态》等，单看标题便可一窥辛辣。又如334号所登《财堪大用》，描绘一大堆宣统元宝上，坐落着顶戴花翎。左侧一人正欲攀援在财宝上，去摘那官帽。该图赤裸裸地讽刺了当时卖官鬻爵的官场腐败。而画报中，讲述晚清卖官、捐官之疯狂，造就一大批或"候补"一生，或胸无点墨，或以贿贪拍马为生计的官员的新闻画。

画报还用《盲无头绪之新政人物》《凡有参案不准你说》《自治局议员之金钱主义》《请看中国之立宪》等漫画，讥讽清朝预备立宪有名

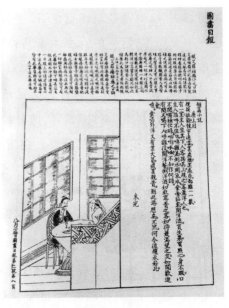

图6 《图画日报》第402号"座上囚"

无实之虚伪。《议员亦睡着了》的新闻画更发出"中国之迷梦,固何日能醒乎?所赖以唤醒国民之议员,乃亦沉沉鼾睡乎?"的质问。《座上囚》(第402号)对晚清时官员对洋人的态度进行讽刺:画面里,一官员陪西洋人就餐时谦卑至极,别人还以为是外洋大员,结果这洋人竟然是一位要被遣送回国的犯人,清朝官员媚洋的丑态毕露。

尽管《图画日报》上及同时代盛行的谴责小说在鲁迅看来有"过甚其辞,以合时人嗜好"等弊病,难登大雅之堂,但该报以谴责小说为代表的文本,所蕴含的批判色彩与进步意义不可否认。它结合形象的图画文本,通过专栏和话题的设置,对社会丑恶现象的鞭挞与批判,警醒着文化程度不高的社会大多数。

第三节 政治文化视阈下的民众动员

1912年元旦,孙中山在南京宣誓就任临时大总统,宣布成立中华民国,2月12日清朝皇帝退位,民主共和制代替封建帝制。为把中国建成一个民主、富强的资本主义共和国,以孙中山为首的资产阶级民主革命派努力按照西方资本主义国家的榜样,大胆推行改革。在教育方面,1912年4月,新任教育总长蔡元培提倡美育,试图借"无人我之偏见"的非功利的"审美"教育,冲破封建思想的樊笼。这种教育主张激起了一大批知识分子的信心。在新闻出版方面,基本上遵循资产阶级民主原则,推行言论自由的政策。终因中外反动势力的进攻,以袁世凯为代表的地主买办势力篡夺了国家政权,实行独裁专制统治,践踏民主,共和制度名存实亡。中国政局陷入险恶的境地。就在这一关头,为了深入分析民国真相,监督共和政府,同盟会会员、孙中山老乡、岭南画派成员之一高奇峰接受广东政府的资助,来到上海,于1912年6月5日创办了《真相画报》。正如梁得所所说,"当时民国虽已成立,而旧势力流毒还深藏在中国官场和民间,不住地与革命力量相肉搏。

高氏主编的《真相画报》，就是那个时代的反映。"①

《真相画报》是一份著名的美术刊物和中国近代史上著名的大型新闻摄影类革命画刊。由广东番禺人高剑父、高冠天、高奇峰、高剑僧四兄弟来沪创办。旬刊，"每十日出一册"，16开本，封面彩印，1913年4月以后停刊②，共出17期。发行所设上海四马路（今福州路）惠福里的真相画报社和广州的中华写真队事务所，由商文印刷所印刷。

高剑父是广东同盟会会长。黄花岗之役，任支队长。后又任"中国暗杀团团长"。高奇峰也颇具胆识，参与革命。高氏兄弟不仅是著名的画家，有很深的艺术造诣，而且均有"出没枪林弹中、举鼎革战场"的革命经历。创办者独特的经历，政局动荡不定的时刻，注定了《真相画报》必然是以艺术鼓吹革命的刊物。③ 顾名思义，《真相画报》的创办宗旨便是要探究中华民国的真相。具体而言，在第1期封二《真相画报出世之缘起》写道：

> 然时局变幻不可端倪……必有根据在焉。变迁之原因约有三端：一曰社会生活之状态，二曰国民模仿之心理，三曰历史遗传之习惯。知斯三者，则将来之时局为如何之时局，匪第可以讨论之是非得失，且可以匡之使正，而国利民福赖焉。

为了让民众知晓时局的真相，造成舆论压力以匡正时局，"特集合躬亲患难组织民国之知己相与讨论民国之真相，缅述既往，洞观现在，默测将来，以美术文学之精神为中华民国之前导，分类制图，按图作说……"④便成《真相画报》。据《出世之缘起》可知："本报以监督共

---

① 梁得所：《艺术的过程：高奇峰先生与画报》，载《大众》画报1933年12月第2期。
② 《真相画报》第17期署1913年3月1日，而第14—17期，画报连续刊载了"宋案"真相的照片。宋案发生于1913年3月20日，第16期还详细报道了4月13日上海各界追悼宋教仁大会的情况，因此，可以判断《真相画报》的停刊时间绝不是3月1日，而应在4月之后。
③ 王中秀编著：《黄宾虹年谱》，上海：上海书画出版社2005年版。
④ 《真相画报》第1期，1912年6月5日。

和政治,调查民生状态,奖进社会主义,输入世界知识为宗旨。"它从共和政治、民生状态、社会特性和文化精神生产四个方面,运用图文的双重演绎,表达中华民国真相的诸多变数,以行使社会教育的媒介功能,促进国民的进步。

《真相画报》的创办宗旨,在同期的其他文章中也得到详细阐述,如《天铎报》总主笔李怀霜的《真相画报序》、谢英伯的《发刊辞》、著名革命党人胡汉民的《发刊祝词》等。李怀霜认为:"吾国社会虽渐进开明,固僿之风,奸伪之俗,因仍未革",《真相画报》要"摧陷廓清,必假一涂以妙其用,然后相机旋转,迹象俱浑",为使报业大倡,《真相画报》要效仿世界报业,"觉牖斯民,亘穷其术,图绘一事,亦崭然露头角夐矣";"夫人情皆取夫有以自娱,娱之以道,则默施其劝讽,爬罗搜剔,罔或不臻?夫教育普及,厥候犹濡,知识平等,去今之世为愈远,后觉中下之材,非独辟蹊径,殷勤向导,将卒随于迷而莫知所反。"就此,谢英伯进一步指出:"故今日而我国民不欲得良政府也则亦已矣,否则,舍实行监督之外,决难为功。然非洞明政府之真相,则监督亦无从措手,此本报之设所以真相名也。"胡汉民更是希望《真相画报》对于国民"浚发其知识,正导其感情",发挥社会教育的最大能事,促进国民心理的进步。

发于《真相画报》第 2 期署名为欣厂(黄宾虹笔名)的《真相画报叙》,对实现该报宗旨的途径做了进一步说明。文中谈到:

> 今者粤中诸友,方有《真相画报》之刊,将搜全球各种画艺,分别区类,萃为一编,笼天地于形内,镕古今为一炉。余喜其沟通欧亚学术之大,发扬中华国粹之微,陶养人民志行之洁,潜移默化,未尝不于是乎在。

该文认为绘画艺术的社会作用是极其巨大的,借助报刊的舆论攻势,它更能启导国民,发扬国粹,促进社会进步。概括说来,《真相画报》就是以图画来履行监督政府和教育国民的媒介职责,以艺术塑造国民的精神,教育民众"知我民国以往之历史""现在之状态"和"将来之结果"。①

"四大"宗旨是《真相画报》一以贯之的实践理念,对媒介报道题材、报道方向及思想传递具有巨大的规范作用。

共和政体与共和政治是中华民国的根本问题,《真相画报》一创刊就鲜明地"向人们辩明共和政体和共和政治的真谛,竭力防止共和政体变为专制政体,共和政治变为官僚政治",确立两个"不容不知者"为监督共和政治的指导思想,即"今日之共和政体其为真相之共和乎,抑变相之共和乎,此不容不知者一也"和"今者委任民政长官委任都督之怪象已及于湘鄂,则为真相之共和政治乎,抑变相之共和政治乎,此不容不知者又一也"②。画报所致力的就是要加强民众的政治意识,明辨政治内幕,以激起民众忠于民主革命的政治情感。因此,揭露孙中山被迫解职及其民主革命的中断、袁世凯继任中华民国临时大总统实行假共和真专制的真相就成为画报监督政府最核心的问题。袁世凯谋害张振武、方维案,袁世凯刺杀宋教仁案均成为画报重点报道的对象,尤其对于后者,画报14—17期连续三期及时且真实地报道了宋教仁被刺经过,刊载《宋教仁先生被刺记》《宋教仁先生被刺之地点及治伤之医院》《谋杀宋教仁先生之关系者》《谋杀宋教仁先生之铁证一斑》等新闻照片,言之凿凿地揭露了宋案的罪魁祸首是袁世凯。在大量铁证面前,群情激愤,声讨袁世凯,袁世凯通缉画报编者,高奇峰、谢英伯等不得不流亡日本,③画报因此而终刊。

关注民生疾苦、调查民生状态是《真相画报》的第二个重要宗旨。

---

① 吴果中:《〈良友〉画报与上海都市文化》,长沙:湖南师范大学出版社2007年版,第347页。
② 丁守和主编:《辛亥革命时期期刊介绍》(第五集),北京:人民出版社1986年版,第162页。
③ 刘绍唐:《民国人物小传》(第2册)"高奇峰条",台北:台北传记文学出版社1977年版。

对此,画报重点在以下几方面用力:倡导办教育以开民智,然后才能解民困,关注教育;关注天灾人祸,如报道浙江温州水灾淹死二十万人,波及数十万户,呼吁政府救济灾民;致力于破除迷信的宣传;关心华侨生活疾苦;加强体育报道,如1913年2月在菲律宾首都马尼拉举行的东亚第一次运动会,中国36名运动员参加,取得4个第一名、13个第二名、7个第三名的优秀成绩,通过报道一洗"东亚病夫"的耻辱。

介绍社会主义学说是《真相画报》的办刊宗旨之一。如晓风《论社会主义之取缔》(第6期)、马小进《社会主义之实行》(第9期)、乐观《社会主义之真相》(第10期)等论说,对社会主义问题提出了诸多见解。乐观认为社会主义"起于人类之不平等也",当时中国只是处于社会主义的预备时代,而不是实行时代;主张中国通过"消除贫富阶级"而不是社会革命来实行社会主义,表现出对社会主义学说的误解。马小进构思了一套在中国实行社会主义的方案:

> 先竭力奖励工商一切事业,使我国富人得利用财,而亦足以济现在贫民燃眉之急,由国家定律,严禁其托拉斯之行为。且与订约,限若干年后,则归国有,其资本之值可于期内获利得还,若是,则国家可免还债之责,而资本复不致外溢。

这套方案仍是"一厢情愿的幻想"①,不切实际,也无理论依据,体现出对社会主义学说理解的局限性。尽管如此,《真相画报》对社会主义的探讨向民众昭示了社会发展的路径选择,其意义不可小视。

输入世界知识、宣传学习知识对国家富强的重要性是《真相画报》十分重视的传播宗旨。它致力于完善民众文化结构、引导国民、改善社会。首先,重视对西方科学知识的介绍,如刊载哺国生译述的《近世发明谈》《飞行机略说》,还详细报道我国飞机设计家兼飞行家冯如的

---

① 丁守和主编:《辛亥革命时期期刊介绍》(第五集),北京:人民出版社1986年版,第168页。

事迹,大力提倡科学发明,以此证明中国人高超的聪明才智,增强国民的自信和创造精神。其次,提倡实业富国的思想,如第17期刊载海风《工艺指南》,指出:"处工艺之世界,而不思所以推阐改良举办工艺者,不足以立国;处工艺之世界,而不畏所以致力研求鼓吹奋发从事于工艺者,不足以自立。"第16期刊载高奇峰《论瓷》,文章以瓷业为契机,推论国家实业发展问题。再次,普及绘画知识,加强民众的美感教育。十多期连载陈述人的译述《新画法》(又名《绘画独习书》)、发表黄宾虹中国古代画史专题、刊载欣厂《上古三代图画之本原》(第3期)、《西汉之石刻图画》(第4期)、《论魏晋六朝记载之名画》(第6期)、《论画法之宗唐》(第7、9期)、《五代画院界作之创体》(第10期)、《论五代荆浩、关仝之画》(第11期)、《论继荆关之董源、巨然》(第13期)等画论,系统地论述了中国古代绘画艺术。

"四大宗旨说"是《真相画报》进行政治文化塑造和民众动员的基本指针,它规范了画报内在诸多要素的综合设置及其相互制衡。

第四节　市民文化的街头生活与娱乐

在中国画报潮流中,寿命最长、影响最大的往往是贴近大众生活、呈现"群体或社会共享"价值意义、建构某种平民文化或都市文化的画报,艺术与娱乐往往是画报畅销和获得核心竞争力的重要内容。它们通过再现街头环境(包括帝京宫阙、百货大楼、国际饭店、百乐门大舞厅及影院、咖啡馆、公园和跑马场等)、描摹市民生活(包括回力球场和赛狗场上的博彩、证券交易所里的疯狂、"亭子间"弄堂生活、小商小贩的叫卖、街头的行骗乞讨和人力车夫的奔波)、呈现市民文化娱乐(包括舞厅跳舞、饭馆吃饭、茶楼喝茶听戏、麻将馆搓麻将、民间艺人与西洋马戏的表演等)以及中西方文化的交融等多个方面,再现了中国近现代画报的一大论域:街头生活与娱乐。

中国近代城市往往是都市文化与乡村文化的结合。大上海是如此,北京、天津也是如此。这种交融的文化在中国画报中各有偏重,或一种文化见长,兼及另一种文化;或两种文化并置,凸显社会生活的多面向。一般说来,学界往往将《点石斋画报》视作平民文化的精彩个案,而将《良友》画报和《北洋画报》视作都市文化的典型代表。至于晚清时期的《北京画报》《旧京醒世画报》《醒俗画报》等、民国时期的《飞影阁画报》《上海画报》《摄影画报》等和抗日战争和解放战争时期的《晋察冀画报》《华北画报》《人民画报》所呈现的媒介文化,犹如洪水中的涓涓细流,未能形成明显特色,只有汇聚各自的文化场域,方能产生作用。

就任何城市而言,普通市民是街头的主要占据者。"对于下层民众来说,街头是他们主要的工作和娱乐场所,因为街头比其他任何公共空间都更易于得到和使用"①。街头与街民——以《点石斋画报》和《良友》画报为代表的街头文化主题的营造成为中国近现代画报的又一主要论域。

进入《点石斋画报》媒介视阈的街民是大量的外来移民,据叶晓青研究,《点石斋画报》中的移民有:自然灾害造成的经济难民,寻找机会发展者,为逃避当地惩罚而逃入租界的罪犯,为男女私情被当地道德所不容的人,被拐骗或因战局因素来沪者等。② 如论者认为《点石斋画报》中自然灾害造成的经济难民有三例:一是某江西人遭遇水灾来沪,后贩运瓷器赚了大钱(忠四十八)。另外两例是苏北灾民:1890年一例祖孙二人在街头行乞,自称遇到水灾后来到了上海(末九十一);1897年一例经营小本生意,后路过失散多年的女儿(亨五十六)。

据叶氏统计,《点石斋画报》塑造了不同类型的商人,有些是从事

---

① 王笛:《街头文化——成都公共空间、下层民众与地方政治,1870—1930》,李德英等译,北京:中国人民大学出版社2006年版,第101页。
② 叶晓青:《〈点石斋画报〉中的上海平民文化》,夏晓虹编:《西学输入与近代城市》,北京:北京大学出版社2012年版,第105—109页。

巨额交易的富商,如广东富商(辛六十八)、买卖土地的厦门商人(辛八十五)、贩运糖与棉花的福建商人(忠十六)、在租界大马路开珠宝店的南京商人(射四十六)等;另有些是小本经营者,如山西米贩子(行八十八)、福建鸡贩子(利四十九)、穆斯林牛肉贩子(石八十七)等;还有些是进城打工的农民,尤其是妇女,纺织女工、鞋厂女工等;不正当生意人也混入上海,如巫婆、道士等以邪术骗钱(戊二十三、辰二十一、礼六十三),乡下老妇开台基——为不相识的男女拉皮条或提供场所(酉六十九),从事拐骗职业者拐卖女孩给妓院、拐卖男孩做苦力(辛五十七、亨五十六)。

因战局逃离来沪的中国商人、外国传教士、医生和律师、士兵、警察等均在《点石斋画报》中有所呈现,"五方杂处"的上海人口结构特征得到了《点石斋画报》的生动图解。

"大抵游沪者有七事:戏园也,酒楼也,茶馆也,烟间也,书场也,马车也,堂子也。"①《点石斋画报》对上海市民生活与娱乐的描摹也是细致生动的。首先,中西杂陈的饮食习惯。"从《画报》中可以看见留着辫子的男人和裹着小脚的女人用刀叉吃饭"②。其次,对西洋游艺尤其是赛马的描述。如《赛马志盛》(甲二)就有介绍赛马的图文:

> 西人于春秋佳日,例行赛马三天。设重金以为孤注,捷足者夺标焉。其地设围栏三匝。开跑时,人则锦衣,马则金勒;入栏而后,相约并辔;泊乎红旗一颭,真有所谓风入四蹄轻者。围角有楼,西人登之以瞭望。一人获隽,夹道欢呼。个中人固极平生快意事也,而环而观者如堵墙,无胜负之撄心,较之个中人,尤觉兴高采烈云。

又如"甲十五"接着说道:

---

① [清]葛元煦:《沪游杂记》,载花雨小筑主人编:《海上青楼图记》卷六,1892年石印本。
② 叶晓青:《〈点石斋画报〉中的上海平民文化》,见夏晓虹编:《西学输入与近代城市》,北京:北京大学出版社2012年版,第111页。

赛马为上海租界盛举,三日停办公事,午后逐队往观看,宝马香车,络绎不绝。

同时,《点石斋画报》介绍了为上海人所痴迷的马戏,"庚四十二"中图文描述了1880年、1886年、1889年同一马戏团访问上海,人们呼朋引伴前去观看的情景;1890年"酉五十六"中介绍了一种"飞龙岛自行车"的游戏,男女老少踊跃参与的热烈气氛生动可观。①

图7 《点石斋画报》甲集二期"赛马志盛"

再次,《点石斋画报》对租界政治当局组织的大小庆典活动都给予呈现。如"木五十九"至"木六十三"对1893年11月租界举行的五十周年纪念活动做了细致的描摹,"丁八十"、"癸八十二—八十八"描述

---

① 叶晓青:《〈点石斋画报〉中的上海平民文化》,见夏晓虹编:《西学输入与近代城市》,北京:北京大学出版社2012年版,第111—112页。

了法国国庆、英国女皇生日万人空巷的壮观场面。①

当然,《点石斋画报》也反映了上海市民的消费时尚与洋场风气,如戴墨镜、吸香烟的花花公子的典型装束(辰四十九;书四十八;寅十八),挟妓乘马车游街的少年的浪荡生活(乙九),打扮时髦阔绰出入妓院戏园却最后无力支付债务且逃之夭夭的"空心大老倌"被毒打的丑态(戌十一;革三十二;行六十四;癸四十一;行六十四),乌烟瘴气、男女混杂的茶馆、烟馆、戏园、酒楼生活(乙二十二;亥三十七;巳三十二;酉八下;金三十),借开佛店之名行骗或引诱妇女的僧尼被抓并驱逐出界的情景,一一都在《点石斋画报》的图文世界里登场,被真实地反映与呈现。怪不得叶晓青认为《点石斋画报》是"了解当时平民文化的镜子"②,成为上海最有影响的大众新闻传播媒介之一。

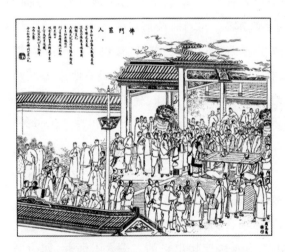

图8 《点石斋画报》乙集九期,"佛门罪人"

这种平民文化的影子延续到了之后上海画报的媒介论域,并随着社会历史的变迁被进一步变革与丰富。创办于20世纪二三十年代的

---

① 叶晓青:《〈点石斋画报〉中的上海平民文化》,夏晓虹编:《西学输入与近代城市》,北京:北京大学出版社2012年版,第112页。

② 同上书,第105页。

《良友》画报,生动演绎了上海市民的日常生活、消费娱乐、谋生活动、街头的民俗等街头文化。

《良友》画报从109期起至113期止,独运匠心,设置"上海地方生活素描"专题栏目,约请文学名家撰写上海日常生活的方方面面。曹聚仁的《回力球场》(109期)、穆木天的《弄堂》(110期)、洪深的《大饭店》(111期)、郁达夫的《上海的茶楼》(112期)、茅盾的《证券交易所》(113期)描摹了20世纪30年代上海大都会嫖赌饮吹、声色犬马、纸醉金迷的社会生活情景。它们迥异于下层民众在街头的各种谋生伎俩和商业经营,隐藏在社会的幕后,在被遮掩的秘密空间进行消费。文章在相关图片的映照下,使五光十色的上海生活,更显示出具体可感的生动形象。

以上介绍的五种生活消费,概括起来涉及两个方面的领域,一是"赌博",二是"吃喝"。与当时政府以筹集资金购买飞机救国为号召每月发售的航空奖券、英租界的跑马、法租界的跑狗等赌博相比,法租界的回力球对于上海公众和赌徒来说是最有吸引力的赌博活动和消遣方式。回力球也称古贝斯克球,最早创制于西班牙,为一种西洋新兴的游艺,融体育锻炼、娱乐游戏和赌博于一身。1929年,美国人蒲甘首次将回力球这种西方人玩的球戏活动引入上海,在上海法租界中央运动场(今卢湾区体育馆)开设了第一家回力球馆,并印发了大量的门票,引诱上海市民进场看球并参与赌博。①

上海回力球场,六人分组比赛,以先得五分者为第一,次多数为第二,是场主由跑狗成法变化出来的。进入上海后,回力球增加了赌博的成分,它一改如网球、羽毛球等的体育性能,而成为博彩的工具,以"娱乐""高尚的游戏"为借口,以精湛的"球艺"表演为幌子,行老板赚钱之实。据记载,仅1932年10月这一个月,回力球场的收入就达到

---

① 蔡丰明:《上海都市民俗》,上海:学林出版社2001年版,第300页。

图9　曹聚仁的《回力球场》

28.6万银元。① 场内人流汹涌如潮，各界、各阶层人士均可入内，著名作家曹聚仁可称为常客，对此颇有研究。

"在上海这大都市里，这一类陷阱很多很多；众人皆知的有两所，都在亚尔培路上；回力球场便是其中之一。饿得慌了的小市民，给哗哗叫声诱了进去；一进了亚尔培路的球场大门，就休想出来。""人，一进回力球场，他的意识情绪更完全改变样子了……他如同喝醉了酒，一切节制的力量都消失掉了。"②要说是赌博，回力球场老板是不会同意的，他替大家聘请世界上最有名的球员到上海来比赛，声称这是"请你们来鉴赏球艺，娱乐娱乐"，让大家明白这是一个服务于大众、大众乐于参与的高尚游戏。然而，曹先生写道："假说是赌博，这的确不是赌博；因为无论哪一种赌博，总有碰着好运道赢大钱的人；唯有进回力球场的，千个中有九百九十九个半是输的，仿佛土财主碰着翻戏党，非

---

① 中共上海市卢湾区党史研究室编：《老话老上海法租界》，上海：上海人民出版社1994年版，第129页。
② 曹聚仁：《回力球场》，《良友》1935年9月第109期。

倾家荡产不能脱身;这当然算不得是赌博了。"据曹先生观察,所谓的球艺鉴赏就是球场老板坐在办公室里,办公桌上摊着博赛赢位数字排列盘,排着人人上当而人人不觉其上当的球员比赛秩序单,使赌客在小赢的兴奋中甩出十倍以上的大输,最后的结局犹如曹先生在文中所说的:"千千万万的小市民,就源源向那无底的陷进似的一天一天填下去就是了。曾经有过这样一个赌客,他懵懵不知的时候,一晚间赢了一千三百多块钱,他就狂喜了;后来他送给球场的总数目,比赢的多过十倍。又有一位银行小职员,在那里送了一万以上的公款;一位小少爷,把三五万家私送掉,在场上捏了券子断气。此外还有种种结局:跳黄浦,吃安眠药,或则逃失无踪。"这就是一千人进回力球场后,其中九百九十九个半的命运。而且,第85期也曾有对回力球场内和场外,人人怀着侥幸心理的图片展示,翘首以待的仍然是小赢大输的消费运气。这种种现象是现代性消费意识形成过程中兴奋与刺激所激发的心理状态追求,它们曾推动上海都市消费文化的畸形发展。

与此相类似,法租界的跑狗场也是《良友》画报营造赌博或娱乐空间的主要对象。跑狗是西方的一种赌赛娱乐活动。1928年,上海的第一家跑狗场由法国商人建立于逸园(今文化广场),占地116亩。第30期"上海赛狗之夜景"的图片刊载,介绍了上海赛狗的情景。赛狗在夜间举行,场内围以电灯,灯火辉煌,亮如白昼;所赛之狗均先齐集于木笼内,听见发号令一响,开始放狗跑出。比赛开始前,男女往博者甚为拥挤,跑狗圈内,人们希望以少数博来多数,同样又是一种侥幸的期待。第85期又一次演示这种比赛的情景。

第113期由著名文学家茅盾撰写的《证券交易所》又是一个对上海社会生活侧面的剖析,并敦请漫画家陆志庠到交易所里画了几张速写,一同刊载。文章描写香粉弄华商证券交易所里面的情景。它与爱多亚路纱布交易所大门前二十多步高的石级不同,"直望进去,一条悠长的甬道,两列四根的大石柱阻住了视线。再进一步就是'市场'了。

跟大戏院的池子仿佛。后上方就是会叫许多人笑也叫许多人哭的'拍板台'"。在交易所里,人人似乎进入疯狂的状态,对金钱的渴慕与企盼使他们失去了正常的理智与清醒,"池子里的做交易的叫喊是旋风似的,海潮似的。"他们的心理与情绪随着债权的涨落而起伏,而交易所里却传播着无稽的谣言,它们吹进交易所里会荡起债权涨落的大风波。于是,"人们是在谣言中幻想,在谣言中兴奋,或者吓出了灵魂。没有比他们更敏感的了。"

娱乐或玩乐等消费文化是资产阶级时代商品经济发展的必然产物。与封建专制时代的人禁锢于某些僵死的教条与规约所不同的是,在资产阶级时代,经济发展的规律要求开发一切生产与消费空间,包括娱乐的空间。因而,使尽可能多的大众参与娱乐游戏,以博取更多的资本,这是娱乐文化生产商的最初动机。而大众成为娱乐活动的积极参与者,这又是资本主义消费文化的时代特征——"娱乐民主化"①。《良友》画报等大众媒介的历史效用,就在于传播——普及娱乐的知识,澄清游戏中赌博的事实真相,引导大众的正常消费,借助在都市社会中滋养一种新时代的气氛和现代性的消费理念,在消费群体中产生一种劝慰的传播效果,正如曹聚仁在《回力球场》中所说的:"你若耐性听的话,让我从球场老板的魔术说起;假若不爱听,那请你不闻不问,不进回力球场是第一。"②对上海流行的赌博文化进行实地考察与体验,并将所得到的感悟写成文字借助印刷媒介的发行传播开来,以此消除人们对于赌博所抱的幻想与期待,这是《良友》画报对上海都市文化消费空间的精心营造。

对于一个资本主义商品经济繁荣的上海大都会来说,社会交际是都市市民交流思想、消除孤独心理甚而谋生的重要手段。在上海都市

---

① 〔德〕爱德华·傅克斯:《欧洲风化史》,赵永穆等译,沈阳:辽宁教育出版社2002年版,第409页。
② 曹聚仁:《回力球场》,《良友》1935年9月第109期。

消费文化繁荣的背景下,去舞厅跳舞、去茶楼喝茶、去饭馆吃饭、去麻将馆搓麻将等均为上海20世纪二三十年代流行文化的主要组成部分。此时的上海人秉承晚清上海人"挥霍、时髦、风流"①的消费性格,去最时尚的休闲场所,享受最西化的娱乐方式,在公共空间里实施奢靡性消费或炫耀式消费,以显示自己的阶层及身份认同。《良友》画报在"上海地方生活素描"专栏及其他版面空间营造了这种属于中上层市民的消费文化,为下层民众的街头生活建构了对立的参照物,是对街头文化内涵的进一步充实。

刊登在第111期的洪深《大饭店》描述了上海发达的旅馆业和市民消费的现代性意义,其设施、管理和服务均体现了上海都市大饭店的现代性特质。30年代的上海,作为全国金融和贸易中心,拥有最多的最新型的饭店,如《良友》画报以图片演绎的华懋饭店(今和平饭店)、百乐门饭店、新亚饭店、华安饭店(今华侨饭店)、扬子饭店和高达22层的国际饭店等。"大饭店里面是豪奢,舒适,和某一种行动的自由。""那日常的许多人过着的辛勤,劳苦,尖锐地奋斗着的世界,似乎到大饭店的门口就划止了,里面好像是另外一个世界。"大饭店里安装有摩登家具、电话、电扇、报告政治和商业信息的无线电、邮件和电报收发处、转运公司、银行以及其它现代享乐工具,提供了满足各种工作所需要的敏捷的干练的礼貌的可供驱使的工作人员。由于上海寸土寸金,一般人所住的房子都很小,并且有几户人家合住一宅的,所以在上海,只有那有钱人才能在家里宴客;普通人的宴乐饮博,总是到菜馆和到旅馆里去"开房间"的。"这一天小市民在旅馆里,和百万富翁在他的私家花园里,气焰没有什么两样。"

或许洪深只是对奢靡与豪华的大饭店感同身受、耳熟能详,对下层民众所进出的小饭店是忽视和陌生的,况且对前者的介绍也不尽合

---

① 乐正:《近代上海人社会心态(1860—1910)》,上海:上海人民出版社1991年版,第103页。

理。自上海开埠以来,上饭店宴请宾客,品尝时鲜,是那些经济收入较为丰厚、消费观念较为领先的商人或资本家经常的消费方式。一品香、同兴楼、庆兴楼等大饭店是当时上海滩上许多腰缠万贯的豪商巨贾经常消费的场所,有《竹枝词》写道:"肴分满汉尽珍馐,室静情堪畅叙迎。请客最佳最冠冕,同兴楼与庆兴楼。""新新楼接庆兴楼,日地花天夺酒筹。浪费万元天下著,那知饥饿有人愁。""天津馆子庆兴楼,共道烹调手段优。玉佩金貂常满座,红牙白雪听清讴。"①偶尔上饭店的,还有与笔墨文字打交道的知识分子和拉黄包车的车夫等劳力劳动者,当然,那里的消费是低档的、廉价的,为熬夜的与独身在外卖苦力的消费者提供充饥之所。而《良友》画报在这个话题里对下层民众消费的忽视,违背了大众现代生活探索者的自我标榜和刊物理念,是上海地方生活中上层空间的努力营建。

《良友》画报对上海都市文化的现代性演绎,在所刊载的郁达夫的《上海的茶楼》里又一次营造了市民的消费空间和社会交往空间。"中国人,差不多人人爱吃茶,天天要吃茶;柴米油盐酱醋茶,至少将茶列入了开门七件事之一,为每人每日所不能缺的东西。"②此时,茶还只是作为一种物质的存在,"吃茶"是人们的心理需求而发出的

图 10 郁达夫的《上海的茶楼》

---

① 池志徵:《沪游梦影》,上海:上海古籍出版社 1989 年版,第 158 页。
② 郁达夫:《上海的茶楼》,《良友》1935 年 12 月第 112 期,第 44 页。

物质消费行为。然而,当"茶"被搬进了茶楼,上茶楼吃茶便成了一种消遣娱乐的方式,"茶"被赋予了消费文化的意义,茶楼不仅成为市民休闲娱乐的场所,也成为他们工作洽谈、获取信息的社会空间。人口过多、五方杂处的街道环境,上海茶楼的畸形发达,显现出不同的情形。郁先生写道:"上海的水陆码头,交通要道,以及人口密聚的地方的茶楼,顾客大抵是帮里的人。上茶馆里去解决的事情,第一是是非的公断,即所谓吃讲茶;第二是拐带的商量,女人的跟人逃走,大半是借茶楼出发的;第三,才是一般好事的人去消磨时间。所以上海的茶楼,若没这一批人的支持,营业是维持不过去的;而全上海的茶楼总数之中,以专营业这一种营业的茶店居五分之四;其余的一分,像城隍庙里的几家,像小菜场附近的有些,才是名副其实,供人以饮料的茶店。"上海复杂的人员组成,催生了茶楼的多种形态。日升楼、一乐天、仝羽居、四海升平楼等打茶馆是"吃讲茶"的场所,尽管家家有禁吃讲茶的牌子挂在门口,但于事无补。

郁先生介绍说,除了这一批有正经任务的短帮茶客之外,日日于一定的时间来一定的地方做顾客的,才是真正的卢仝陆羽们。他们大抵是既有闲而又有钱的上海的中产住民;吃过午饭,或者早晨一早,他们就往熟悉的茶楼走,看报,吃点心,与日日见面的几个人聊天,谈推背图的实现,说东洋人的打仗,报告邻右小户人家公鸡的生蛋等。《良友》画报在文章旁边的插图,其中有幅就是一位体面的男士坐在茶楼里悠闲地一手搬着茶杯,一手握着杂志阅读《良友》的情景。

文章还向我们介绍了茶楼另一种形式的空间表现,像在跑马厅的附近、城隍庙的境内的许多茶店,多半是或戏弄古玩,或戏养鸟儿,或者也有专喜欢听说书的专家茶客的集会之所,如湖心亭、春风得意楼等。因而,在茶楼听唱看戏、赏曲品歌也成为茶客的一个消费项目,据《竹枝词》记载:"茶楼高坐有红妆,半面琵琶歌羽裳。一笑回头谁属意,状元台上状元郎。"①

上海都市的茶楼作为消费文化的一个社会空间,表征消费者的社会身份和彼此间的社会关系,内容不同的茶楼,顾客的性质与种类自然又各别。然而,无论如何,上海茶店业的发达,滋生了周边随之而起的副业,扩大了都市文化的影响空间,延伸着茶楼空间里的意义生产,拆除了消费文化的樊篱封闭,充实了街头文化的大众角色。犹如眉毛之于眼睛,茶楼门口或近处发展起来的卖烧饼、油包以及小吃品的摊贩,是服务于茶客的副业;卖假古董的商人、算命测字看相的人、航空奖券的推销员也成为出入茶楼的常客。他们是街头文化的自然创造者,是上海大都会里艰难生活的街民,与茶楼这个公共聚集的空间及其茶客,共同创造了丰富多彩的茶楼文化。上海茶楼的小小空间提供了一个广阔而复杂的社会舞台,展示着上海都市的文化特质。

舞厅文化也是上海都市文化不可绕过的消费现象。记录上海大众生活并以中上层生活为报道领域的《良友》画报,营造了跳舞场的公共空间及其消费文化的样式呈现。第112期"舞场所见"的图片专题报道,请漫画家陆志庠作画,展现了上海都市生活的一个侧面——解闷消愁的舞场样态。上海的舞场"不是肮脏破旧的场所,堆满了各色各样的废物;而是装饰得富丽堂皇,当得起十全十美去赞颂它的场合。"舞场的音乐、招待和舞女一同演出了上海都市生活的千姿百态。《良友》画报以文字继续标注图片,写道:"场子中央奏起最好听的音乐,吹入你的耳膜,它会俘去你的心和你的灵魂;还有极称职的侍役,叫你不会生气地伺候你。总之,什么都适合你的惰性,使你身心舒畅。"到舞厅去的消费群体,自然是中上层的有产阶级,"既有达官贵人,豪商巨贾,也有风流少年,闺阁小姐"②。年龄层次更是从少到老,一应俱全,"不但是摩登女郎,惨绿少年,而白发盈头,长袍马褂的老头

---

① 顾柄权:《上海洋场竹枝词》,上海:上海书店出版社1996年版,第58页。
② 蔡丰明:《上海都市民俗》,上海:学林出版社2001年版,第288页。

儿,也很多很多"①。据《良友》画报的介绍,"到这些地方去遣兴的,都是些社会上的名流、豪富,有资财,又有手面。女人们使劲地笑着,带着无穷的乐欢;男人们都满心乐意于这种生活的样子"。舞场的舞女"不是个个都能赚钱的,但有些却能在半个钟头的坐柜子中弄到整百的洋钱",有的舞女与舞客会"在临时建造的自然景色下面,发展着许多暂时的情爱……"②。

图 11　漫画家陆志庠描述的舞场样态

上海作为开放性的国际化大都会,对西方交谊舞的引进早在 1922 年,"上海城内位于西藏路汉口路转角口的一品香饭馆里,第一次举办了有许多华人参加的民间交谊舞会,从此,上海滩上便拉开了跳交谊舞的序幕,各大饭店和舞厅风起云涌般地开设起来"③。到 20 年代末,上海已经拥有"安乐窝""巴黎""大东""桃花宫""梵皇宫"等营业性大舞厅十多个,至 30 年代末,又相继开出了"百乐门""维也纳""大都会""丽都"等一大批高级舞厅,全市舞厅共达五十多家。④ 西方交谊舞的引入以及在上海都市的流行,培育了中上层市民发泄情欲的物质场地,也抚养了下层舞女的生活与生存,催生了上海都市各阶层对

---

① 陈伯熙:《上海风土杂记》,上海:上海信托股份有限公司 1932 年版,第 61 页。
② 《良友》1935 年 12 月第 112 期,第 50—51 页。
③ 蔡丰明:《上海都市民俗》,上海:学林出版社 2001 年版,第 287 页。
④ 汤伟康:《上海万象》,上海:上海译文出版社 1989 年版,第 266 页。

物质与精神的消费观念及消费文化。精神的物化以及由此而来的消费文化的畸形繁荣,是《良友》画报以图片的形式呈现在受众面前的整体印象,也是它营造上海都市文化空间的理论范式和内容分析。因而,形成它对上海都市文化的独特观察视角——不是热闹的怂恿,而是冷静的描摹,为接近疯狂的消费市民注入一针退热剂。

在上海社交及娱乐的消费空间里,还有一种较中上层市民感兴趣的消费形式——雀战。雀战,又叫搓麻将。它首先在上海商界流行,后被推广到上海都市各个社会层次,参与者以中下层妇女较为突出。如同上海人对西方现代性消费如跳舞、吃茶等消费方式的接受经由了"初则惊,继则异,再继则羡,后继则效"①的过程一样,雀战也渐渐流行起来,成为大众文化的现代性享受。"上海妇女大部分优游不事家计,不知织纫,不问女红,晨昏颠倒,宴午始作朝起……非出外游乐,即在家打牌,通宵达旦。"②

《良友》画报第 165 期用两个版面的图文介绍了流行于上海各阶层的麻将之战,称之为"方城之戏",在开篇的文字介绍云:

> 麻将是一种消闲的玩意,也是一种赌博的工具,在中国,它已经普遍地流行到各阶层,但是实际上拿它来作消闲的究竟占少数,十九还是用来作金钱赌博的。在许多都市里,一切公开的赌博为法律所不允许,而麻将却往往侥幸地不在禁止之列,因之麻将得流行一时,而耽溺于竹战中的就比任何赌博为多。他们都可以带起消闲的幌子来作实际的赌博,通宵达旦,劳神伤财,这不能不说是人力的一种浪费和损失,而麻将之无益有害,更属一个明显的事实。③

《良友》画报继续以图文并茂的传播方式对这种娱乐兼赌博的活

---

① 唐振常:《市民意识与市民社会》,《二十一世纪》(香港),1992 年 6 月,第 12 页。
② 陈伯熙:《上海风土杂记》,上海:上海信托股份有限公司 1932 年版,第 49 页。
③ 《良友》1941 年 4 月第 165 期,第 34 页。

动做了生动形象的介绍。在大庭广众中,他们凑台四个人为一桌,八个人成两桌,一局就起码八圈,再加上许多闲逸的旁观者,你不必要的时间与精神的消耗,综合起来确是一个很可惊的数字。麻将正如流行病一样,它普遍地传染到各阶层,富有之家固然是雀声澈耳,即清寒之辈,于陋巷斗室中也常作方城之戏,父子兄弟,长幼男女,只要凑足人数,就可开战。"清闲是一般小姐太太们最烦恼的时间,她们觉得邀约几个搭子来作雀战,比较处理家政更有兴趣。"①《良友》画报以为小孩耳濡目染,也会养成癖好,"从母亲的膝上他得到了耽乐的恶习,这于儿童教育不能不说是一个严重的问题"。同时,《良友》画报对一幅摩登女子玩麻将喜形于色的图片做了如下的标注:"她和出了一付大牌,便喜形于色,反过来说,假如她输了一付大牌,当然难免焦急万状,麻将造成一个人得失利害的观念,往往因此而刺激亲戚朋友间的恶感,这确是一件不值得提倡的玩意。"

图12　20世纪二三十年代上海的娱乐形式之一

街头是街头文化衍生的主要空间,为娱乐、社会交往以及谋生提供了最天然的物质条件。对于下层民众来说,街头是他们主要的工作、娱乐和谋生场所,是他们赖以生存的公共空间。上海是五方杂处的居住地,各色人等混居在同一片弄堂是上海都市最突出的特色。这

---

① 《良友》1941年4月第165期,第35页。

种人口格局催生了街头文化的丰富性和多样化色彩。就拿弄堂来说,"(弄堂)拱口多半是有油盐店、酱园一类的商店,在弄堂门祠里,十九是可以发现到一个掌破鞋的靴匠摊子,和一个卖连环图画的旧书摊。"①《良友》画报第110期在"上海地方生活素描之二"刊登穆木天的散文《弄堂》,详细介绍了上海弄堂生活的多姿多彩。

图13　穆木天的《弄堂》　　　　图14　上海的弄堂生活

文章介绍道:"初次见弄堂里的房屋,或者会疑惑到那是一些放大的鸽子笼或缩形的庙宇""不管您住的前楼还是什么名目的房间,您总会觉得这回是进了牢笼了。四外都是房子,除了仰头到四十五度的角度以上才看得见的天空。再不会瞅见其他任何的自然,大都市的激动的神经强烈的刺激,也更到不了您那里来。"清晨,家家后门口一个或两个红油漆的马桶,开始刷洗起来;后门外,还有主妇们或女仆,与卖青菜的挑子调情地争讨价格。不久,"馄饨担子,骗小孩子的卖玩具的小车,卖油炸豆腐的卖酒酿的,一切的叫卖,一切的喧声,又构成弄堂的交响乐",在后门外,更有滑稽戏的上演,"东家的主妇,西家的女仆,

---

① 穆木天:《弄堂》,《良友》1935年10月第110期,第28页。

在那里制造弄堂的新闻,鼓吹弄堂的舆论",许多珍闻轶事经由她们哝哝啊哝的话语,得以传播开来,就像谣言的生产场地,把"东家的男仆同西家的主妇"身分平等的事情添油加醋地流传。弄堂里随处可见卖弄风情的女子,"勤俭治家的主妇,有时,也舍得向卖菜人送一个飞动的秋波","母夜叉孙二娘穿着黑香云纱裤子,手拿着鹅毛扇,可以在弄堂里表演她的神通"。穆木天在《良友》画报里展现了一个杂乱、喧嚣、风情的弄堂空间,与木心的弄堂风光相得益彰。木心写道:"上海的弄堂,条数巨万,纵的横的斜的曲的,如入迷魂阵""上海的弄堂来了,发酵的人间世,肮脏,嚣骚,望之黝黑而蠕动,森然无尽头。这里那里的小便池,斑驳的墙上贴满性病特效药的广告,垃圾箱满了,垃圾倒在两边,阴沟泛着秽泡,群蝇乱飞,洼处积水映见弄顶的狭长青天。又是晾出无数的内衣外衫,一楼一群密密层层,弄堂把风逼紧了,吹得它们猎猎价响。……收音机十足嘹亮……老妪们端然坐定在竹椅上……剥蚕豆……小孩的运动场赌场战场也就在于此……"①《良友》画报营造了上海弄堂的公共空间,也就营造了上海都市在"文明"、现代化背后不文明的生活原生态,是对于上海都市中下层市民生活的合理想象,抑或是生活本身在印刷媒介文本上的现实记录,成为街头文化重要的固有组成空间,演绎上海都市文化在各阶层的多维度再现。

上海街头也是一个复杂关系的公共空间。布迪厄的场域理论认为:"在高度分化的社会里,社会世界是由大量具有相对自主性的社会小世界构成的,这些社会小世界就是具有自身逻辑和必然性的客观关系的空间。"②这些一个个相对自主的社会小世界就是场域,它由社会各种位置之间的客观关系组合的关系网络而形成。上海大都会是各色人等杂居的空间,在中上层摩登时尚生活与现代性消费

---

① 木心:《哥伦比亚的倒影》,桂林:广西师范大学出版社2006年版,第126—130页。
② 布迪厄、华康德:《实践与反思:反思社会学导引》,李猛、李康译,北京:中央编译出版社1998年版,第134页。

娱乐的场域之外,还有一个由下层民众日常生活、休闲娱乐、谋生活动构成的场域——街头。如果说以上所说是为街头文化的出场布幕,那么,以下空间的显现却涉及街头文化的实质内核。上海街头的小商小贩、工匠苦力、民间艺人、江湖游民、站立街头的公共妇女等,他们不是因为经济资本、文化资本和社会资本的要素组合成街头的空间,而是为一个简单而又神圣的目的联合成一个关系网络,那就是养家糊口。《良友》画报第159期"上海的两面"刊登了一系列图片对比:一面是高贵的整齐公寓,一面是拥塞的杂乱陋巷;一面是于富丽堂皇的黄金大影院里欣赏贵族艺术,一面是于露天杂院堂站着自娱自乐的杂耍;一面是戏馆前争取精神食粮,一面是米店前争取今晚的基本粮食;一面是威风凛凛的大出丧,一面是冷清凄惨的穷收尸;一面是绅士风的夜宴,一面是街头上的便餐;一面是水门汀上乞丐儿权宿一宵,一面是印花被中富家女度温馨之夜。①《良友》画报的全面营造使我们看清了上海畸形的繁荣——富人的天堂和穷人的地狱。

小商小贩与民间艺人:街头市场与表演

马克思认为:"商业依赖于城市的发展,而城市的发展也要以商业为条件。"②上海自开埠以后至20世纪二三十年代,"已完成了从第一产业向第二产业的转化,成为全国最为现代化的工商中心、文化中心与服务中心",③因此,无论是租界还是华界,在经济动力的增加、产业结构的变化以及城市性质与类型的转化等要素的影响下,华人的职业结构发生了很大的变化。作为"由传统的农商型经营模式向现代的工商型经营模式过渡"④的辅助性经营模式,摊贩贸易的兴盛弥补了上海商业现代性转变的不足,丰富了上海各阶层市民的消费,也促进了

---

① 《良友》1940年10月第159期,第32页。
② 上海研究中心编:《上海700年》,上海:上海人民出版社1991年版,第138页。
③ 忻平:《从上海发现历史——现代化进程中的上海人及其社会生活》,上海:上海人民出版社1996年版,第85页。
④ 蔡丰明:《上海都市民俗》,上海:学林出版社2001年版,第204页。

上海街头文化的繁荣。

夜戏散场;好容易等到天明,等到少爷们的狂欢满足,舞厅关闭,舞女也放工了;雀战的男男女女、老老少少们一夜弥战也已经筋疲力尽;"上海的居民,非至上午五时以后,决不会想到睡觉"①,"长达十小时的沸腾夜市,人人都在张嘴咂舌,吃掉的鱼肉喝掉的茶酒可堆成山流作河",一夜喧嚣闹忙过后,"上海整个疲乏不堪,到处油污脏水废物垃圾。长长的多桥的苏州河秽黑得无有倒影,蒸发着酷烈的辛臭。野猫在街口哀鸣"②。而这些为狂欢的消费者提供饮食之饥的就是街头赚小钱养家糊口的小商小贩,在消费场域的门口,伴着洋铜鼓的声音,吆喝"哓格里格哓来末大家买,看得里格勿强勿要噢买",尽管是十分便宜的买卖,买主却还要横拣竖挑,狠心还价。摊主却也不动声色,在用纸包好货物的过程中,掉了包,拣挑时好好的东西,塞到顾客手中的是次货或假货。为了生存,上海的小摊小贩却也学会了商人的狡诈,这是资本主义文明现代化商业环境必有的产物。

等到海关的大钟正敲着六点,上海带着惺忪的睡眼,一小时一小时开始抖擞起来。《良友》画报第76期"都会之晨"占用两页篇幅,刊载特约摄影者李尊廉所摄的十七幅图片,介绍"上了海"的上海早晨的生活情景。

第一幅是正敲着六点的海关大钟,接着是冒着烟雾的工厂,其汽笛都叫起来了;还在瞌睡的和平之神;南京路口的大厦,在浓雾中昂头睥睨,准备着今天的操纵;从静安寺开出来的第一部电车,又将开始一天的奔波;女工们跨步赶往工厂;而在三位少爷簇拥下从舞厅走出来的舞女喜笑颜开,昨晚或许有不少的收获,物质的和精神的;此时码头上的劳苦大众也开始出卖血汗;报馆前的报贩赶忙折叠报纸,尽早将它们送到需要的阅读者手中,赚取点小钱;提前一二小时起床准备大

---

① 意之:《如此上海》,载《申报》1928年4月16日第16版。
② 木心:《哥伦比亚的倒影》,桂林:广西师范大学出版社2006年版,第126—130页。

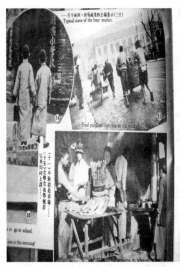

图 15　20 世纪二三十年代上海的早晨

饼油条与开水的商贩们,他们的老虎灶正忙于供给早晨的需要;各路小贩或推或挑纷纷赶往市场;小菜场上的菜蔬鱼肉,四两半斤地出售;与小商小贩们形成对照的是,带着鸟笼上茶楼的悠闲消遣的小市民,在茶楼海聊天扯,一泡就是一上午;小学生掴起书包,朝没有操场的学校迟缓地走去;女学生也等候着电车回校上课;一切都准备着今日的斗争,开拓着未来的前程,然而可怜此外有人,还在锦衾中昏睡未醒,因为他们的生活旋律远未开始。

上海街头的馄饨店、大饼油条与糯米饭团店等为早起的人们准备早餐。不必赶早的商贩可以设计另一种生意门径,《良友》画报第 119 期演示的几种可以作为街头市场的代表。一幅画面是穿着整洁的青年,手持着仿单夹着什么百灵丹之类,在热闹的南京路沿途兜售,引起匆匆过客的驻足;一幅是一个失学的儿童从成人处学到了一点狡猾,拿了贱价墨水笔却像从华丽的衣襟偷下来的精品似的,向行人兜售;一幅是摆在高等理发店旁的理发摊子,理发师傅一般是年老的,而理发者也是食不果腹的贫民百姓;一幅是把从路旁捡来的香烟屁股残余重新捲制发卖的路旁商店,借以维持生活。

《良友》画报营造了商贩为市民提供物质消费而忙碌的生活空间,在市民精神生活与文化生活的消费流域,商贩却也设计着生意,演绎着街头文化的另一侧面。第75期"穷人的街头"、103期"上海街头文化"主题专栏对上海街头摊贩及民间艺人的文化经营做了视觉意义的传播。首先是文化消费的物质空间。就在街边的图书馆,为大多不识字的下层民众免费提供连环图画,《济公传》《白蛇精》等图画样式的书籍;街头设立的文具摊子,在一个破旧的篓子里,能找到自来墨水笔,国货的、舶来的全有,每支五角整,十分便宜;街头的报摊也吸引了不少民众的注意,《申报》《新闻报》《时事新报》等各种上海的报纸和杂志,一应俱全,大可不必跑到四马路;街边也有为供下层民众消费的小书摊,贱价买来一点旧书,批来一点字帖,就在路旁边布置一个文化的角落,连环图画,十个铜板看全套,《西游记》《封神传》《渔光曲》《啼笑因缘》以及各种中西旧书,廉价出售,是一般穷而好学之人的低徊之地,无一不备;街头的抗日美术展览会,也迎合普通民众而设,十九路军的抗日图、八仙打麻将图、西湖风景图、美女出浴图同时刊登,代价也不贵,是人人看得懂、人人买得起的美术品。

其次,是民间艺人在文化空间的表演,赚取几个铜板,维持一家老小的生活。《良友》画报第103期"上海街头文化"的图文文本里,介绍了民间艺人的营生手段。街头置摊代写书信是上海街头文化的一个生动体现,每封小洋一角,佣妇工人是他们的常年主顾;还有一种街头舞台,是民间艺人表演的公共空间和场域,"而这些街头艺人能把过路人变成他们的观众,驻足围看。由此看来,传统城市里的街头艺人比他们当代的同行拥有一个更大的演出空间。"①第75期刊登了民间艺人在街头的马戏表演,图片旁的文字评价云:"咱们的马戏,不用买

---

① 王笛:《街头文化——成都公共空间、下层民众与地方政治,1870—1930》,李德英等译,北京:中国人民大学出版社2006年版,第111页。

票的,末了大家帮帮忙,给一两个铜子儿。这也是咱弟兄们的血汗呀!"在街头搭个台子,开始演唱戏剧,"咱们也没听什么梅兰芳、马连良的份儿,谁听得起呀,一张票就起码要一块几毛钱!这就是咱们的梅兰芳马连良啦!瞧瞧不是一样粉装的脸!还来得更较小呢!"下面又刊登了西洋影戏的图片与文字介绍,"有钱人的影戏院也和咱们不相干的,咱们的影戏,哪——就在这小箱子里,一个铜子看三套,洞里瞧瞧,西洋人大打架",钻进洞里去拉洋片、看西洋镜,是街头孩子最喜爱的娱乐。据记载,旧时上海的拉洋片小贩身上背着一个大箱子,箱内装有2—4只观视窗,如有人前来观看,他们便打开窗口,卷动起里面的画片,一边讲唱着画片的内容,把画片串成一个故事。①

20世纪30年代流行上海街头的　　20世纪30年代上海街头的
　　　　西洋影戏　　　　　　　　　　民间艺人表演
图 16

《良友》画报一头连着中上层市民消费文化的价值理念,一头连着下层民众街头文化的公共空间,将街头的商贩文化和民间文化融合在都市文化的背景里,体现大众传播媒介在社会现代性的空间想象中,

---

① 蔡丰明:《上海都市民俗》,上海:学林出版社2001年版,第209页。

对传统生活方式的全面营造。

江湖游民与乞民：街头行骗与乞讨

"资本主义的本质所在——它一面创造着巨大的财富，一面制造出普遍的贫困，规模之大和走投无路的程度都是欧洲历史上不曾有过的。"①20世纪二三十年代的上海是一个充满矛盾的世界，既有繁华，也有萧条；既有摩登时尚，也有传统保守；既有西方现代性的传入流行，也有本土愚昧性的根深蒂固；既有物质生活贫富差异的表面化，也有精神消费层次不一的深度化。"在二十世纪，乡村的衰败与城市的工业化并行，促进了城乡的分化。"②1933年至1934年农村出现恐慌，"一方面，农民的市场，因剥削而减少收入；另一方面，农民的消费，却因剥削而增加支出。"③民国十八年西北大旱、民国二十年长江大水，农村出现恐慌；可是，民国二十一年农产丰收、民国二十二年农产正常，农村恐慌不但没有减轻，反而只有加重。耕种粮食的农民却难以满足基本的生活需要。据记载，"十七年的谷价低落而至谷贱伤农，十八年的荒欠，十九年的米价奇高，使贫苦的大众不易维持生活，二十年遇着十余省的大水灾……外国农产品如米麦及其他食粮之输入，差不多是与年俱增……"④以上历史事实证明，中国不单是要遭受封建性的生产不足的恐慌，而且要遭受资本主义的生产过剩的恐慌。如郑礼明所说，内地人们在半饱半饿状态中过生活，而每亩还要缴纳一元至二元的苛捐杂税，因此，耕地与离村失业农民的数目越来越多。⑤"在

---

① 〔德〕爱德华·傅克斯：《欧洲风化史：资产阶级时代》，赵永穆译，沈阳：辽宁教育出版社2000年版，第52、61页。

② 卢汉超：《霓虹灯外——20世纪初日常生活的上海》，段炼等译，上海：上海古籍出版社2004年版，第4页。

③ 章乃器：《由农村恐慌说到都市恐慌》，载《申报月刊》第三卷第四号1934年4月15日，第9页。

④ 苏筠：《日趋严重之中国食粮问题》，载《申报月刊》第三卷第四号1934年4月15日，第13页。

⑤ 郑礼明：《为国民最低限度生活的需要作一个小小的统计》，载《东方杂志》第三十卷第十九号。

二十世纪三十年代的上海,大约有20000到25000名职业行乞者"。①乞民成为都市街头独特的职业人群。

《良友》画报运用明暗对比的传播方式,将上海大都会的矛盾做了视觉传播的意义生产。第74期"都会的明暗"主题演绎中,刊以两个版面12幅图片,构成六对矛盾对立着的生活与消费。"有人在华堂欢宴,有人争先恐后地但求分到一碗稀粥",图片中食客围桌而坐、面对佳肴的高雅谈姿与街头难民手持一碗争抢稀粥的情景,一样的热闹,不一样的心情,"吃酒席的人们,而又嫌菜肴不佳,要掉换吃西菜的滋味。其实上海正多着一般欲吃剩菜而不可得的人。"②而"在跳舞场吃大菜,一客大菜花儿十块钱的不算一回事,甚至于到广东菜馆里吃一桌酒席要二百多块钱的,也常常有得听见。但是我们到冬天,在报上又常常看见施粥厂里每天有几千人到那里去吃施粥,还有许多人要米票子……有的甚至于连三个铜子一块的大饼都买不起,因此只好挨着饿。还有的跟着娘姨后面到小菜场去拾白菜皮,把菜皮拾回来下饭充饥"③。这是"食"的矛盾。从国泰大戏院出来的看客,衣着毛皮大衣,有点不习惯外面的寒冷,然而他们却不知道,衣衫褴褛单薄且饥饿难耐的乞民如何寒冷,"天气马上冷了,有的穿的大衣皮袍子,而犹认为不能御寒,还要烘火炉,可是在冰冻

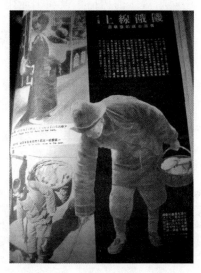

图 17

---

① 卢汉超:《霓虹灯外——20世纪初日常生活的上海》,段炼等译,上海:上海古籍出版社2004年版,第5页。
② 雅英:《矛盾的上海》,《上海报》1932年10月27日。
③ 郑正秋:《上海的社会生活》,载王春涛主编:《上海》,上海青年会智育演讲第二辑,1935年5月。

下雪天,十字街头,正有不少单衣薄服的人,被北风剥食着。"①这是"衣"的矛盾。《良友》画报继续介绍:"到旅店开房间打牌的多是原本有好房子住的人们,住茅舍的人们便只好一辈子住着茅舍。"②这是"住"的矛盾。"跑狗场的狗儿们有福了,他们的享用百倍胜过街头的可怜的野鸡们。""有人宁愿豪爽地在马场里花去了整千整百的银子,而对于叫化子却非常吝啬地甚至不肯施舍一个铜板!""幸福的人们在舞场,软玉温香满怀抱",而"倒霉的人们在路边,死劲地拉,拉着笨重的货车"。这是娱乐享受与饱饥生存的矛盾。

  作为上海都市文化的构建者,《良友》画报在提供了一整套关于上海都市现代性的想象,并对之进行理性解剖和舆论引导之后,自觉地关注下层市民街头的平面化生活,从衣食住行以及谋生方式切入,借助明暗对比的传播手段和平面化的关于上海街头的叙事模式,在下层市民个人物质生活以及谋生样式等具体问题的图文解释中,构建与中上层市民相对立的生活空间,体现大众传播媒介对文化主体——市民的终极关怀,生发出上海街头文化的地方主义色彩以及对都市文化的天然解构。第119期"世上无如吃饭难"的主题报道中,从其编辑的文字道德评价中足以看出《良友》画报对上海社会的认识与理解。

>   初到上海的人们首先要看的是廿四层的巨厦,大百货店,戏院或舞场。他们所见到的人物也是衣冠楚楚生活于豪华的上海的人们,却不曾想到上海的暗面,也有许多为幸福忘怀了的可怜之群。他们有些是穷途落魄,或来自破产的农村,却发现上海并非随地满布金子,于是只好用他们所能够想出的法子,浪迹街头,寻觅每天的粮食。如此人生,如此上海的另一面的人生。

---

① 雅英:《矛盾的上海》,《上海报》1932年10月27日。
② 《良友》画报1933年2月第74期。

他们浪迹街头的寻觅与谋生，便构成了上海街头文化的重要维度和文化符码，还有一大批街头文化的创造者迫于生计，演化为乞民或游民。

自"八一三"战事发生以后，杨树浦、闸北、曹家渡沦为战区，而上海的工厂多在这里，因厂方无法开工，工人无法居住，于是拖儿带女从战区逃出，一部分逃到了南方或租界的收容所，有些在马路上过着沿门叫乞的非人生活，身上穿着单薄衣裳，日里不能吃饱，夜来露宿街头。据记载，当时公共租界收容所共一百九十一所，收容难民共九万五千余人，法租界收容所共四十二所，收容难民共四万七千余人，两租界共有难民十四万二千五百余人。① "吃饭难"成为越来越多人们的生活困境，《良友》画报关注民生的媒介主张和新闻敏感，屡屡不断地将传播视野置于战争环境中市民的生活路数。第163期"饥饿线上——孤岛街头的阴暗面"刊以四个版面的篇幅，介绍孤岛难民流落街头的生活图景。第一幅是一个六十多岁的老头儿左手提着篮子、右手握住铁钩、弯腰拾取别人遗弃的香烟余烬的巨照，他终日踯躅街头，将所拾烟头转卖出去，一博一饱，江湖术语谓之"捉蟋蟀"。第二幅是一少妇背着孩子沿街叫化。第三幅是小孩背着比自己还要大的篓子，在街头拾取废纸。一张废纸，在穷人们看来是像黄金一样可贵。接下来是主妇从菜市场拾取残败的碎叶，被迫弃学的孩子在街头借"告地状"乞钱、捡垃圾以及囤户用大车载煤洒在

图 18

---

① 夏衍：《今日之上海·人间地狱巡视记》，上海：现实出版社1938年版，第35页。

街头的遗渣,婆媳孙三人相依为命,借缝裙来维持生活,乞民向阔人们求乞却一无所获的图景。从这些图片中,《良友》画报告知的是孤岛街头饥寒线上的生活信息,可以从这种生活里看到孤岛阴暗面的真正内容,更从他们的身上找出孤岛一切罪恶的痕迹。这些图片的编辑与设计,出于《良友》画报对上海社会的认识与评价。

> 孤岛是少数人的天堂,是大多数人的地狱!正因为少数人的垄断操纵,物价高抬,遂令大多数人无法营生,饥寒痛苦,寖渐为街头饿殍。歌台舞榭越是客满,街头路角饥馑之群就越拥塞,虽然他们竭力发出弱者的哀号,可是他们的呼声已为舞场的弦管、富人的欢笑及喧闹的车马等嚣声所遮盖,谁还注意到他们的灾难痛苦,生死存亡。于是他们唯有辗转于沟壑,凭借着自己的本能来挣扎那脆弱的生命,来延续那残余的喘息。①

都市的诱惑以及生存的需要,让许多难民涌入都市,成为乞民。老舍的《骆驼祥子》里描述道:"这座城(指北京,引者加)给了他一切,就是在这里饿着也比乡下可爱……在这里,要饭也能要到荤汤腊水的,乡下只有棒子面。"这在当时的上海也是如此。

除了浪迹街头的乞民,还有闯荡江湖的游民,作为上海都市发达文明的街头存在,它奏出了极不和谐的音符。《良友》画报将之及时谱写下来,当作上海现代性缓慢进程的历史见证。第30期"十字街头——平民生活写真"栏目刊登街头算命的图片,认为"算命也是街头的一个生活镜头",通过这扇窗子,可以窥见上海都市繁华背后的愚昧。第119期"世上无如吃饭难"里介绍算命先生在街头摆摊营业,一幅是"读熟了几本麻衣柳庄的相法,就用了他的'铁嘴'去养活了自己的肉身",一幅是在摊位的上方标贴"布穴神相问津处",摊主"用一点

---

① 《良友》画报1941年2月第163期,第30页。

奇幻的魔术招引了路上的匆匆行人,这一位所谓命理数学家就这样地度过了他的朝朝暮暮,年年月月"。更有甚者,第169期"街头预言家"描述了中国占卜之风的大致情景:

> 中国卜筮星相之术,发明于周代,当时且设官职专司其事,一切吉凶祸福等未来事实,其不能为人所想象预知者,均赖以取决。其后此术流入民间,寖为市井之徒所利用,借此为啖饭术,一般无知愚民,遇事不假思索,动则取决于占卜,故江湖术士之流,摊席遍设于街头市集,生涯鼎盛,亦三百六十行中之大支流也。

同时,该专栏刊以四个版面的篇幅,运用15幅图片,描摹了预言家的千姿百态。"THEY TELL YOUR FORTUNE",这是《良友》画报对"街头预言家"的英文翻译,每幅图片下方均有中英文注释。

第一幅占用半个版面,为星相家门户的标准装潢,门户两端贴有一对联"命合婚选吉,相六书论字",门口立有一招牌,上面写着:推命谈相,占课论字,请进内室。天台山人谨白。招牌后的大门贴满了各种告示,其中有一醒目

图19

者,是"欲问津者,请推此门"字样。大门紧闭,相比外面,里面是何等的神秘。黑阳伞、黑眼镜、青布长衫是算命先生的标准行头。街头的流动摊位,更是各显神通。有的从报章上得到一些知识,便侈谈未来大事;有的利用雄鸡做活动商标,花样翻新,招徕主顾;有的运用拆字算命,将字形东拼西凑,因人身份,信口开河;有的在街头摊开陈设五彩神鬼图以吸引过路愚民;有的用手指写字以炫奇,或题打油诗句以示饱学;有的在街头摆开桌子,开始抽签的营生,虽然自己衣履褴褛,

偏说能够指引富贵功名;有的是瞎子,背着医治药箱,随地坐在街头的某一角落,墙壁上挂起大方医小肠疝气丸广告纸,据说瞎子眼瞎心明,占卦最灵,难怪许多人问道于盲;有的相命摊兼代写书信,可算是唯一服务人类的工作;有的油喉滑嘴,随机应变,他们最博得无知妇孺的信仰;有的替主顾找出书来为证,"富贵贫贱,命中注定"本是书上写得清清楚楚;还有的小小摊头,医卜星相四行一人包办。

20世纪二三十年代的上海是全国最文明的所在,换句话说,也就是最开通最不迷信的所在。然而,星相家以及拆字先生,又是上海比别处多,最不文明最迷信的地方也没有这么多的星相家和拆字先生。而且,这些星相家和拆字先生,多数是在上海的租界上,华界没有租界多。由此可见,"上海有阴阳面,阴的就是这些星相家和拆字先生可为代表,阳的则只有物质文明可为代表,真正的精神文明还只是一线曙光而已!"①一个国家的现代性,最重要的是民众人格和精神的现代性,《良友》画报"在一个现代的框架下,此起彼落地收纳了一些传统的素材"②,以此昭示"上海远没有现代化"的刊物主旨。当精神现代性落后于物质的现代化文明时,它也只是具备现代化的躯壳,而现代化的灵魂却仍然在黑暗中踟蹰。

战争是一切罪恶的渊薮,1937年日本的炮弹打进上海以后,上海的都市文化便难以为继,现代性的建构也未完成。然而,都市文化的中断,却催生了街头文化的繁荣。《良友》画报把这对矛盾的二维同构在媒介文化的版面空间,生发一箭双雕的传播效应。

人力车夫:街头谋生

人力车是中国都会市街交通的主要工具,尤其在上海,那儿虽有不少汽车电车等设备,"马路上'嘟嘟嘟……'的新式汽车,有的要卖几千

---

① 小羽:《上海有阴阳面》,载《新上海》第一卷第四期,1933年12月15日。
② 李孝悌:《上海近代城市文化中的传统与现代——1880年代至1930年代》,载李孝悌:《恋恋红尘:中国的城市、欲望和生活》,上海:上海人民出版社2007年版,第313页。

元一辆,有的要卖一万几千元两万元一辆;同时,又有'唧唧唧……'独轮车(俗名小车),上面坐了十几人,由一个人用力地推"①。然而,"两万多辆的人力车却仍旧是都市交通的主要动脉,五万多人靠着拉人力车而生活。""他们以驴马般辛苦的血汗,换取最低廉的代价,以最低微的收入替自己及家人适应都市的消费而生存。不论寒暑风雨,他们整日踟蹰街头,有主顾的时候固然要跨开脚步奔跑,即使没有主顾也得踱来踱去寻觅生意,他们练成了一双跑

图 20

不倦的腿,更练成了一个不需要很多营养便足维持生命的肚皮。他们一样是人,在社会里却处在驴马一般的地位,他们以劳力获取生存,还要享受着车主的层层剥削,其处境是十二分可怜的。都市的繁荣只是他的浮面,背后却隐藏着层层的黑影,黄包车夫的生活,只是其中一面而已。"②《良友》画报第 164 期"都会的人马"刊以三个版面 12 幅图片,展现了上海人力车夫的劳苦生活。从晓色苍茫踟蹰街头到夜深人静而归,十多小时的奔跑仅为填饱一家人的肚子。累了,抽吸从地面拾起的香烟头;困了,就在车旁打个盹;饿了,去街头廉价的小摊吃个半饱;夜晚回到狭隘陋巷的仅足容身的小屋里,检点一天的收获,扫数交给自己的女人,却才是一天的粮食钱。因为第二天为家计的奔跑,他只好和衣而睡,以便早起。

人力车收费并不高,为一般市民所能接受,在 20 世纪 20 年代末 30 年代初,一英里左右的路程(人们雇车最通常的路程)收费不到 20

---

① 郑正秋:《上海的社会生活》,王春涛主编:《上海》,上海青年会智育演讲第二辑,1935 年 5 月。
② 《良友》画报 1941 年 3 月 15 日第 164 期,第 29 页。

分。这相当于当时乘一次出租车给司机的小费。①

黄包车夫的人员队伍,绝大多数是直接从周边地区贫困乡村来城市寻找机遇的农民。据雷景敦《上海杨树浦人力车夫调查》记载:1929—1930年间对杨树浦100名人力车夫的调查中发现,其中只有一人出生于上海;85人曾是农民,因闹饥荒而背井离乡;9人是孩提时随父母逃荒而来;2人曾是当兵的;另2人为躲赌债而离乡。农村的恐慌已使他们无法在家乡继续生存下去。20世纪20年代中期,上海总共大约有黄包车夫62000名,30年代后期到40年代早期,上海的黄包车夫近100000名,他们为了25000辆出租的黄包车而竞争着。②《良友》画报在图片的安排与设计中,整合了黄包车夫活动的信息内涵,营造了关于上海街头黄包车夫的公共空间。

20年代早期,人力车是上海都市现代性进程中的落后象征,它混迹于汽车、电车等现代化交通工具行列,为成千上万的百姓提供服务。人力车夫作为"他那阶层的典型代表"和身份认同,在上海街头文化的创造群体中占有一席之地。

对上海街头文化的全力营建,体现了《良友》画报媒介文化视野的下移和舆论想象空间的延伸与扩大,它以画报的特殊承载方式和图文并茂的传播技巧,设置大众传播媒介与社会文化发展的关系议题,在绘制中上层市民摩登生活蓝图的同时,隆重地构建了下层市民生活和风俗的公共空间,以及由此而来的街头文化。《良友》画报曾设置"十字街头——平民生活写真"专题栏目,在第23期、30期、39期以及第103期"上海的街头文化"和第112期"街头巷尾"等报道中,集中营建了街头文化在小商品市场空间、日常生活空间与谋生等各种活动场所

---

① 转引自卢汉超:《霓虹灯外——20世纪初日常生活的上海》,段炼等译,上海:上海古籍出版社2004年版,第63页。
② 唐海:《中国劳动问题》,上海:光华书局1927年版,第89页;朱帮兴等:《上海产业与上海职工》,上海:上海人民出版社1984年版,第673—674页。

的多维成分,如果说当时风行于上海并以传播中下层市民生活与价值观为文化特质的小报,是平面化、感性化地解释上海,那么《良友》画报既有平面化的关于上海文化的故事叙事,又有立体化的关于文化构成要素的理性解剖,它是在图片编辑思维的意识形态领域完成前者,在文字的道德评价话语中实现后者。"做大众的良友"是它一贯的刊物理念,读者的良善之友应是对于私人的、知心的、真实的话题进行促膝的交谈,因此,"《良友》的叙事立足于新闻报道加小说花腔的语调之上,像鲁迅说的那种'无论怎样惨事,都要说得有趣——海式的有趣'(鲁迅:《〈某报剪注〉按语》)。"①因此,它既展现了上海衣食住行、谋生、风俗等街头文化的具体意向,又把现实的信息和态度传播得更快更广,为政治和文化精英实施终极关怀提供决策性的依据和舆论性的导引。"在为国家发展服务时,大众传播媒介是社会变革的代言者。它们所能帮助完成的是这一类社会变革:向新的风俗行为,有时是向新的社会关系的过渡。在这一类行为变革的背后,必定存在着观念、信仰、技术及社会规范的实质性变化。"②在现代社会机制和人的属性未生发现代性转换而阻碍社会的现代性进程时,《良友》画报利用大众媒介的传播势能,在阴暗对照中,向社会传播新的规范和新的思想。因此,《良友》画报对于街头文化的全面想象,立足于"上海性""地方化",关注印刷文化媒介受众的基本需要,建构本地的文化和符号体系,这是其现代性意义生产的"伟大的倍增器"作用。

---

① 姚玳玫:《早期女性肖像、生活照的私人性与公共性》,载孟建主编:《图像时代:视觉文化传播的理论诠释》,上海:复旦大学出版社2005年版,第178页。
② 〔美〕韦尔伯·施拉姆:《大众传播媒介与社会发展》,金燕宁等译,北京:华夏出版社1990年版,第121页。

第三章 学缘与地缘：画报传播群体的精神文化诉求

相比于工业革命之后西方社会组织的分散化和法治化，传统的中国社会却依然固守以宗族、家族及家乡情谊等共同体为主体的组织结构关系，由于士大夫"群而不党""结而不社"的古训伦理和中国哲学的宗法观念，中国传统社会的管理更多地倚重血缘关系。直至清朝末年，维新变法、救亡图存的使命感激起士大夫们"合群""结社"的强烈愿望。他们拥有更多的途径获得西方先进观念的指引，从而率先颠覆了僵化的血亲社会结构。依据张朋园的统计分析，认为受西洋思潮影响的改革运动——戊戌变法就是在清一色士绅阶层的推动下进行的。

> 据统计，领导人物有传可考者四十八人，其中进士二十八人，举人八人，贡生三人，生员二人，无功名而有捐纳官位者四人。他们的西方知识得自一些翻译作品，或因与西方人士接触，或游历西人的殖民地和通商口岸，得到一些一鳞半爪的印象。①

---

① 张朋园：《知识分子与近代中国的现代化》，南昌：百花洲文艺出版社2002年版，第5—6页。

张朋园对此进一步论证提出,戊戌变法后的立宪运动中,立宪派人的背景,"出身亦大多来自士绅阶级",但其中"留日或受过新式教育者约当百分之二十",是传统士绅与留日学生的搀和;与立宪运动同时的革命党,亦多由知识分子组成,"其中的领导人物大多数为留日学生,具有传统功名者比例甚微"。至五四时期,发生巨大影响的力量是一批留学日本和欧美的留学生,"传统的士绅已渐渐失势,代之而起的是新生的一代"①。新式教育在中国已彰显成效,中国知识分子的观念亦由此得以蜕变。血缘、宗亲为主体的社会结构关系逐步被具有共同政治价值取向、文化姿态和审美诉求的社会群体所取代,在参与社会变革或革命的运动中,"学缘"与"地缘"成为他们的组织纽带。

　　对于中国报人而言,以上政治形态和社会组织结构关系的改变更是体现在他们各自所创办的报刊这个舆论阵地上。费正清曾经就新型知识分子与传统士大夫的比较谈到,绝大部分传统士大夫是"扎根于他们乡土的社会精英",而新式知识分子阶层大都是"自由流动的知识分子"。②在中国传统士大夫逐渐转向新式知识分子的过程中,报刊往往成为传播他们的政治理想、价值取向和精神文化诉求的公共舆论空间,因此,具有相互认同的政治主张、学术主张和精神文化追求的传播共同体常常易于云集在同一个报刊下,成为传播主体,主导报刊的定位与发展。"学缘"与"地缘"也就被认为是形成中国近现代报刊传播共同体的重要因素。

　　综览中国近现代画报的典型个案,这条传播发展的规律在中国近现代画报的历史长河中也是适应的。

---

　　① Tse-TsungChow:The May Fourth Movement:intellectual revolution in modern China. (Harvard East Asian Studies,6.) xvii, 486 pp.Cambridge, Mass.: Harvard University Press, 1960. (Distributed in G. B. by Oxford University Press. 80s.)

　　② 费正清等编:《剑桥中国晚清史:1800—1911》下卷,北京:中国社会科学出版社1985年版,第380页。

第一节　美术精神与政治意念：《真相画报》的同乡群体

《真相画报》由参加辛亥革命的资产阶级革命派同人主办，传播主体是一群具有共同意识形态、知识类型、文化趣味的同乡知识分子群体。具体地说，《真相画报》创办人和组织者均为"躬亲患难""民国之知己"，执笔人"皆民国成立曾与组织之人"。①

广东籍的地缘和美术追求的学缘是理解《真相画报》传播主体的两个要素。"以地缘为基础的同乡观念或乡党观念"是在传统政治结构的压力下，报人获取变革力量、传播舆论的重要突破口。② 地缘是形成《真相画报》传播主体的主要组织纽带。《真相画报》是一份由广东政府出资的刊物，因此组织者大多为广东人，正如欣厂《真相画报叙》（第2期）中所谈到的，"今者粤中诸友，方有《真相画报》之刊"。同时，学缘也是画报编撰主体汇聚的主要因素。创办人兼主编高奇峰，广东番禺人，岭南画派的开山祖；其兄高剑士、高剑父，其弟高剑僧同赴上海参与画报的创办。从《真相画报》第十、十一期所载《本报同人美术画》可知，参与该刊编辑和撰稿的主要成员除上述以外，还有谢英伯、陈树人、马星驰、何剑士、沈心海、郑侣泉、陈寿泉、黄宾虹、曹蟠根、郑宜昆、冯润芝、琇珍女史、梁鹤巢等。其中大多数是岭南画派的成员，被称为"岭南三杰"的陈树人、高剑父、高奇峰是该刊的主要代表，均为广东番禺人，都曾师从于岭南画家居古泉（广东番禺人），后留学日本深造。因此，《真相画报》是一份以岭南画派为组织纽带、传播美术文化以完善国民精神和心理追求的刊物。它几乎每期均有高奇峰、高剑父与陈树人等美术界名流的绘画作品，是岭南画派的舆论阵地。

---

① 高奇峰：《真相画报出世之缘起》，《真相画报》第1期，1912年6月5日。
② 唐海江：《清末政论报刊与民众动员：一种政治文化的视角》，北京：清华大学出版社2007年版，第67页。

第三章 学缘与地缘：画报传播群体的精神文化诉求

由于《真相画报》办在上海，获得本地同人的支持是成功的重要因素。于是，高氏想办法抉择上海同人的加入。如与高剑父艺术取向迥异的黄宾虹因襄办《真相画报》而与高氏三兄弟结交，尤其与高剑父结下了深厚友谊。参与笔政的，除了黄宾虹以外，上海方面还有胡怀琛（号寄尘）、马星驰、沈心海等。胡怀琛，曾为上海反清刊物《安徽白话报》撰述并执《神州日报》笔政。马星驰，素具爱国精神的漫画家，画报上的"滑稽画"大多出于其笔下。沈心海，海派资深人物画家，画报上由高剑父题词的"历史画"大多是他的作品。上海同人的介入，大大降低了创办画报的艰难，丰富了画报的内容。

更可取的是，《真相画报》按照艺术互补原则，能让艺术趣味迥异的同人和谐相处。画报发表了黄宾虹的一系列中国古代画史专题论文及其画作，重视传统绘画和国粹；又刊载了陈树人的译述《新画法》（一名《绘画独习书》），主张摒弃传统，追求"欧化"。前后交相辉映，增添了画报的深度，也体现了岭南派融中国画、西洋画、东洋画于一炉的"折中派"特色。

因为地缘、学缘的关系，岭南画派成员云集于《真相画报》，借此传播美术作品、美术理论和美术精神；也正因共同的政治价值和媒介理想追求，他们又以《真相画报》作为实现这些追求的文化场域。上述参与编辑和撰稿的主要成员，大多参加了同盟会，高剑士还是广东分会的会长；谢英伯曾主持兴中会机关报《中国日报》，具有浓厚的资产阶级民主思想。为《真相画报》供稿的是"中华写真队"。"中华写真队"是民国成立后，高奇峰的同胞兄弟高剑父受孙中山之命组建的摄影团队，除从事战地摄影外，还负责拍摄临时政府的活动，它形同《真相画报》的采访部。这批拥有共同惯习的岭南派知识分子以画报为中介，在文字和图像之间形成价值共识——宣传孙中山的民主革命思想、倡导共和政治、揭示中华民国真相，并渐成日益庞大的社会关系网络，如高剑父、谢英伯、马小进、李怀霜、黄宾虹、陈树人、马星驰、胡汉民等名家荟萃。

由于受这种价值共识的规约,传播共同体设置了画报的内容构架。画报刊登了不少革命党人的英勇事迹、时事照片,如广州黄花岗七十二烈士墓、七十二烈士记功碑、广州红花岗三烈士墓;全刊以时事写真画、时事画、时事评论为主,以历史画、美术画、滑稽画为辅,发表了一系列抨击时政、揭示真相的新闻图片、漫画与论说。最引人注目的是第1期《形势写真画》以约五尺半长的长幅画,展览了武汉三镇全势图景;滑稽画如马星驰《民国借债之痛史》《真相之种种》《一年来之回顾》《中国不振之由来》《过渡时代之新民国》、磊公《新民国之怪象》《守财奴之真相》《恶兽记》《社会寄生虫之种种》等均以诙谐之笔做警世良箴;论说如晓风《民国成立与各国之承认》、王赫《论世界之文明将由物质而进于精神》、马小进《今日中国之民德》《国民教育之回顾》《国庆纪念之真相》、乐观《社会主义之真相》等立场鲜明、批评中肯。

在画报的内容框架中,每种形态各具特色,各有目标。据《真相画报》第1期"本报图画之特色"的告示可知,"历史画"选择中国四千年"治乱得失,见于历史所载"者,以"唤起人群爱国之思想,扶植社会进行之秩序";"美术画"选择"南北异派,中西殊轨",并"合种种家法为一手",以"足资参考而增学识";"地势写真画"选择"兵事上名胜上之关系地点"制为长篇,以达到"山川关塞,千里咫尺,如在目前"的效果;"滑稽画"选择"古人所尚、历史所传滑稽"者,以"足作晨钟暮鼓之猛醒也";"时事画"关注"民国前途,社会前途",以助国人"社会心理悠然而生"。这些内容的特色规定也成为传播主体聚拢画报的衡量标准和在画报公共空间彼此继续交往的准则。

由于拥有共同惯习和相似的价值旨趣,这群知识分子群体追求以学术倡导革命、以美术成熟心理、以科学促进文明的媒介理想,在《真相画报》的公共舆论空间里传播共和政治、民生民困、社会主义、世界知识等论域话题,实现各自的精神交往。

第二节 文化姿态与审美欲求:《良友》画报的编创共同体

最先直接影响《良友》画报精神命脉的是其前后五代主编。他们是一群接受了"五四"新文化运动洗礼和西方文明浸染的知识青年,又是一群怀着文化理想到大上海寻求面包的外乡(具体说,是广东)创业者。具体而言,《良友》画报创办人兼首任主编伍联德和报社总经理余汉生,皆是在上海文化产业尤其是印刷出版业中渐有名气的人物。伍联德编辑《良友》画报至第4期后,力图从事公司的其他事宜,遂于第5期起,延聘《礼拜六》杂志的台柱人物、鸳鸯蝴蝶派的知名人士周瘦鹃为主编。周瘦鹃(1895—1968),江苏吴县(今苏州)人。名国贤,号瘦鹃。六岁丧父,家贫苦读,毕业于民立中学。因编《爱之花》新剧刊于《小说月报》,被几家剧社争而演出,众口交誉。此后致力于创作与编辑工作。自1916年至1949年,在上海曾任《申报》副刊《自由谈》编辑、《新闻报》常任撰述,主编《上海画报》《紫葡萄画报》《半月》杂志。曾与王钝根合编《礼拜六》周刊,因善写言情小说和才子佳人的故事,《礼拜六》杂志亦因此而风靡一时,时号"礼拜六派"。又与赵苕狂合编《游戏世界》,风行一时。这些刊物均成为鸳鸯蝴蝶派活动和塑造舆论的大本营。抗战前夕,曾签名于上海文化界发表的联合宣言,赞成抗日,以御外侮。1949年后,在苏州从事写作和园艺工作。"文化大革

图1 伍联德

命"期间受到冲击,于 1968 年 8 月 12 日投井身亡。①

周瘦鹃所办杂志,大都遵循游戏消遣的趣味主义的刊物主旨,与伍联德《良友》画报"以出版业保国育民,以印刷业富国强民"②大异其趣,而且周瘦鹃对图片的组织、选用和编排都是外行,因此,他主编的《良友》画报常常遭到读者的训斥,如第九期刊载一读者来信,信中批评断续刊载的长篇小说《春梦余痕》《鬼火烹鸳记》"上不到天,下不到田",指责内容是淫秽小说,批评"第六期简时雨君《百闻不如一见》拖泥带水,而无意味,并用'刁拉妈'等广东下流话,又如第八期绣鹃女士的《颤动的心》简直是一篇肉麻丑态的淫小说"。八个月后,伍联德发现了才志双全的梁得所,并安排其接替周瘦鹃的主编工作,于是,自第十三期起,《良友》画报进入梁得所主编时期。

梁得所,广东连县人,1905 年生于牧师家庭。家境清贫,从小苦学,深受生活严谨、爱好艺术的父亲的影响,自学绘画,才德出众。小学就读于家乡连县,中学在广州花地美国教会设立的培英中学度过,毕业后得到亲友的资助,前往山东齐鲁大学攻读医科。因兴趣不投,不到一个学期,便离校。不久后便接受伍联德的聘请,出任《良友》画报主编,时值二十二岁。担任主编时期,梁得所从内容到编排大胆革新,去除消遣无聊之习气,增广见闻,宣传文化美育,成为大型画报的楷模。八年之后,梁得所另谋他职,《良友》画报主编的位子落到了梁得所的同学——马国亮身上。

马国亮,广东顺德人,1908 年出生于广州书痴家庭,父亲整日在家里读医书、写字、学画,精通医术却不懂营生,致使家境贫寒。他在广州培英中学高中三年级念完第一个学期,便毅然于 1927 年 1 月来到上海新华艺术学院(后改称"艺专")学习美术。一年后,改投白俄画家普特尔斯基门下,半年后,因经济拮据,弃学求职。曾做过广告公司

---

① 参看王智毅:《周瘦鹃研究资料》,天津:天津人民出版社 1993 年版,第 3—8 页。
② 《良友》画报 1928 年 4 月第 25 期。

第三章 学缘与地缘：画报传播群体的精神文化诉求

图 2 梁得所

的学徒,每天在丝绢上绘印"美女牌"冰淇淋广告,也曾多次求职无着,最终经梁得所推荐,入了《良友》画报社,时值二十一岁。在此锻炼四年后,即1933年始,接任梁得所主编职务,达六年之久。终因《良友》的三位一体——伍联德、余汉生、陈炳洪发生阋墙之争,而提出辞呈。马国亮是一个作家,30年代结集出版了散文《给女人们》,抗战时写过长篇小说,做过记者,曾写电影剧本。他还是一位画家,《良友》画报上刊登了他的多部漫画。马国亮交流广泛,鲁迅曾请他吃过饭,郁达夫曾写诗词送他,老舍、巴金、叶灵凤、林风眠、叶浅予、黄苗子、丁聪与他结为至交。"文化大革命"后,马国亮申请赴香港定居,晚年定居美国养老,直至去世。①

---

① 参看马国亮:《良友忆旧——一家画报与一个时代》,北京:三联书店2002年版。

《良友》画报第五任主编是张沅恒。张沅恒,良友印刷公司编辑部主任,赵家璧在光华大学的同学,对摄影很有造诣,曾是"良友全国摄影旅行团"中得力的助手,也编辑过《中华景象》。

表 1:《良友》画报历届主编主持刊期、年限一览表

姓名	籍贯	文化特长	刊期	年限
伍联德	广东新宁	美术	1—4	1926 年 2 月—1926 年 5 月
周瘦鹃	江苏吴县	文学	5—12	1926 年 6 月—1927 年 2 月
梁得所	广东连县	摄影、美术	13—78	1927 年 3 月—1933 年 7 月
马国亮	广东顺德	文学、美术	79—138	1933 年 8 月—1938 年 6 月
张沅恒		摄影	139—172	1939 年 2 月—1945 年 10 月

从各任主编的经历中,似乎可以发现一个共有的要素,那就是:广东人。有人谈道:"在中国民族上看来,最富创造性与创作性的,似乎是广东的民族。广州民族最鲜明的特点,就是不受压迫而要自己的生命力的突进,富于创造性与创作性就是基于这一根源。至于文化,广州与上海,又显然是不同样的,就以《良友》为立脚点罢。《良友》的创办者是广东人,而模仿《良友》的刊物如《珠江》与《东风》又是在广州的出版界。上海滩说是中国文化的中心,可是只有广东人在上海滩上把《良友》创刊之后,却没有类似的出现。这便是广东与上海的文化的不同的显示了。"①广东、上海两个地域文化的比较词汇里,透露出对广东族群富于创造性和创作性的赞美,正是这个具有创造精神的族群,以《良友》画报为创业的基点,面向全国以及海外华侨自豪地辐射自信、自立、善于开创的广东文化特质。在创造巨大商业利润的同时,也实现了自己的文化理想,找到了生存的另一种意义所在。《良友》画报成为这帮"广东人"精神意义的生产场域,营造了立足于十里洋场的物质储备和文化空间,使他们以上海固定居留者的身份,融入大上海

---

① 木叟:《介绍良友杂志第二十五期》,载《申报》1928 年 5 月 14 日。

的创业者行列,开辟新的都市文化领域。

创办者伍联德就是一位颇具国际性文化视野的有志青年。赵家璧在回忆与伍联德的相处时,谈道:"特别使我钦佩的,是绝无旧社会中那种狭隘的地域观念。由于他的这种领导作风,全公司虽然半数是广东人(高级职员层居多),半数是上海人(江浙一带人),但互相尊重,互相敬爱,团结一致,为这个共同实业能努力工作。"①

上海"海纳百川,有容乃大"的开放环境,致使各种艺术流派和艺术样式汹涌而至,他们受全国一流出版机构和报刊杂志的吸引,汇聚成公共兼具个性的文人舆论圈。

《良友》画报是中国画报史上历时最长、影响最大、雅俗共赏的综合性报纸。它1926年2月15日创刊于上海,至1941年末,因太平洋战争爆发停刊。抗日战争胜利后,于1945年10月曾续出一期,共出版172期和两个特刊。它跨越了自"五四"新文学时期以来所有文化变革时期,聚集了每个时期的文人群体。他们是置身于都市语境、体现都市市民文化精神并以《良友》画报为平台参与报刊编辑、经营管理、影响画报走势的文化精英。具体来说,他们是画报编者、图像创作群体、文学作者以及以出版丛书著称的良友图书公司的编辑等多方力量的聚合。这不是一个身份确定分明的固有人员的群体,而是散落在各种职业、部门、文化和其他共同体的复杂结合之中,甚至在文化品位和意识形态上均体现出异彩纷呈的精神气质。从20年代末起,各路文豪,大量的知识分子不约而同地向上海集结,上海成为一处吸引各路文人的栖身之所。1926年前后,由于政府重心南移,北方就业难度加大,人们的生活陷入困境,于是大批北京文人纷纷南迁。1927年国共分裂前后,国内外的大批文化人,包括服务于政治斗争第一线的文化工作者以及留学日本、苏联、美国的归国学生络绎不绝地寓居沪上。

---

① 赵家璧:《追述"良友"创办人伍联德先生》,见赵家璧:《回顾与展望》,太原:山西人民出版社1986年版,第7页。

还有,从东北沦陷区及四川、湖南等地来到沪上的也不少。因此,上海文坛文人荟萃。他们来沪后,无论是个人生存还是文化价值观,都遭遇了西方资本主义文明和高商业化程度的冲击,在十里洋场上迅速找寻自己的社会定位,不断调整价值标准,以适应"商业化"文化环境的改变。就二十年的发展历程而言,《良友》画报的编辑者群体往往随着都市文化形态的历史变迁而发生变化,大致由鸳鸯蝴蝶派文人、新感觉派文人、一部分左翼文人、自由主义作家以及摄影、绘画的艺术创作者所构成。

鸳鸯蝴蝶派文人是以写作"甜甜密密的小说、浓浓郁郁的谈话、奇奇怪怪的笔记、活活泼泼的游戏作品"①为生的创作群体,超然于政治的宏大叙事结构,写下一些游戏的、趣味的、消遣的无聊文字,把着眼点由"社会"转向"个体",述及情感恋爱、日常生活的边缘话题。鸳鸯蝴蝶派文人虽然被都市文化的世俗观念所"同化",但"作为独立的个体,旧文化传统的根基仍然很深,明清名士的血脉隐形潜藏于他们的精神品貌与行为习惯中,内化为生命意识"②。他们的言情,长久地在"传统道德"圈子里打转,并不时地表现"旧式名士派头"的儒雅和"隐于世"的文化遗老的保守心理;他们物质都市的观念,也只是借助新鲜和秘闻的外壳,表面地摄录都市的众生相,缺乏独特的解析眼光和深度的生命体验,从本质上拘守于传统文人的道德范式和个人的情感世界,不随市民的消费文化环境和欣赏习惯以及阅读需要的改变而改变,他们未曾考虑小说的读者和刊物的受众,以及由此而来的刊物生存与发展,表现出落后和腐朽。鸳鸯蝴蝶派文人的作品在伍联德、周瘦鹃主编的《良友》画报上大量刊载,原来"礼拜六派"的文人程小青、刘恨我、范烟桥等人的文稿,如卢梦殊《鬼火烹鸾记》、江红蕉《留云榭

---

① 《玫瑰之路》《游戏世界》广告),见《星期》第28号广告栏,1922年9月。
② 李楠:《晚清、民国时期上海小报研究——一种综合的文化、文学考察》,北京:人民文学出版社2005年版,第71页。

杂谈》、程小青《电影话》、王天恨《捉刀记》、范菊高《情侣絮语》、张毅汉《红色的豆腐》、郑逸梅《张謇公轶事》、刘恨我的社会长篇《春梦余痕》等,也陆续在《良友》画报上发表,大多不为读者所欢迎。例如第八期刊登了一篇名为《颤动的心弦》的小说,立刻有读者来信,指出这是一篇淫秽小说。另外有些文稿内容夹有下流粗话,读者来信引用王安石《读孟尝君传》话"鸡鸣狗盗之出其门,此士之所以不至也",说明在此情况下,"谁肯把有价值的作品拿出来?"这个时期的图片也体现了向"传统道德"旧式气息的靠拢,如刊登"紫罗兰女士之舞姿""六三花园之鹤"等题材的照片。无论是占相当比例的文字,还是画报主导因素的图片,都造就了此时《良友》画报鸳鸯蝴蝶派文化特质,以地道的鸳鸯蝴蝶派的刊物身份,表达这个文人群体本身的特殊印记与精神内涵。

在这个鸳蝴文人圈中,曾接受现代性新式教育的伍联德是一个特殊的个案。或因感同身受20年代风云于上海的实业救国、科技救国的社会思潮,伍联德试图依托"良友印刷所",以商业的形式,传承"出版救国""文化救国"的理念,因此,商业利润是他思考的首要基点。然而,由于缺乏大型综合性画报摹本的指引,有的只是流行于世的单张画报或小报式画报的编辑模式,而这些画报又大多受制于鸳鸯蝴蝶派文人群体的操控,流淌着鸳鸯蝴蝶派编者、作者的精神血脉,经受这些因素的熏陶,伍联德身上也就沾染了鸳蝴文人的传统习气与风度,在他主编的《良友》画报第1—4期上,长篇连载卢梦殊的《鬼火烹鸾记》和刘恨我的社会长篇《春梦余痕》,表征了伍联德与鸳鸯蝴蝶派未能隔断的文化情愫。当然,作为从外地而来闯荡十里洋场的文化青年,个体的情感普遍存在程度不等的内在冲突,外国租界上和繁华工业市场中陌生的文化身份,使他们既成不了新社会的主流,也不是西方资本主义文明的生力军,而是被科恩称为"条约口岸知识分子",即鲁迅所谓的"洋场才子"群体中的一员,他们在上海的外来身份和弱小的经济势力,"起初看起来与中国时势的主流极少有关"①。他们遵循"谋生—理想"的价值取向,屈尊新式教育的文化性格,按照同人商业报纸等文化产品的特殊性,选择流行的都市文化,迎合游戏的、消遣的、趣味的市民心理,于是,《良友》画报便以鸳鸯蝴蝶派刊物的初始面貌,生长在上海20世纪20年代的出版园地里。它凭借都市文化和大众文化的外壳,在某种程度上进行这个群体的自我表达。早期《良友》画报文本与第13期起《良友》画报文本比较,所透射出的文化差异和刊物品位,与其主编及其文人圈的文化生存有着密切的关系。

然而,鸳蝴文人游戏、消遣、趣味的文化性格,也曾以通俗的内容和形式,以及小报的传播途径,占领市民读者市场,建构了大众文化的运行机制,推进了都市文化的大众化衍变。这种在文学史和文化史上的贡献,是不可抹杀的。《良友》画报休闲和娱乐的刊物性质,在很大程度上得力于鸳鸯蝴蝶派文人的通俗基调。

"《良友》画报是标准的海派刊物,能从中听到市声,窥到市影。"②当然,这只是指周瘦鹃主编之后的情形。《良友》画报从第13期起梁得所任主编,一洗鸳鸯蝴蝶派的旧式气息,陡然从一个老朽的鸳鸯蝴蝶派画报转变为现代性海派画报,"使得中国的画报告别了受鸳蝴作风控制的阶段,大踏步取得了从内容到技术的全面的'现代质'"③,并汇聚了一批海派文人,包括海派文学、海派绘画、海派摄影、海派戏曲和电影等诸多领域的创作群体。他们在"雅俗共赏""艺术与娱乐"的价值观念里,试图建构"官方与民间、政治与文化……高雅与流行"④之间的综合话题,不仅在政治—社会层面,而且在文化—生活层面,传播都市文化的全息图景。

---

① 科恩:《传统与现代》,第16页。转引自叶晓青:《19世纪下半叶的上海平民文化》,见《上海研究论丛》第九辑,上海:上海社会科学院出版社1993年版,第190页。
② 吴福辉:《都市漩流中的海派小说》,长沙:湖南教育出版社1995年版,第137页。
③ 同上书,第126页。
④ 马国亮:《良友忆旧——一家画报与一个时代》,北京:生活·读书·新知三联书店2002年版,"序"第2页。

梁得所是个新型的海派"少年",任《良友》画报主编八年期间,大量增加世界美术摄影,增加时事信息和现代科技知识,完全排斥鸳鸯蝴蝶文学,代之以海派文学和新文学,并在刊物上大量介绍它们的作家和作品。首先急于登场的是海派作家作品,如穆时英的《黑牡丹》(74期)、施蛰存的《春阳》(76期)、叶灵凤的《朱古律的回忆》(85期)、黑婴的《当春天来到的时候》(87期)、郭建英的《不知道忧郁的女人》、斐然的《被抛弃的男子》等。新文学的作家作品也是《良友》画报现代性要素的重要组成部分。如第25期介绍刚从广州来上海的鲁迅,为使重点突出,同一期的版面上同时刊登鲁迅的自传、司徒乔为他做的画像以及梁得所的摄影(梁得所拍的照片便是现在置于鲁迅全集《三闲集》前的那一张)和随笔《关于鲁迅先生》,详述访问经过,[1]从此奠定了鲁迅与《良友》画报密切交往并给予良友印刷公司和《良友》画报具体指导的基础,也为新文学作家踏足《良友》画报园地开了一扇方便之门。进入《良友》画报的新文学作家,先后还有赵家璧、郑伯奇、赵景深、茅盾、郁达夫、丁玲、老舍、巴金、张天翼、田汉、王统照、适夷、穆木天、胡适、徐悲鸿、丰子恺、马思聪、叶浅予、林语堂等人,既有激进的左翼作家,又有随意的自由主义作家,还有才情横溢的艺术家等。郑伯奇来《良友》后,教育当时的两个青年编辑——马国亮和赵家璧,要以进步的编辑理念与时代同步,自己也常在画报上以"虚舟"笔名写时评。画报在马国亮主编时期,文艺作品的作者,开始出现了茅盾、丁玲、巴金、老舍、适夷、郁达夫、张天翼、施蛰存、郑振铎、丰子恺等名家名作。30年代著名小说家几乎都上了《良友》画报,与20年代仅见到礼拜六派文人作品对比,良友的编辑方针,随着时代的步伐,已向前跨进了一大步。[2] "如果说《良友》向上个世纪三十年代各种倾向的有名

---

[1] 《良友》画报1928年4月第25期。
[2] 赵家璧:《〈良友画报〉二十年的坎坷历程》,中国社会科学院新闻研究所编:《新闻研究资料》总第37辑,北京:中国社会科学出版社1987年版,第67页。

无名的中国作家提供了一个发表己见、交流切磋的平台,开辟了上个世纪三十年代上海都市文学和文化的一个'公共空间',应该是符合历史事实的。"①《良友》画报追求"顾全多方面读者的趣味"的发刊旨趣,以"雅俗共赏"和"文化综合"的报刊模式,让多种流派的艺术在同一片园地里各自发声,在广阔的公共舆论空间里促进都市文化的全方位进程,展示了全面的、立体的上海都市。

就摄影在《良友》画报平台上的演绎来看,涌现出来的又是一群才气横溢的艺术创作群体。摄影图片作品以及摄影理论研究的两类主题贯注《良友》画报始终。探询其创作群体的文化性格和艺术气质,自然以这两者为线索。在摄影理论研究方面,《良友》画报开辟"摄影研究"专栏,特约有经验的专家撰述切实的文字,帮助受众进行研究思考。如第15期邀请中国摄影学会主干林泽苍,论述人像摄影之要诀:"光线之配合"与"姿势之排布";第16期林泽苍叙述了"运动摄影之一得";第18、19期相继探讨了"新闻摄影"的技巧;第20、23期分别介绍了"夜间摄影""摄雪景的经验"等。后来,还有一些摄影师进一步研究"化身摄影术"(26期)、"赤外线摄影"(129期)、"特殊照相之摄印法"(160期)。为纪念达盖尔发明摄影术100周年,《良友》画报第150期出版"摄影术发明百年纪念特辑"。郎静山的《摄影漫谈》,摄影家王劳生、郎静山、陈传霖、黄仲长、刘旭沧、邵卧云、胡君磊、陈民彝、刘体志、聂光地等人撰写的《吾怎样开始学习摄影》均在画报上刊登。林泽苍不仅长于摄影的理性思辨,而且有许多摄影作品登上了《良友》画报的版面,署名为"中国摄影学会新闻部""林泽苍摄"。据林泽苍、高维祥合著的《增广摄影良友》介绍:"中国摄影学会因鉴新闻照片之重要,预料将为各报竞争之焦点,且能摄有新闻价值之照片者又寥寥无几,故特增设摄影部,广聘国内外摄影记者,专采新闻照片,供给本

---

① 陈子善选编:《朱古律的回忆——文学〈良友〉》,杭州:浙江文艺出版社2004年版,"编者的话"。

埠外埠及国外各种报纸及杂志之用。亦可以补救于万一也。为国内唯一有组织之'供给照片机关'。"①我国以拍摄新闻照片为职业的摄影记者,到20年代才出现。在此之前,报刊的新闻照片由各照相馆提供,它们之间形成相互利用的关系。据记载,"华文各报之新闻照片,均仰给于各照相馆,往往不另付值。盖各报馆于登出时,照片之旁注明:'某某照相馆摄'。在照相馆方面,则为广告作用,而报馆则得免费之资料,是固互相利用耳。""但由报馆特约摄影者,则有酬资。照相馆之外尚有好摄影而非专门者,时以新闻照片,分送于各报馆,惟所得之酬金甚薄。约自五角至一二元耳,若在外国则非四五美金以外,未可得也。"②戈公振也认为直到1926年我国报馆还没有从事新闻摄影的专门人才,所以多与照相馆合作。1928年《时报》聘请郎静山、蔡仁抱为摄影记者,这是中国有摄影记者之始。

《良友》画报的摄影创作群体有三个来源:一是美术摄影记者,他们由美术摄影专家和美术摄影爱好者组成,并最终组成艺术摄影团体。如林泽苍的中国摄影学会,由郎静山、黄仲长、胡君磊等组成的上海摄影学会,由郎静山、黄仲长、徐祖荫组成的三友影会(后来,刘旭沧加入,但不久又退出),由陈万里、郎静山、胡伯翔、黄伯惠等组成的中华摄影学社(简称华社),以及复旦摄影学会,这些团体及其许多成员的作品都曾在《良友》画报版面上出现。图片光与影的搭配、色彩浓淡的和谐以及画面语言的深度表达,使摄影渐成一门无声的艺术,开拓了中国摄影艺术发展史的特殊印记。20世纪二三十年代的摄影名家郎静山,就是这一历史时期的典型代表。他生于1892年,从小受喜欢摄影的父亲的熏陶,12岁时,便向上海南洋中学国画老师李靖兰学习摄影原理、冲洗和晒印技艺。19岁时进入新闻界,在《申报》从事广告工作,并业余摄影。后来,做《时报》的摄影记者,成为中国最早的新闻

---

① 林泽苍、高维祥:《增广摄影良友》,中国摄影学会发行,1928年版,第220页。
② 同上书,第219页。

摄影记者之一。他的作品大多入选国际摄影沙龙。1937年获美国摄影学会仲会员头衔(APSA),1940年和1942年先后获英国皇家摄影学会初级会士(ARPS)和高级会士(FRPS)头衔,1968年获美国摄影学会高级会士(FPSA)头衔,1971年获法国宝多国际展荣誉会员,被誉为世界十大摄影名家之首。① 郎静山的许多作品均在《良友》画报上发表。光社社员陈万里也是《良友》画报的重要人物。1926年8月19日至20日,其个人摄影展在上海慕尔堂开幕,这是见诸于文字记载的中国最早举办的个人摄影作品展览。② 有报道称,影展是由上海美术专科学校"天马会"筹组的,是个古文物摄影专题展览,展品内容涉及山西天龙山的齐石窟、大同云岗石窟艺术、甘肃敦煌石窟等③,一部分作品刊登在《良友》画报1927年10月第20期上,同时刊登的有郎静山、丁悚、蔡仁抱、彭望轼、黄梅生、张珍候、丁惠康等人的作品。1929年12月6日至9日华社第三届摄影作品展览,《良友》画报刊登部分作品,以扩大影响。1931年2月第55期特辟"华社摄影展览出品选刊",刊登了胡伯翔、朱寿仁、郭锡麒等成员的作品。然而,二三十年代的摄影艺术团体,其成员主要是中上层知识分子,他们主要活动在大中城市及其周围地区或风景名胜之地,大都出于为艺术而艺术或为兴趣而摄影,作品缺乏广阔的社会题材、深刻的时代内涵和明确的指导思想,不免囿于小资产阶级与市民阶层的消遣情趣。就文化传播而言,艺术摄影迎合并建构了都市市民的审美眼光和欣赏品位,以高雅的艺术样式满足了市民的娱乐与休闲,在艺术的生产空间里,都市市民对这些摄影作品进行符号解读和意义消费,并将对艺术作品的美的感受外化为自己的情感体验。因此,艺术摄影在一定程度上推进了都市文化的演变与发展。

---

① 马运增等编著:《中国摄影史(1840—1937)》,北京:中国摄影出版社1987年版,第180—181页。
② 同上。
③ 邵卧云:《美术摄影略谈》,见《中华摄影杂志》1932年第3期。

二是特约新闻摄影记者或业余新闻摄影师。《良友》画报在接受照相馆供给照片时,采取特约新闻摄影记者制和吸引业余新闻摄影师投稿的机制,从而扩大了稿源,也形成了自己庞大的新闻摄影队伍。黄英是给予《良友》画报最早和最多支持的摄影记者,其中《北伐画史》和报道安葬孙中山《奉安大典》画册的不少照片都是他提供的。1932年,蔡俊三受聘于《良友》画报,成为画报的专栏作者。战地摄影记者俞创硕曾为画报拍摄大量抗战前线的照片,1937年"七七"事变后,他以《良友》画报战地摄影记者的身份,奔赴华北前线,采访孙连仲将军,拍摄了战士严阵以待抗击日寇的多幅新闻照片。平型关大捷之后,他采访了抗战前线的八路军总司令朱德、副参谋长左权以及邓小平、黄克诚等人,并与129师师长刘伯承、115师师长林彪、副师长聂荣臻和团长杨勇一一合影,照片发回后,《良友》画报(134期)创办了"八路军特辑",并一改美女作封面的惯例,以朱德总司令作封面。俞创硕成为平型关大捷以后用照片记录和报道八路军的第一位记者。1936年10月18日著名摄影家沙飞拍摄了鲁迅遗容和上海各界为鲁迅送葬的场面,并发表在《良友》画报上,引起社会的广泛关注。摄影记者王小亭、张沅恒、过志杰、席与群和卓世杰拍摄了大量照片,向孤岛、沦陷区人民以及海外华侨介绍大后方政治、军事、经济和生活等各方面情况。

三是新闻通讯社的供稿。《良友》画报创刊初期,就采用万国新闻通讯社的时事照片。画报第3期写道:"本报图画照片材料,多蒙万国新闻通讯社供给,此后关于万国时事照片全由该社负责采集。除在《大陆报》登刊外,只在本报发表。本报同人固然感激莫名。"摄影记者黄海升、雷荣基、范济时常常为《良友》画报工作,记者王小亭所拍摄的山东济南惨案日寇屠杀中国同胞的尸体照片,共十余幅,刊登在《良友》画报上,作为历史的见证,留下了珍贵的真实史料。1937年8月28日下午,王小亭又在敌机对上海火车南站的轰炸中,拍下了一幅小孩坐在路轨上嚎哭,以被炸车站为背景的名作,刊登在《良友》画报所创办的《良友战事画刊》第4期封面上。1923年,中国探险家王小亭与志友数人,做了一次24天的中国西北方考察。由上海起行,经北京、蒙古、新疆、西藏等地考察,沿途拍摄的部分照片后以"王君探险记"为题,发表在《良友》画报第4期。王小亭"渡漠越岭,饱受风霜"和亲临现场的敬业精神,"用镜头忠实地摄映出活动的景象,或用镜头暴露苦难民众……的剪影,使读者知道奋发,知道替沉睡的被压迫同胞表示同情"①。出色的摄影业绩,使他在20年代就享有盛名。其发起的"良友全国摄影旅行团"时逾半载,随从摄影师张沅恒为《良友》画报提供了关于政治、经济、教育、文化、风俗、艺术的许多照片。

《良友》画报的摄影群体是一个庞大的艺术创作队伍,他们由无法分门别类的个体组成,二十年间时代变迁所造就的文化性格和精神特征的演变,便利对他们进行整体分析和逻辑归纳显得十分困难。然而,他们在某些方面体现出共有倾诉:摄影渐渐脱离城市及其郊区的地域界限,走向广阔的社会人生;也摆脱了名山大川的题材局限,把镜头对准变动不居的政治、军事、经济以及各阶层民众的日常生活,及时、真实地记录本真的历史变迁。他们将视摄影为纯艺术和娱乐玩艺的唯美主义思想转变为摄影是人民发言人和社会变迁见证者的艺术潮流,因而,他们改变了图像的符号信息,创造了现时的、贴近的、真实的意义文本,采用民众喜闻乐见的叙述模式,被广大民众所接受。《良友》画报因此促进了都市文化的流行趋势,为上海都市市民营造了相对广阔的"公共空间"。

《良友》画报创作群体由"隐于市"的文化遗老转化为"露于世"的文化主流,这是社会时代的历史折射,也是自身顺应时代而做出的精神改变。

书画创作者也是组成《良友》画报的一个重要成分。《良友》书画

---

① 赵定明:《摄影记者是一种有趣的职业》,见1936年1月《大上海人》第5、6期合刊。

创作群体由中国画与西洋画画家、漫画画家、给画报题字的要人三部分组成。第一部分画家包括以吴昌硕为主的新海派、以吴湖帆为主兼具文人画与院体画的流派和以中国画为主但在某些方面受外来影响的新传统派画家,后者以广东籍作为主要的选择标准,形成以"岭南三画家"、徐悲鸿、刘海粟、张大千、陈抱一、司徒乔、黄国裕、梁鼎铭、胡伯翔、陈宏君为中心的画报部落,"岭南三画家"尤为活跃,成为《良友》画报座上的常客。1926年4月第3期介绍高奇峰及其名作《孔雀》《秋江白马》《草泽雄风》等。1927年8月第18期对高奇峰作了详细介绍,第19期刊登高剑父的《雷峰夕照》,此乃国民政府以一千元购得并陈列于中山纪念堂的"国宝";第20期刊登陈树人《羊石春光》《燕燕归来》《残阳古塔》《春郊》《秋江冷艳》,并附有其小史记载。1928年4月第25期刊登高剑父的《饿虎》、高奇峰的《晓风残月》、陈树人的《日落之后》,并加以文字说明云:"藉以领略作者之个性:盖剑父书画皆纵横洒落,不拘于一格;奇峰秀逸遒劲,兼而有之;树人运笔写形,蔼然有诗画之气。三家个性固有不同之点,而其于艺术上之毅力与精神则一也。"第42期又以《高剑父之诗画字》为题,进行介绍。发表在《良友》画报第26期的司徒乔的作品《吻》《残烛》曾得到徐悲鸿先生的高度评价,"司徒先生感觉色调为中国当代最敏之人,又有灵动之笔,供以纵横驰骋,益以坚卓(特别对于人体)。倘再用功,便可追从意人 Erore Tito"①。"一个不可多得的革命的艺术家"②——梁鼎铭及其作品《窜三苗于三危》《威崖》也在该期刊登。同时,《良友》画报从第84期至第100期,创设"现代中国国画选"和"现代中国西洋画选"栏目,介绍了吴湖帆、黄宾虹、张大千、郑曼青、王一亭、卢子枢、齐白石、余绍宋、狄平子、冯超然、汤定之、溥心畬等现代中国国画家群体,也介绍了庞薰琹、陈抱一、汪亚尘、林风眠、吴大羽、倪贻德、张弦、潘玉良、

---

① 《良友》画报1928年5月第26期。
② 同上。

关良、王道源、黄潮宽、许幸之等现代中国西洋画画家群体。对于南京艺术界同人发起组织的"首都第一届美术展览会"和上海新华艺术大学、上海美专成绩展览,《良友》画报都热情高昂地加以展示,体现了它对艺术矢志不渝的热爱和传承。

得益于主编的媒介技巧,《良友》画报策划了一个独特的编辑样式,从第13期起,几乎在每期上都有社会名流的题字,有卢梦殊、高长虹、张若谷、田汉、胡适、陈树人、李津广、邵洵美等文学家、艺术家的题字;有《贡献》旬刊编辑孙伏园题"鸟鸣嘤嘤,求其友声"(23期)、商务印书馆出版家王云五、《道路》月刊编辑陆丹生等报人的题字;更多的是社会政治要人的题字,如胡汉民、谭延闿、于右任、吴铁城、戴季陶、潘公展、宋子文、张学良、孔祥熙、吴稚晖、何应钦、汪精卫、林森、蒋中正、李宗仁、宋庆龄、孙科、甘乃光、张群、蔡元培、唐绍仪、杨杏佛等;还有第九军军长郭寄峤、陆军第九十四师师长朱怀冰、第一百五十六师师长王德全、蔡廷锴等部队将领等。这些题字既装点了《良友》画报的文化品位,利用"名人效应"为自己打着无声的广告,也建立了与各领域、各层次社会关系的交往。这一箭双雕的传播技巧,营造了《良友》画报"品牌"与"精品"的象征性意义。不过,从这些题字中也可以发现,国民政府军政各界人士在《良友》画报上的大量占位,显示出其刊物理念的某种政治倾向。

漫画是一种夸张的艺术,以幽默诙谐的笔调,滑稽搞笑的画面,讽喻社会的丑陋现实,以唤醒民众的意识。由于平民化的表达方式,以及轻松中寓含启示,漫画常常被画报所宠爱,也容易受到大众的欢迎。如郑振铎在谈编选《子恺漫画》的心情时说:"手里夹着一大捆的子恺的漫画,心里感到一种新鲜的如占领了一块心地般的愉悦。"《良友》画报充分利用漫画的大众化功能,汇聚了一大批漫画家,发表了一系列名人的漫画之作,如开心的《一对好夫妻》和《可厌的印象》、万古蟾的《张冠李戴》、丰子恺的《今日与明朝》、鲁少飞的《女书记》、马国亮

第三章 学缘与地缘：画报传播群体的精神文化诉求

的《情歌三种》《帽子两种》《三时代》、马籁鸣的《陆小姐》、良友印刷有限公司同人马籁鸣、汪汉雯、郭建英、马国亮合作的《好了歌，画意》、叶浅予的《王先生》和《小陈》、黄驹的《孤岛众生相》等，演示了其在上海都市文化语境里对市民意识的现代性建构。

图 3 《良友》漫画《一对好夫妻》

探寻《良友》画报二十年间主编及其艺术创作群体的演变轨迹,以及考察他们通过《良友》画报所折射出的文化矛盾心理,从其所依存的20世纪20年代至40年代大背景来看,就会发现这种矛盾心理体现出他们的文化性格和精神特征在一定社会文化环境中某些质的规定性。

首先表现为新旧转换的文化观念。《良友》画报前期主编及其文学、艺术创作部落,如早期伍联德、余汉生、周瘦鹃、卢梦殊、刘恨我等,他们都是鸳鸯蝴蝶派或受其影响的文化人士,大多是远离社会主流的边缘人群。《良友》画报面世的1926年前后,经过"五四"新文化运动的文化传播和对西方文明的民族改造,上海都市文化已经进入比较成熟的阶段,鸳鸯蝴蝶派文艺思潮与海派新文学思潮共同流淌在上海都市的文化空间里,前者更以鼎盛之势,暂时雄霸一方,压抑着海派新观念的滋生与发展。同时,这两个流派共存的历史年代,中国的政治局势显示着国共两党合作,进行了举世闻名的北伐革命战争,将反对帝国主义和封建军阀的斗争推向了一个新高潮。这又大大激发了文艺界的革命精神和现实主义的艺术追求。然而,中国两大政党合作与分裂关系的多变,以及由此而来的中国局势的混乱和社会的凋敝,又一次次冲击着这批文化人的心理反应。边缘人的文化身份以及忧时伤世的文化情怀,在这一代文人身上烙下了深厚的文化矛盾,于是,他们试图在娱乐、情感的天平上均衡这种矛盾心态,既固守传统,又崇尚新潮,在传统和新潮中实现文化观念的新旧转换。

鸳鸯蝴蝶派文人文化选择的保守性,决定了他们不可能与明清遗老彻底决裂,鸳鸯蝴蝶派小说"才子佳人"式的内容选择和反欧化、半文言的书写手段仍然脱不了旧小说的滑行轨道,"传统"是他们心中根深蒂固的文化语词,以此迎合如鲁迅母亲类的老式读者的文化阅读习惯。然而,"报人的身份决定了他们'趋新'的天然禀赋,面对汹涌澎湃的现代潮流,必须做出反应,不可能视而不见。否则,他们将失去读者,失去安身立命的依托。"①1927—1937年,上海早已以国际化大都市的形象显示它的独特魅力,"表明了人口、生产工具、资本、享乐和需求的集中"②的都市蕴育了与之相适应的都市文化,包括从单一的公职到自由职业的文化人身份的改变、对摩登现代生活的追求和消费已作为符号和意义功能的现代性精神特征等。1927年中国新文学由北平转到上海,新文学的现代气息吹散了老旧的观念,因此,这也成为上海都市文化第二个"黄金时代"的开始,富有现代特质的海派文化渐渐发展成为上海都市文化的主流。对于伍联德、余汉生等文化实业家而言,效益和利润是首要的追求目标,也是文化理想实现的物质保障,与老朽思想决裂,放弃牢固坚守的"旧道德"标尺,迎合市民文化消费观念的变化,反映新兴于上海的资产阶级意识形态,就显得尤为迫切。因此,伍联德、余汉生等人立志将鸳鸯蝴蝶派的《良友》画报陡然转变为现代海派的《良友》画报,不久找到梁得所,以及后继者马国亮、张沅恒,最终实现了《良友》画报主编及其艺术创作群体新旧文化观念的转换,这也是《良友》画报文化身份的蜕变。

其次是艺术与商业、高雅与低俗的审美悖论。民国《良友》画报文人及其文学、艺术创作群体在审美趣味的建立上,曾遭遇资本主义工业高度繁荣的影响,由此带来商业对艺术另一层面的挑战。20世纪二三十年代,租界的特殊便利、远离政治中心的发展真空,无论是经济的发达还是文化的昌盛,上海都市都以理所当然的姿态迎接了它们的降临,商业中心与文化中心的同置,西方资本主义文明与江南吴越文化以及全国地域文化的多元并存,构建了商业化的消费文化环境和文化生产者复杂的审美趋向,交织着矛盾的多元,其中最为明显的是由艺术与商业的相互关系而带来的高雅与低俗的审美悖论。

---

① 李楠:《晚清、民国时期上海小报研究——一种综合的文化、文学考察》,北京:人民文学出版社2005年版,第82页。
② 马克思、恩格斯:《德意志意识形态》,参见《马克思恩格斯全集》第3卷,北京:人民出版社1960年版,第57页。

左图右史与画中有话：中国近现代画报研究(1874—1949)

20世纪二三十年代的上海,是一个文化与商业的上海,文化的商业化与商业的艺术化成为上海都市文化的主要特征。除了经济的、地域的物质要素以外,文化生产者和消费者就是导致这种现象的首要因素。文学家沈从文曾对此深恶痛绝,说道:"从民国十六年,中国新文学由北平转到上海以后,一个不可避免的变迁,是在出版业中,为新出版物起了一种商业的竞卖。"①归纳起来,造成这种竞卖的原因,一是文化消费市场出现了一批新型消费者——懂洋文的新型读者、大学生群(尤其是其中的富家子弟),他们摒弃了老派的消费理念和消费习惯,以求新求异的习性催生摩登与时尚的生活品位;二是随之而来的制造消费者产品的文化生产者,要使产品能被尽可能多的消费者所接受,他们必须制造适合消费者口味的产品,对于《良友》画报"传者—报刊—读者"三位一体的文化产销模式,沈从文也曾抨击说:"承继《礼拜六》,能致礼拜六派死命的,使上海一部分学生把趣味掉到另一方向的,是如像良友一流的人物。这种人分类应当在新海派。他们说爱情,文学,电影以及其他,制造上海的口胃,是礼拜六派的革命者。帮助他们这运动的是基督教所属的学生,是上帝的子弟,是美国生活的摹仿者,作进攻礼拜六运动而仍然继续礼拜六趣味发展的有《良友》一类杂志。"②这里所说的"良友一流的人物"就是指伍联德、周瘦鹃、梁得所、马国亮以及围绕他们组成的文学、艺术创作人群。应该说,沈从文只是以一个文学家的纯审美眼光,批判获取"面包"者的行径,不过,其中所透射出的"良友一流人物"的商业气息,也正是《良友》画报主编及其文人圈艺术与商业间的矛盾心态。集编辑、老板、作家(包括文学、绘画、摄影等领域的创作者)多重文化身份的《良友》画报文人群落,艺术与商业的矛盾永远是他们难以解开的情结。艺术至上论和纯商业化的观点都不是报刊经营的合理依据。若过度的商业化,如小

---

① 《沈从文文集》第11卷,广州:花城出版社1984年版,第162—172页。
② 同上书,第143页。

报、商业报的经营模式,将降低报刊的文化品位,而被雅士冠以"低级""媚俗""煽情"的评价;若过度的艺术化,如机关报的严肃、教材书的理性,将拒绝绝大部分受众而减少报刊的经济收入,这对于几个同人集资办报的情形来说,无疑是断绝了财源,也就断了文化传播的希望。

如果说《良友》画报文人圈艺术与商业间的矛盾,属于报人经营层面的话题,那么,高雅与低俗的悖论将直接触入报刊的议程设定,诸如报刊内容选择、版面编辑、图片的色调、印刷装帧的技术等,一句话,就是报刊的文化品位和精神特征,这是报人文化追求的外化。《良友》画报编辑几乎都是新式教育下、有一技之长并具备现代性质素的海派青年。伍联德,不仅精通管理,而且擅长摄影和美术;梁得所,"懂美术,喜爱音乐,有一枝简洁的文笔"[1];马国亮,不仅是编辑家,还是舞文弄墨的作家;张沅恒从事编辑之前,就"对摄影很有造诣"[2];赵家璧在上海光华大学念英国文学系,是诗人徐志摩的得意门生,念书期间,就得到伍联德的赏识,被伍招募编辑《中国学生》,其高强的艺术鉴赏力,使自己编辑的《中国新文学大系》"堪称为中国文学史的一个里程碑"[3],成为文学系学生心中永远的良友。明耀五也曾是《中国学生》的编辑,是翻译和写作的高手,后立志从事教育。在《良友》画报园地里辛勤耕耘的文人部落,更是文学家、绘画名家、摄影艺术家、电影戏剧明星、政界要人等高雅之士,是一群懂得欣赏艺术、创造艺术的文化精英,《良友》画报因此而具备高雅的报刊理念和深厚的文化底蕴。从学理来说,这似乎是顺理成章且畅通无阻的经营路径,然而,社会现实的诸多要素将进一步证明,这一条路花环与荆棘并存。

自我欣赏的高雅艺术一旦被束于高阁,将是一种影响局部的小众文化,只有通过媒介载体,在民众中传播开来,并被受众所接受,它才

---

[1] 马国亮:《良友忆旧——一家画报与一个时代》,北京:生活·读书·新知三联书店2002年版,第23页。
[2] 同上书,第288页。
[3] 同上书,第46页。

会转化为大众的艺术,也就是大众文化。因此,当报刊的文化资产成为艺术传播和再造的主要依托时,当艺术传播和再造又能为自己带来巨额的文化资产时,《良友》画报主编及其他文人群体就遇到了艺术的高雅性保存和迎合市民的世俗化之间的痛苦选择,因为世俗化是以牺牲少许人的高贵为代价的。然而,这批人的现代性质素为他们准备了现代化物质环境下应有的思想和理念,他们屈尊于内心的高傲气质,遵循现实主义的文艺创作之路,试图走入十字街头,来到民间,以艺术反映大众,创造大众喜闻乐见的文艺样式,在大众媒介的平台上流行开来,创造一种雅俗共赏的大众文化媒介。《良友》画报同人如此巧妙的思想转换,贯通了高雅与世俗之间的屏障,也扩大了都市文化的舆论场所。

再次是对西方文明的开放心态。相对于除江浙吴越知识群体以外的其他地域群体,上海都市知识群体是最具开放心态的。移民的文化组织构成、多元的文化共生局面,致使上海文化母体以开放的心态迎接外来文化,其它地域文化也以开放的心态相互融合。然而,从历史的渊源来看,广东是一个历史悠久的开放省份,报人的开放性也是历史最悠久的。它是中国内陆最早接受外国人报纸的地区,在中国境内出版的第一份英文报纸《广州纪录报》,就是由担任广州英国商会主席的鸦片贩子孖地臣 1827 年在广州创办的①。它也是中国自己主办的最早的近代化报纸的地区,1872 年创刊的《羊城采新实录》②。鸦片战争的炮火,传教士对报刊书籍的传入与创办,以及孙中山的革命策划,均使广州的启蒙与开放走在全国各地的前列。长期培育的开放性格,作为历史沿承的文化积淀,影响着一代代广东民众的文化情怀,尤其是广东知识群体的文化心态。《良友》画报编辑及其文人群体大多是广东籍贯的成员,五个主编中,除周瘦鹃以外,其余四个是广东人。

---

① 方汉奇:《中国近代报刊史》,太原:山西教育出版社 1991 年版,第 14 页。
② 同上书,第 61 页。

他们走入开放的上海,如鱼得水,在《良友》画报的平台聚合各个阶层、各种流派、各个艺术门类,并随着现代物质文化的流动,以及历史社会的变局,表现出与上海都市文化的同向变动。

第三节 非"文化精英"的荟萃:《图画日报》的传播主体

如果说《良友》画报的编辑主体汇聚了各路文化精英,营造了摩登与时尚的娱乐文化气息,而更早期的《图画日报》的传播主体群像却是"非文化精英"的荟萃,他们不仅彰显了画报贴近时事和社会问题的媒介共性,推动了"读图时代"的进一步发展,而且在一定程度上改变了时人对画报的基本认识。因为在此之前无论是画报中被誉为"影响最大"的、创办于1884年的《点石斋画报》,还是与《图画日报》同时期出现、著名报人于右任创办的《民吁图画日报》,它们都只是报纸附属品,前者是随《申报》发行的画报旬刊,后者是随《民吁日报》赠阅。而《图画日报》从创刊伊始,便明确了独立发行的画报日刊性质,成为画报日刊的先驱者。这批拥有不同性格、气质、知识背景、价值理念的传播群体主要体现在如下几个方面。

一、擅长劝诫的著述者

《图画日报》的著述者,主要由环球社《图画日报》的著述部成员和一批小说撰稿人构成。与戊戌变法后大报拥有一批文化精英充当著述部的中流砥柱、引领社会思想变革不同,作为一份面向平民的画报,《图画日报》的著述团队大多只是"活跃在沪上文坛的快枪手",换言之,是一批以卖文为生的小报文人,他们大多身兼数职,且作品高产。其中,除了当时被称为上海滩的报界闻人孙玉声,以及蒋景缄[①]、

[①] 蒋景缄,晚清钱塘人,小说家,代表作《碧血巾》《博徒新史》《自由镜》等。

贡少芹①等鸳鸯蝴蝶派作家外,大多数以笔名撰述的作者都无法考据生平。该报著述者不以真名实姓示人的现象也与当时的媒介氛围紧密相关。因为与当今记者被冠以"无冕之王"称号不同,在中国新闻事业刚刚起步的晚清,早期投身报业者社会地位较低,左宗棠甚至作出"江浙无赖文人,以报馆为末路"的刻薄评价。而且,当时的新闻从业者、报馆主笔"亦不敢自鸣于世"②。因此,他们多在报上使用笔名刊登作品,并时常更换,导致后世难以考据其生平。在《图画日报》26位有落款的记者和撰稿人中,除《游戏科学》的作者钱绍芬③(香如)外,其余皆使用别名、笔名。统计如下:固定栏目中的《营业写真》竹枝词署名"顽"④;《上海社会之现象》署名"碧";《世界名人历史画》栏目署名"桐";《大陆之景物》的作者贡少芹落款为"璧";《世界新剧》中《新茶花》《嫖界现形记》《义节奇冤》署名"愿",《黑籍冤魂》《明末遗恨》《续新茶花》署名"珮",《刑律改良》署名"羞",《拿鱼豰》署名"憶",《赌徒造化》署名"荣";绘图小说中《续海上繁华梦》的作者孙玉声署名"警梦痴仙",《中国侦探罗师福》署名"南风亭长",《秭归声》的作者蒋景缄署名"景",以及其他小说署名有萧史、奇奇、梦、夏三郎等⑤。

面对这种单一的、多变的笔名形式,要想在栏目众多、文本风格迥

---

① 贡少芹(1879—1939),名璧,号天忏生,江都(今扬州)人,晚清、民国小说家,南社成员,与李涵秋、张丹斧齐名,并称"扬州三杰"。曾主《小说新报》《新汉报》笔政。代表作有与同时代小说家蒋景缄合作创作的小说《秭归声》《天界共和》等,另著有人物传记《李涵秋》,传奇小说《苏台柳》《亡国恨》《刀环梦》等。

② 姚公鹤:《上海闲话》,上海:上海古籍出版社1989年版,第168页。

③ 钱绍芬,字香如,晚清文人,著作有《香如丛刊》,曾任孙家振主编的《繁华杂志》《大世界报》主笔。

④ 顽,生平不详,《营业写真》中除第132号《卖红萝葡》一文署名为"解虚"外,竹枝词皆由其撰写。

⑤ 萧史,生平不详,撰写《现世纪之活剧亡国泪》,连载于《图画日报》第89—140号。奇奇,生平不详,撰写警世短篇小说《辟彀》《大王》,载《图画日报》第39、40号。香,生平不详,撰写短篇小说《碧玉狮》《恶姻缘》《东越谋生》等6篇,散见于《图画日报》第155—163号。梦,生平不详,撰写短篇小说《赵三娘》,见第157号。夏三郎,生平不详,撰写短篇小说《申母》《贼伯伯》,分别连载于第166—171号、195—198号。

异的《图画日报》中探寻叙事者的清晰面目是非常困难的。数十位著述者中绝大多数生平不详,因此《图画日报》著述者群体的面貌似乎模糊不清。然而,如果以晚清、上海、文人这独特的时间、地点和身份为大背景,却能宏观地勾勒出《图画日报》著述者"群像"的精神特征,为进一步解读《图画日报》的传播理念和叙事策略提供一个较为明确的注脚。

《图画日报》诞生于科举制度被废除、人才培养与使用制度重新洗牌的年代。延续千余年的中国科举制度与教育模式,造就了当时大多数文人的一元价值观——"学而优则仕",然而晚清科场舞弊、卖官鬻爵的乱象,带走了不少文人期望入仕的最后一根稻草,他们被时代挟裹着,重新思考谋生的出路问题。

就上海而言,自成为租界后,商业发展迅速,就业岗位增加,各业人才需求量增大,于是吸引了各行各业人才的大量集聚。人口的高度集中催生了大规模的社会需要,尤其是对外部世界信息的需要。更重要的是,租界的特殊管制,致使清政府报禁的专制统治显得鞭长莫及,报业创办和信息宣传的空间相对宽松。大规模的信息需求、信息宣传与舆论建构的相对自由,使晚清的上海成为中国近代报刊的重要基地。1899年前后,这里诞生了13种西文报纸、14种中文报纸和35种中文杂志。报纸的风起云涌,招徕了不少本已落地上海的文人如王韬、蔡尔康、韩邦庆等①,到上海以"卖文为生"成为许多落魄文人的不二选择。正如研究者指出的,晚清末年"随着专制统治的式微、社会机制的变更,文人活动的空间越来越广阔。当日益丰富的现实社会为其提供了更足谋生乃至发展的舞台,尤其当社会观念由崇尚'官本位'一元价值转而趋求'工、商、学'的多元价值时,文人们发现仕途之外,有着更加广阔的天地,可以自由驰骋"②。上海报界,成为落魄文人们转

---

① 程丽红:《清代报人研究》,北京:社会科学文献出版社2008年版,第149页。
② 同上书,第150页。

型为新式文人的重要舞台之一。

正如前文分析中所言受清廷捐纳为官和科举制度废除的影响,此时期的不少文人不得不远离官场,寻找新的出路,他们对清政府的腐朽有着切肤之痛。虽然限于体制与个人才能,他们未能成为社会文化精英,但特殊的人生经历,积淀了新式文人期望以笔代刀劝诫当政者的文化心理。《图画日报》所表达的直言揭露与适时劝诫便是这种文化心理的充分体现。如《世界新剧》栏目,除了"新舞台如何演,记者即如何述"①外,著述者往往见缝插针,屡发宏论,借剧情的发展将谴责的利剑直指社会时弊。在新剧《明末遗恨》的卷首语中,作者借"明之亡,亡于流寇。流寇之起,起于饥荒……因时世之变,遂起而揭竿……实一般尸位素餐之官吏致之"的历史典故,指斥"官吏之天良尽丧"导致"时艰""民变"。② 而《世界名人历史画》的著述者在介绍意大利三杰之一嘉富尔时,直言改革之前的意大利"其地最迩,其民贫弱,其政治腐败,其权利残缺","盖实今日中国之前影也",以嘉富尔当选议员后"日夕孜孜于国家之强弱,民间之疾苦"的事迹,劝诫"我中国咨议局"做名副其实的"公民之代表"。

除对时政予以"劝诫"外,《图画日报》对市民呈现出的虚荣、奢侈、虚伪等种种恶习也不失时机地进行嘲讽和劝诫。如第154号《营业写真》之《做灯笼》:

> 小本开爿灯笼店,糊成灯笼价钱贱。上海虽有自来火与电气灯,无灯之处夜行便。灯中点火灯外明,共说灯笼制法精。不过灯笼壳子空好看,内容无物惹批评。

由此看来,叙事者不仅仅是在客观地介绍一门流传或业已消失的行业与手艺,将之作为写真与史料留存,还善于举一反三,以行业或商

---

① 《续新茶花·结论》,见《图画日报》第341号,第6页。
② 《明末遗恨》,见《图画日报》第247号,第6页。参见上海古籍出版社1999年影印版,第5册,第558页。

品的某一特点来影射世态人心,期望发人深省。《做灯笼》一文中,一句将灯笼"壳子"与"内容"做比较的点睛之笔,凸显出叙事者对上海"只重衣衫不重人"的社会风气的批判,表达出《图画日报》劝诫世人务实、增长内涵和思想的叙事意图。该栏目的《卖凉粉》《卖西瓜》《卖丝绵褥子》等,都善用点睛之笔,对卖国者、弄虚作假者进行批判和劝诫。

二、擅长摹状的画师

1877年,由西人作画、在英国印刷后运至上海由《申报》馆装订后代理发售的、晚清画报的始祖《寰瀛画报》诞生。然而,其面世后问者寥寥,只出5期便停刊了。[①] 究其惨败的原因主要在于"仿印者为西国画法",脱离中国实际,不符合国人的绘画审美习惯。与国外绘画较早进入实用领域不同,中国绘画基本隶属文人墨客写意抒怀的艺术领域,唯一进入实用领域的中国民间年画,也在绘画中处于"下里巴人"的位置,年画画师也仅是一个普通的社会职业,断然与社会上层、精英文化无缘。两种不同绘画路径的演变,造成了读者审美趣味的地域性差异,也促使中国画报的画师不得不寻找适合中国民众欣赏口味的绘画路子。

1884年《申报》馆主美查一方面感慨于《寰瀛画报》的失败在于"泰西之画不与中国同",另一方面受"近以法越构衅,中朝决意用兵,敌忾之忱,薄海同具。好事者绘为战捷之图,市井购观,恣为谈助"一事的启发,为迎合中国普通民众爱看图不爱看文字的"风气",因此在中国征募知名年画师吴友如等"精于绘事者,择新奇可喜之事,摹而为图",创办《点石斋画报》,赢得巨大成功。至此,以吴友如等为代表的

---

① 史和、姚福申、叶翠娣编:《中国近代报刊名录》,福州:福建人民出版社2009年版,第167页。

"擅长苏州式年画的名手"群体①,在摄影尚未普及的年代,一边借鉴适于写实的西洋透视画法,一边延续普通群众习惯的年画简笔笔法的画师在中国近代报刊界活跃起来,率先成为画报的独特叙事者。从某种程度上来说,正是这支脱胎于民间年画画师的绘画团队,加速了中国绘画从专注写意向写意、写实并重转化的步调,也推进了中国画报史的迅速发展。

尽管1909年创刊的《图画日报》下设摄影部,但其时摄影技术尚未普及,从设备购置、拍摄流程到相片制版,都成本不菲,因此《图画日报》对相片的采用,也仅限于以相片为底,由画师摹绘再予以刊印。加之《图画日报》需要以每天一期的速度、每期制图10余幅,强大的工作量促使《图画日报》组建起一支由数量庞大的画师团队构成的部门——绘画部,主要画师有:孙兰荪、陆鼎恒②、刘伯良、张松云、张树培、顾祝筠③。前期偶有咏霓、式如、秉铎、玩月主人等画师的作品,此外还刊登外界来稿,近代漫画家丁悚(慕琴)的早期漫画作品以及名士童爱楼的画作都曾刊登于《图画日报》。

曾有一些学者在援引有关《图画日报》栏目《营业写真》(曾用名《三百六十行》)时,直接将孙兰荪视为作者。但事实上,共刊载228期、共计456幅的《营业写真》中,孙兰荪只是该栏目里从一而终的画师,文字记者另有其人。

孙兰荪,名继,浙江人,可谓绘画部中擅长用年画画法摹状事件的代表。《营业写真》是《图画日报》中除《大陆之景物》《时事新闻画》《新智识之杂货店》外,维系时间最长、版面最固定的栏目,图画和竹枝

---

① 李康化:《漫话老上海知识阶层》,上海:上海人民出版社2003年版,第142页。
② 陆鼎恒,字子常,又名陆安。生卒年不详,山西省山阴县人。为《图画日报》的《大陆之景物》《上海之建筑》《上海社会之现象》《世界名人历史画》等栏目绘图,其后曾任1911年8月创刊的《图画灾民报》画师,代表画作有《陆子常画谱》《大观园精细全图》《最新式服装百美图》(1915年出版)。
③ 顾祝筠,生卒年不详,为《图画日报》多个栏目绘图,其后曾任创刊于1911年7月5日的《图画报》画师。

词文字解说互相配合,专门描摹晚清社会各行各业的真实情景,重视传统行当乃至最新行当的新变化,为后世再现晚清末年社会经济面貌留下了大量翔实而生动的史料。

与《图画日报》其他栏目由不固定画师作画的设置不同,《营业写真》自始至终由孙兰荪作画。孙兰荪的绘画特色主要表征为笔法偏重年画简笔画法,笔墨浅淡。而此种笔法的采用,不仅与孙兰荪入《图画日报》之前的"年画画师"职业息息相关,更是孙兰荪为了更好地摹状《营业写真》传播内容的选择结果。

在400余幅《营业写真》中,为更好地摹状该营业的主要特征,画师孙兰荪或是选择室外营业者与顾客的交易场景,或是选择室内营业者手工制作场景。面对既要客观叙述营业者与顾客的身份及经济面貌,又要突出行当中所用工具和所生产商品介绍的叙事要求,孙兰荪总能较好地运用擅长刻画人物举止的年画简笔画法,妥善处理好人与物的一动一静,动静结合。

当然,孙兰荪采用年画简笔画法的决断,与《营业写真》栏目的其他要求也是吻合的。如《营业写真》每日要在同一页面中刊出两幅图画,导致每幅画篇幅仅为其他新闻画的一半。这就意味着所刊登的图画要线条简洁明快,又能表达完整的传播意旨。在这种版面要求和传播意旨的双重规约下,孙兰荪选择了自己最擅长的年画简笔画法。一方面,可以快速完成作品以确保版面的及时设置,同时,较为稀疏的线条,有利于制版;另一方面,还可以使半尺见方的篇幅安置好两幅作品而不显拥挤,保证版面宽松、大气的视觉效果。

应该说,由写意画画师直接过渡为新闻画画师的民间年画画师,孙兰荪的角色与身份发生了较大转变,但由于常年贴近民众,他一直保持着对普通生活的关注情怀。他的绘画虽受年画简笔线条的限制,使人物面貌表情的绘制较为粗糙,无法与西洋画法的精工相媲美,无法真切传递更多关于营业者外在形象的信息,但生活、职业经历所带来的独特的人文视角,使他在客观摹状营业的主要特征时,注重将笔墨洒向营业中的人物,对一些带有浓厚生活气息的细节进行刻画,传递出超越人物外在面貌的信息。如在 153 号的《做提篮》(图 4a)中以提篮坊粗陋的条件体现该营业的本小利薄,在 164 号的《卖芋头》(图 4b)中以双方手势来呈现讨价还价,在 167 号《卖梅椿》(图 4c)中以老者在寒风中等待却无人问津表征营业的艰难,在 179 号《转糖人担》和《卖金鲫鱼》中以小孩的雀跃和围观表现小食品、小玩意对孩童的吸引等。画师叙述的《营业写真》凭借更多的生活细节,与文字记者侧重叙述商品内容、形态、意义的《营业写真》达成了信息上的互补。

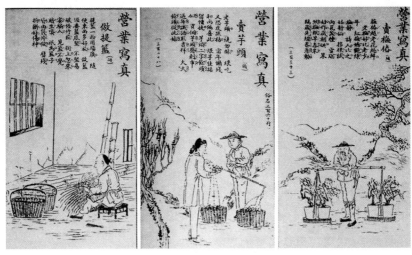

(a)《做提篮》(第153号)　(b)《卖芋头》(第164号)　(c)《卖梅椿》(第167号)

图 4

孙兰荪凭借《营业写真》专栏画师成为《图画日报》年画画法的代表人物,他在《图画日报》的其他画作中,亦会惯性地沿用绘制年画的想象色彩,因此作品中常常出现为"补白"而主观填充的"祥云""烟霞"等。

三、设置叙事框架的编创团体

处于特定社会体系中的媒体,"是在一定的社会信仰、价值体系尤其是意识形态掌控下的集体,其声音属于集体叙述的声音"①。媒体所呈现的声音,表面上是以记者所说、所写的形式来表达,但实际上记者只是"集体叙述"的代言人,其所说、所写,都带有媒体定位、编创团体宗旨的色彩。因此,从叙事学的角度而言,编创团体通过影响记者对传播内容和立场的选择,来实现其一定的"价值体系""社会信仰",也充当着叙事主体中的叙事者角色。

相对于通过文本直接与读者交流、"会就叙述中的人或事表达立场"的公开叙事者——著述者而言,编创团体"悄然隐于幕后,读者基本上感觉不到他的存在",是属于叙事中的隐蔽叙事者。隐蔽叙事者不直接用"讲述"这个动作来介入叙事,而是以"决定叙事框架"的方式,"决定刊物的基本面貌和发展方向",②使公开叙事者受其意识形态的影响,进而决定新闻文本的生成与特点。

据《上海通史》③记载,《图画日报》是由中日两国人士合办。追溯晚清上海报业,在租界办报为规避政治风险,大多采用外国商人挂名、中方人士主办的"挂洋旗"形式。考虑到《图画日报》创办的时间与地点,也极有可能属于这种模式。而主持报务的孙玉声在一定程度上影响着《图画日报》的栏目设置、内容选择和报道立场。

孙玉声(1863—1939),上海人,名家振,号漱石,另有名号漱石氏、海上漱石生、警梦痴仙、海上警梦痴仙漱石氏、退醒庐主、退醒庐主人、

---

① 〔美〕唐·休伊特:《60分钟:黄金档电视栏目的50年历程》,马诗远等译,北京:清华大学出版社2004年版,第96页。

② 柳良根:《普利策获奖特写的叙事学分析》,兰州大学2006年硕士学位论文,第17页。

③ 熊月之主编:《上海通史》第六卷,上海:上海人民出版社1999年版,第487—488页。

玉玲珑馆主、江南烟雨客,室名退醒庐、玉玲珑馆、嫩柳庐等。

孙玉声家道富有,年轻时沉迷于冶游场和烟花巷,"大有杜牧扬州之概",但"阅历欢场数十年,缠头之资,不下数万",家道"由是中落",后终于醒悟"烟花之不可留恋,急思跳出迷途",于 1891 年前后①以亲身经历为蓝本,写成《海上繁华梦》"欲警醒世人痴梦",轰动一时,"年必再版,所销不知几十万册"。② 由于《海上繁华梦》"凡妓院的黑幕、赌场的弊害,都被一一揭发出来。由于是他的亲身经历,所以越发生动真切"。因此该书被誉为近代狭邪小说的代表作品。而过于写实的风格,也被胡适尖刻地称为"嫖界指南"。③《海上繁华梦》让孙玉声在小说创作上一发不可收,先后创作的"长篇小说就有 30 多部",如《海上十姊妹》《海上燃犀录》《如此官场》《一粒珠》《指迷针》《仙侠五花剑》《机关枪》《九仙剑》《飞仙剑侠》《金钟罩》《金陵双女侠》《夫妻侠》等。孙玉声还擅长撰写小品文,如《上海沿革考》《退醒庐笔记》《报海前尘录》等,这些都是研究晚清上海社会文化、风情的重要史料。

1893 年孙玉声出任《新闻报》本埠新闻主任,后又担任该报总编辑长达 8 年;1898 年与吴趼人合作创办《采风报》;1901 年 3 月 15 日创办《笑林报》,常刊登海上文人名士的文学作品和诗词,同时强调该报的"滑稽玩世、实在谪谏"的宗旨,1904 年日俄战争爆发,《笑林报》还增出《睡狮传》《老大国观剧记》《爱国篇》政治、科学论著等;1905 年起担任《申报》本埠新闻编辑两年多,此后又陆续担任过《时事新报》《舆论时事报》《图画旬报》的总编辑;1915 年后又陆续办过《新世界报》《大世界报》《上海报》《民业日报》《繁华杂志》《七天》《俱乐部》等小报。

"职业报人""报业前辈""沪上文人""秉笔华士""流氓加才子"

---

① 范伯群:《中国现代通俗文学史》,北京:北京大学出版社 2008 年版,第 14 页。
② 孙玉声:《退醒庐笔记·海上花列传》,太原:山西古籍出版社 1995 年版,第 114 页。
③ 胡适:《胡适文存》(第三卷),合肥:黄山书社 1996 年版,第 367 页。

第三章　学缘与地缘：画报传播群体的精神文化诉求

"江南文士"……不同的研究者，冠以孙玉声不同的称谓。而孙玉声在《图画日报》中的身份，也众口不一：根据《上海报人的社会生活研究》记载，孙玉声自1909年便隐退新闻界，居沪上以卖文为生，因此可推断孙玉声只是《图画日报》上《续海上繁华梦》的撰稿人。而《上海新闻志》中，则将孙玉声列为《图画日报》的"主持报务者"。对此学术争议，后者意见似更为贴切。因为在《图画日报》刊载的数十部小说中，孙玉声是唯一一位在404期上连载《续海上繁华梦》的沪上文人，也只有他在连载之初，连续三期述说撰写《续海上繁华梦》的来龙去脉，并煞有其事地罗列目录，可见其与《图画日报》渊源不简单。根据冯金牛的记载，《图画日报》的前身可追溯至《舆论时事报》及其附赠的画报《图画旬报》①等，而此二种刊物，都有一个共同的主持报务者——孙玉声。尤为独特的是，按照《图画日报》逢创刊、增设新栏目、暂停刊、征稿、赠彩等大事便在首页刊登《本馆告白》的惯例，《图画日报》应该在终刊之时，给读者一个交代。然而1910年10月终刊的《图画日报》，没有刊登《启事》或《告白》，反而是孙玉声在未刊载完毕的小说页面，笔锋一转，论及终刊并表歉意，似乎有代表《图画日报》声明之意，可见孙玉声在《图画日报》中的地位绝不止于撰稿人的身份，而是编创团体中的核心人物，是对报纸叙事旨趣产生重要作用的叙事者之一。

独特的人生经历、兴趣爱好，对孙玉声价值体系和关注视野的形成有极大影响，这种影响不仅波及他小说的取材与立意，也波及他办报时栏目的设置、传播内容的选择与看待事件的立场。

以小说起家的孙玉声，将个人用小说创作来"摹写社会上交际一切，凡人心之狡险，世态之炎凉，荡子之痴迷，妓女之诈骗"的叙事旨趣在《图画日报》的栏目中表露无遗。他在《图画日报》第一号上，便在

---

① 冯金牛：《〈图画日报〉——清末石印画报的重要品种》，《图书馆杂志》1999年第10期。

第3、4页等显著版面设置《绘图小说》栏目,分别刊登自己的《续海上繁华梦》与南风亭长的《中国侦探罗师福》。其中《续海上繁华梦》连载至《图画日报》终刊,共初集6卷30回、二集8回,署名"海上警梦痴仙"。并表示刊登的原因是"此十年来,社会上尽多可诧、可惊、可笑、可怜、可愤、可悲、可讽、可嘲之事,力前书所未及……因又戏拟续集百回"。同时,他既用"编本埠新闻的手法写文学作品",也用写小说的风格影响着对新闻的选择。孙玉声擅长在"小说中展览海上吃、喝、嫖、赌的生活实况"的写实风格,对《图画日报》社会新闻的关注点产生明显的影响,因此,《图画日报》中处处充满着描述一品香酒楼、跑马赌博、鸦片妓院的时事新闻画。

年轻时孙玉声喜好冶游和远游,交友及其广泛的人生经历,也深刻地影响着《图画日报》作为"社会检测器"的关注焦点。孙玉声与李伯元、吴趼人、王韬、袁祖志等文化界人士过从甚密,与商界黄楚九等人相交甚厚、一度成为其"私人秘书",担任上海伶界联合会会长时还与上海伶界交情不浅,曾编《梨园公报》,并帮助姚民哀化解了与上海伶界的纠纷等。孙玉声与伶界关系紧密,使伶界活动成为《图画日报》新闻画的主要构成部分,以新剧介绍、剧作家介绍为主的《世界新剧》《三十年来伶界之拿手好戏》《上海曲院之现象》《南京曲院之现象》等诸多栏目在该报上贯穿始终。

此外,孙玉声还是上海最大的灯谜集团萍社的领导人。萍社由孙玉声与"南社"诗人、著名编辑王均卿发起,近百位参加者多为教育界、新闻界和文艺界人士,他们热衷于制谜、猜谜,使之成为当时上海文人的新风尚。在孙玉声主持的一份报纸——1901年创办的《笑林报》中,有画谜栏目出现。① 或许是受孙玉声与萍社的影响,《图画日报》也曾开设《画谜》栏目,逢五刊出,并采用猜中"赠彩"的方式,试图吸引读者。孙玉声对画谜的兴趣,影响了《图画日报》栏目的设置。

---

① 李楠:《晚清民国时期上海小报研究》,北京:人民文学出版社2005年版,第47页。

第四节　传播群体的精神气质与画报的社会影响

报纸"传播过程中的决定因素是传播者而非纸张和印刷术"①，传播主体的"社会身份、文化心理、职业特征和知识结构，在媒介精神和文化建构上影响着报刊宗旨、经营手段和营销策略，并进而规约报刊对受众及社会文化的意义生产"②及其社会影响。

一、《启蒙画报》的文化启蒙效用

《启蒙画报》在两年多的历史进程中，汇聚了各路英才和志同道合者，形成了画报的传播群体。其中最重要的是创办者兼编辑彭翼仲。彭翼仲（1864—1921），苏州人，长在北京，出生于官僚世家，由于父亲不善为官，家境日趋衰落。他七次参加顺天乡试，均不中，后出钱捐了个通判一类的小官。因不满官场，未满三月便弃官从商，客居北京。八国联军入侵北京时，他生活贫困，流落下层，干过各种苦活，深切了解下层民众疾苦，激发出爱国感情，支持康梁维新变法运动。

《启蒙画报》的美编、主画手是刘炳堂。梁漱溟先生回忆道："画图出于永清刘炳堂（用烺）先生手笔。刘先生作画不是旧日文人写意一派；他虽没有学过西洋画法，而自能得西画写实之妙。"③刘炳堂酷爱画画，"由于兼蓄宋人写实和元人淡雅之长，注重写生，又能融合西画技法，故能成一家"。由于秉性与彭翼仲十分相似，"故能与彭先生

---

① 范继忠：《晚清〈申报〉与上海城市文化研究》，中国人民大学 2001 年博士学位论文，第 11 页。
② 吴果中：《〈良友〉画报与上海都市文化》，长沙：湖南师范大学出版社 2007 年版，第 65 页。
③ 梁漱溟：《记彭翼仲先生——清末爱国维新运动一个极有力人物》，全国政协文史资料研究委员会编印：《文史资料选辑》（第四辑），北京：中华书局 1960 年版，第 101—102 页。

在'爱国维新'与'开民智'上一拍即合"①。正是由于画作写实和素淡的艺术风格与《启蒙画报》知识传播的主题十分吻合,以及与创办者的志同道合情缘,刘炳堂从1902年起毅然担当起《启蒙画报》画插图的重任。

《启蒙画报》的诞生与发展,还离不开一些人士的支持,他们也是这个传播群体中不可忽视的构成。据彭翼仲自述:"此举,实出于从弟之赞助。初出版时,弟撰稿甚多。"②堂弟彭谷孙变卖住屋家资,所得款项一文不动,"愿助办报"。由此可知,堂弟为《启蒙画报》的创办提供了巨大的物质资助。另外,儿女亲家梁济因"深痛国人之愚昧无知,决然以开民智为急"③,于是决定资助彭翼仲办报,成为《启蒙画报》创办的主要支持者。印刷技工如日本人米田、代为发行的铁老鹳庙报房以及向画报投稿的知识分子如杭辛斋等,各施所长,支持画报成长,开启了画报的文化启蒙效用。

《启蒙画报》发行后,传播面很广,影响范围较大。从每期封三"京外各埠派售本报所"的告示中可以发现,发行该画报的书局、报馆名称涉及24个城市的50个发行所。《启蒙画报》以教育蒙童、开启蒙稚为目的,然而就其传播内容而言,军国大事、国际知识、科学技术等似乎超出蒙童理解的范围,画报的读者群体有一种向成人靠拢的趋势,"它原是给十岁上下儿童们看的,却是成年人看了依然有味"④。同时,画报第五册(下)和第六册(上)印有"两宫御览"和"癸卯(一九〇三年)十二月全部进呈"字眼,看来,该画报不仅发行于民间,还向宫廷呈送。

---

① 林培炎:《志同道合的文化启蒙先驱——彭翼仲与刘炳堂在报业活动中的亲密合作》,《新闻春秋》2004年第3期。
② 诚厔庵:《彭翼仲五十年历史·投身报界》(上编),北京:京华日报社1913年版。
③ 梁焕鼐:《桂林梁先生遗著》,(台北)《中华文史丛书》(第四辑)之37,第37页。
④ 梁漱溟:《记彭翼仲先生——清末爱国维新运动一个极有力人物》,全国政协文史资料研究委员会编印:《文史资料选辑》(第四辑),北京:中华书局1960年版,第101页。

不仅中国人争相阅看,西人也纷纷购买。对此,《大公报》做了如下描述:

> 彭子嘉部郎自创画报以来,一纸风行,路甚广。近来各处西人纷纷致函购定,并极称该报办法之善,用心之苦,以为即此一端足见中国无论如何皆有不能不变之势。去年《京话报》被禁,今又出此报,可见新机一发,万不可遏云。①

《启蒙画报》开启民众科学意识、文明意识等文化启蒙的良苦用心,在一些读者看来,已经得到了社会的充分认可。正如梁漱溟所回忆的,"在那样新文化初开荒的时候,已有人为我准备了很好的课外读物""我所受益的是《启蒙画报》""我从那里不但得了许多常识,并且启发我胸中许多道理,一直影响我到后来"。② 郭沫若称赞"《启蒙画报》一种对于我尤有莫大的影响。……""这部《启蒙画报》的编述,我到现在还深深地纪念着它。近来中国也出了一些儿童杂志一类的刊物,但我总觉得太无趣味了,一点也引不起读者的精神……"③ 萨空了更是认为《启蒙画报》"在我七八岁时,曾是我最喜欢的读物。这个画报灌输了许多科学知识给我,像瓦特因为水沸发明蒸汽机,世界人种的分类,五大洲的形状,我都是由该画报而知道的"④。农民出身的志士仁人陈干对彭先生的办报"心里佩服的没有法子",1908年奉同盟会之命,在山东青岛创办震旦公学,便以《启蒙画报》作为主要教材,⑤对学生进行科学知识、科学观念和文明意识的文化启蒙。

归纳起来说,《启蒙画报》至少在两个方面对读者产生了持久、深厚的影响,进而与读者进行着知识传播和文化启蒙的互动。

---

① 《纪〈启蒙画报〉》,《大公报》1902年9月13日。
② 梁漱溟:《忆往谈旧录》,北京:中国文艺出版社1987年版,第7—8页。
③ 《郭沫若选集》第三卷,北京:人民文学出版社1997年版,第31—33页。
④ 萨空了:《香港沦陷日记》,北京:生活·读书·新知三联书店1985年版,第95页。
⑤ 佟立容:《文化之师,人格之师——彭翼仲对陈干的深刻影响》,《新闻春秋》2004年第3期。

一是丰富了国民的科学知识，提升了民众的科学观念。

清朝末年，由于清政府的保守自大、民众的愚昧迷信，西方先进的自然科学知识、发达文明以及科学观念被传入国内时举步维艰。清政府报律和报禁的专制性又限制了京津地区报刊的总体发展。相对而言，京津报刊创办及传播的自由度远不如上海等地，哪怕是科学传播也起步较晚。因此，《启蒙画报》致力于科学传播，这对于推进下层启蒙运动、提升民众科学观念是一个具有特殊意义的举措。它促进了西学在中国的传播与普及，甚至开启了"新文化运动提出'科学'理念的大众传播前提"①。

采用直观形象的图画和通俗易懂的白话文，把抽象的科学知识表达得生动有趣、明白易晓：如，"有长没有宽的叫线，有长有宽没有厚的叫面，长、宽、厚三样齐备的叫体"；"水的分子，粘着不甚坚固，所以才能流动，并没有一定的形状。古语说的盂方水方，盂圆水圆，那便是水的天性。水面最平，叫作水平面，或叫作水准"。它还常常结合常见现象解释科学道理。如为了证明"地是圆的"，在"蚁行西瓜"篇中说：画一磨盘，有两只蚂蚁趴在磨盘上，磨作为地，蚂蚁作为船，两蚁离远，只见一蚁身体稍小；若再远，一蚁身体更小，不论远到如何，小到如何，才不至看不见。接着又用"蚁行西瓜"加以说明，由于西瓜有遮掩，当两只蚂蚁相离极远时，全看不见；当他们渐渐走到极近时，仍然见到全身。为了说明昼夜，它画图说明。上面的灯代表日光，下面的橘子代表地球，橘子上画一个小微虫，代表人。橘子转动，灯光照耀角度不同，会出现昼夜。这种传播方式的体系建构使科学传播更有效力，更深入下层民众。梁漱溟先生在回忆中谈到徐兰沅自称幼年非常爱看《启蒙画报》，"他指出它给了我们许多自然界现象的科学说明；获得一些常识而免于糊涂迷信……"梁漱溟先生认为"它行文之间，往往在

---

① 范继忠：《京津报刊中科学观念传播考略（1898—1916）——以〈大公报〉及〈启蒙画报〉等为中心》，北京师范大学2004年博士后研究工作报告，第1页。

人的精神志趣上能有所启发鼓舞,我觉得好象它一直影响我到后来"①。

《启蒙画报》科学知识和科学观念的传播,实质为民众开启了一种文化启蒙的氛围,这种氛围与清末"平民阶层对知识信息的需求还未得到开发"而社会处于危局的背景相契合,因此它代表了下层民众、知识分子和政府的多重意愿,也就符合社会发展的基本潮流。

二是倡导积极的伦理道德观念和现代文明生活方式。

《启蒙画报》关于国内外历史人物及其典故、国外人民生活情况、风俗习惯和各类教育模式和观念的传播,其实质是倡导积极的伦理道德观念和现代文明生活方式。在中外教育模式和教育理念的比较介绍中,在中外风俗礼法的差异里,导引出现代文明生活方式的多幅图景。尤其不论是讲述先贤圣哲故事、名人轶事,还是讲解寓言小品、童话故事、智力故事等,图文中往往包含激励少年儿童培养高尚情操、良好志趣的内涵。如介绍周初历史,"武王初得天下……赈恤穷民","成王登位,年纪方幼……兴盛的根基,十分坚固","周公……创礼作乐,更改制度,毁坏以往的恶俗……此等大人物,古今实不多见"。言外之意,在唤起少年儿童的民族自豪感。又如讲解于谦推荐侍郎王伟,却反遭王伟的毁谤,明景帝贤明,不信诬告,王伟反倒遭殃的故事,告诫学生要学习于谦的大度,方能成就大事业。

如果说科学知识和科学观念是一个民族技术文明的标志,那么伦理道德观念和现代文明生活方式便是一个民族思想素质的重要表征。两者相互结合并日益互动,会促进一个进步民族的崛起。《启蒙画报》正是就这两点着力取材并图文表达,在清末的文化启蒙运动中扮演了重要角色。

《启蒙画报》知识传播、开启蒙稚的文化启蒙效用是无法忽略的。

---

① 梁漱溟:《记彭翼仲先生——清末爱国维新运动一个极有力人物》,全国政协文史资料研究委员会编印:《文史资料选辑》(第四辑),北京:中华书局1960年版,第101页。

它对帝国主义侵略的揭露，在西太后大肆杀戮维新派时却依然标示"变法""维新""改良""变革""改革"等字样，充分体现了画报的勇气和风骨。

然而，画报又蕴含某些局限性。从画报刊载的图文看，《启蒙画报》表现出替清政府说话的立场。在"掌故"或"皇朝掌故"中，竭力称赞清王朝近三百年的"功德"和"光荣史"。如1902年第五册"国朝大事"专辑中认为"大清三百年，制度典章，超越前古，列祖帝德，远迈唐虞"，吹捧康熙、乾隆乃至慈禧均是建立大业的有功之臣。画报认定，鸦片战争、甲午战争、庚子之役，中国无战不败，而败的理由不在清廷，而在"民愚国弱"。

于是，画报将太平天国起义、义和团运动等革命斗争诬为"逆发""逆匪""拳匪""叛贼""邪道"，都是"无知国民"干的蠢事，是国家元气大伤的祸根，应该及早"斩草除根"，以拯救艰难时局。

《启蒙画报》表现出的错误观点和消极影响，是资产阶级改良派代表上层资产阶级意愿和利益的重要表征，即使在开展思想启蒙工作时，它总是十分轻蔑、畏惧乃至敌视革命的"下等社会"，把中国的落后错误地归结为中国人"迷信""愚昧"的"国民性"，这是一个阶级的时代局限。

二、《真相画报》的舆论引导及社会动员

晚清诸多画报中，政治上最为激进的，当属1905年到1913年之间创办于广州与上海的几家。潘达微、高剑父、陈垣、何剑士等人编辑创办的《时事画报》，邓警亚、何剑士、潘达微等人撰述发行的《平民画报》(1912年10月改名为《广州时事画报》)，高奇峰等人创刊的《真相画报》，在推翻帝制的关键时刻，较少考虑商业利益，也非浅层意义上的智识启蒙，而是直接介入现实政治，以推翻清廷、创建民国为目标，旗帜鲜明地鼓吹革命。

第三章 学缘与地缘：画报传播群体的精神文化诉求

《真相画报》继承《时事画报》和《平民画报》"鼓动风潮与书写革命"①的媒介目标,在社会动员过程中逐渐明确了"四大宗旨"的刊物旨趣,在高奇峰等同盟会成员的影响下,汇聚了一批致力于运用画报传播民主革命思想的知识分子群体,各施所长,造成了监督政府、代表民意、培育民族精神的强大舆论,利用政治文化进行民众动员的影响力日益强大。

1. 社会各界的评说

《真相画报出世之缘起》中标称"本报为民国之真相,实为中华民国国民不可不读之唯一杂志"。尽管有自我标榜之嫌,却也是该报的奋斗指向和现实表征。有人称《真相画报》是民国初年中国摄影画报的一面旗帜②。具体地说,这面旗帜在两个方面彰显了其独特的意义。一方面,就媒介形态说,它开启了中国大型新闻摄影画报的先河。它是近代画报的终结者,现代画报的发轫者。阿英在《良友》画报撰文论述道:"在这一时期里的画报……就是在印刷术上,也从石印时期发展到采用铜锌版……在国内正式实现,则始于民国元年(一九一二)高奇峰之办《真相画报》。此系旬刊,实具后来之大型月刊画报的规模。"③对此,冯武越在《北洋画报》上撰文做了较高的评价:"自照相铜版印刷术流入中国后,国人利用之以刊行画报者,首推民国元年香港(应为上海)之《真相画报》。"④《北洋画报》主编吴秋尘认为,高奇峰"是办画报的先进,又是提倡国际宣传的人。在这一点上,后进如我辈之从事报业者,又不能不表示钦佩"⑤。1933年12月,现代画报的另

---

① 陈平原:《鼓动风潮与书写革命——从〈时事画报〉到〈真相画报〉》,《文艺研究》2013年第4期。
② 王跃年:《从〈真相〉到〈良友〉——1912—1937中国摄影画报简论》,《民国档案》2004年第3期。
③ 阿英:《中国画报发展之经过》,载《良友》画报1940年纪念号第150期。
④ 冯武越:《画报谈》,载《北洋画报》1926年9月4日。
⑤ 吴秋尘:《上马杀贼下马绘画》,载《北洋画报》1932年6月25日第796期。

一先行者、曾以创办《良友》画报闻名遐迩的梁得所认为《真相画报》"是中国摄刊照片的(笔墨绘图的不计)图画杂志之开元"①。

另一方面,就民众动员机制及舆论影响言,高奇峰"以沟通世界艺术为职志,注重国际宣传",是"新闻界先进,社会事业之中坚也"②。革命党人胡汉民为《真相画报》撰写《发刊祝词》,称高奇峰等"皆忧深虑远之士,观其言,盖有异于他之以绘事为能者"③;怀霜《真相画报序》也称高奇峰等曾"出没枪林弹雨中,举鼎革战场,一瞥一决,收之眼底",最有可能实现"美术以救世"的目标④。创办者的革命和艺术情怀,率先体现于《真相画报》"偏于政治、军事与绘画"的内容设置方面,凸显新闻的主体性地位,革命性和战斗性色彩大为增强。梁得所在他自己主编的《大众》画报上发文云:

> 奇峰先生死了。今天举行殡仪,我和良友总理伍联德先生同去致礼。归来,在这细雨霏霏的深秋的寒夜,灯下展开旧藏《真相画报》和遗作画集,想起艺术过程,也就是人生缩影。……听来有点诧异,这位文质彬彬的画家廿年前常有被捕危险,在那地点不便告人的编辑室中,身上怀着手枪,执笔编他的画报。在他笔底,对黑暗的政治虚伪的社会挑战,显示着对真善美的追求。⑤

梁得所在文中还谈到高氏主编的《真相画报》"内容登载革命党人殉难的事迹,揭发反动者的阴谋,采刊欧美物质文明进步的情况,灌输国民前进的意识,更用他的画笔挥扬许多热烈的情绪"。可以说,

---

① 梁得所:《艺术的过程——高奇峰先生与画报》,载《大众》画报1933年12月第2期。
② 一人:《传岭南画家高剑父》,载《北洋画报》1932年10月11日第842期。
③ 胡汉民:《发刊祝词》,载《真相画报》第1期(1912年6月)。
④ 参见怀霜《真相画报序》,载《真相画报》第1期。
⑤ 梁得所:《艺术的过程——高奇峰先生与画报》,载《大众》画报1933年12月第2期。《中国大百科全书·新闻出版》,北京:中国大百科全书出版社1990年版,第472页。

《真相画报》是一面革命画报的旗帜。如刊登宋教仁被刺及出殡照片、前清隆裕太后哀悼大会照片、法国总统法勒尔任满解职照片、日本东京大火灾后照片等,均为当时轰动一时的新闻。《真相画报》尤其注重刊载辛亥革命和南京临时政府的新闻照片,"在新闻照片的时效和印刷精美程度等方面,均为当时国内画报界最高水平"①。

高奇峰在孙中山的指令下筹组中国第一支新闻摄影报道专业队伍——中华写真队和创办《真相画报》并任主编,工作做得很出色,受到孙中山的高度赞扬。据时任教育总长蔡元培在《番禺高奇峰先生行述》中谈道:"自食其力,孙总理(孙中山)恒称叹之,谓其勤廉不可及也。"

2. 政治实体的态度

是否能影响武装集团的行动方向或政治实体的态度改变也是衡量刊物"舆论"产生社会影响力的重要维度。《真相画报》"惜未能久持,即归消灭耳"②的生存命运,足见其营造的舆论对政治实体的影响力。它一开始就刊载漫画家马星驰《大人有梦》一组画,画中有一酷似袁世凯的人物做着黄袍加身、加冕登基的美梦,可见画报一开始就将锋刃指向袁世凯了。其"登载革命党人殉难的事迹,揭发反动者的阴谋,采刊欧美物质文明进步的状况,灌输国民前进的意识"③的媒介内容选择,尤其是对宋教仁被害经过以及凶手杀人证据的图文报道,无疑触动了政局的内幕真相,政府十分害怕。于是,该报编辑高奇峰、谢英伯、马小进等因此而遭到袁世凯的通缉,不得不流亡日本,《真相画报》在袁世凯的镇压下停刊。一份刊物在政府的压力下被迫停刊,这足以说明其造成的舆论具有触及社会软肋的强大影响力。

---

① 《中国大百科全书·新闻出版》,北京:中国大百科全书出版社1990年版,第472页。
② 冯武越:《画报进步谈》,载《北洋画报》第六卷卷首号,1928年12月1日。
③ 梁得所:《艺术的过程:高奇峰先生与画报》,载《大众》画报1933年12月第2期。

然而,积极鼓动风潮和书写革命的《真相画报》有广东省政府出资的背后支持,这不免直接或间接地影响了编创人员的传播趣味和媒介立场。一方面增加了《真相画报》的艺术成就,坚定了其传播立场;另一方面也蕴涵着其内在的根本缺陷——新闻媒体独立性和新闻人专业主义精神的丧失。因此,当时代的大环境发生改变,"革命胜利"之后,编者和读者的政治激情迅速消退,画报所倡导的"美术以救世"目标,以及"监督共和政治,调查民生状态,奖进社会主义,输入世界知识"的自我期待便面临巨大的转型危机。画报不得不停刊,画报同人不得不转业,陈垣潜心历史研究,潘达微转研佛法和慈善事业,陈树人徘徊于官场和林下之间,而高剑父和高奇峰转入专业绘画。在过于专业化的高雅趣味下,《真相画报》也逐渐失去了大众化的读者群体。

三、《良友》画报的现代性建构

在19世纪80年代的《点石斋画报》的画面上,自来水龙头、六角形玻璃灯罩的煤气灯和圆形灯罩的电灯等再现了中国近代上海的现代文明,"留着辫子的男人和裹着小脚的女人用刀叉吃饭"的街头景象呈现出上海西学东渐、现代挤兑传统、土洋杂陈、新旧混合的文明景观。而诞生于20世纪二三十年代上海都市的《良友》画报,"则是用一种明朗、轻松的方式,呈现了文化上的现代感受。一种官能上的、美感经验上的和文化品味上的现代性"①;它致力于从女子摩登与时尚的衣着、现代婚姻家庭的资产阶级生活方式、越来越暴露和强健的女性身体及市民的消费文化等诸多场域"营建了关于都会现代性的一整套'想象'"②。

---

① 李孝悌:《上海近代城市文化中的传统与现代——1880年代至1930年代》,载《滚滚红尘:中国的城市、欲望和生活》,上海:上海人民出版社2007年版,第327页。
② 李欧梵:《上海摩登:一种新都市文化在中国(1930—1945)》,毛尖译,北京:北京大学出版社2005年版,第89页。

第三章　学缘与地缘：画报传播群体的精神文化诉求

　　这种都市文化的想象构图是有多种缘由的。一方面基于上海"五方杂处"的人口结构而衍生出的人际关系、日常生活及消闲方式；另一方面也基于一批具有出版理想和艺术旨趣的著作编辑群体如伍联德、余汉生、陈炳洪、梁得所、马国亮等人的商业和文化追求。《良友》画报的创办群体是基于商业利润追求、以"同乡"资本为集结方式聚集起来的"小资本家"与"小知识分子"聚合群体，在追寻自我价值与商业资本价值的或对立或统一中，营造画报的文化品位和媒介特色。正如学者臧杰所言："《良友》画报无论从公共空间考量，还是从以刊物为核心的著作编辑群体上考量，都体现了一种生产社会公共舆论、体现政治批判功能的能力。"①

　　与中国其他现代报业的发生与发展一样，《良友》画报在20世纪二三十年代，对于民营资本的依赖日益加剧，各种团体和同人在媒介经营中都不得不面临传媒的舆论属性与资本运作属性如何"美妙"结合的问题：尽可能追求商业的成功，但又能淋漓尽致地表达自己的趣味，或艺术追求，或智识启蒙，或革命鼓吹，或社会动员。就媒介资本而言，《良友》画报就是在上海先施公司总经理欧彬夫人、上海女子商业银行董事长谭惠然女士的资助下创办起来的；后扩充股本，其中不少是美国华侨的投资，陈炳洪就是个人投资较大的股东。

　　就画报的著作编辑群体而言，伍联德、余汉生、陈炳洪都出自"岭南大学"，第二任主编周瘦鹃因走"鸳鸯蝴蝶派"路径招来读者的指责，导致销数跌落，八个月后，便被提前解聘，由大学生梁得所接任。梁得所"把过去杂乱无章的内容，加以充实、调整和提高，把画报推向一个较为完善的新的阶段"②，但因"股权"和"保姆身份"而贸然出走。第四任主编马国亮继承梁得所衣钵，继续发展《良友》。可以说，从本

---

①　臧杰：《天下良友——一本画报里的人生传奇》，青岛：青岛出版社2009年版，第4页。

②　马国亮：《良友忆旧：一家画报与一个时代》，北京：生活·读书·新知三联书店2002年，第22页。

质上改观《良友》画报的角色,就是深受基督教影响的人物——梁得所和马国亮,他们共同创造了《良友》画报的辉煌。

一个刊物能同时具备历史最长、销行范围最广两项指标,意味着其深远的巨大影响。《良友》画报始创于1926年2月15日,1941年10月暂时休刊,1945年10月一度复刊,先后在上海、香港两地出版了19年174期。20世纪50年代、80年代以后,画报又在香港恢复出版。无怪乎阿英认为《良友》"刊行时期最长,而又最富有历史价值""无论中国的哪一种画刊,是从来没有支持过这么久,而又这样富有意义的"①。

相对来说,《良友》又是中国近代画报中销数最高、销行范围最广的刊物,由创刊号的七千、第2期的一万至第37期(1929年)的三万,到第49期(1930年)达到最高销量四万二千余。与民国时期发行量最大的杂志《生活》周刊相比,《良友》创刊伊始的影响力要大一些。《生活》周刊1925年10月创刊,刚开始时每期印行一二千份,1928年才达到四千多份,1929年才逐渐增加到五万余份。而《良友》创刊不久,即在广州、香港、汉口、北平、厦门、南京、新加坡、芝加哥、菲律宾等处设有分公司,到第25期时,本埠代售处14个,外埠代售处26个,欧美各国代售处14个,南洋群岛代售处27个。《良友》读者遍布世界各地,"凡有华侨旅居之处,无不有《良友》画报"②。

"一个画报的地位,一方面是通俗而能潜入民众,一方面是能达到社会文化的各种层面。"③无论中外,无论同属上海都市文化语境的南方画报,抑或与南方都市遥遥相对的北方画报,在画报史上,在对英国《伦敦新闻画报》、日本《朝日新闻》的借鉴与超越,对世界著名画报如

---

① 阿英:《中国画报发展之经过》,载《良友》第150期(1940年纪念号)。
② 马国亮:《良友忆旧——一家画报与一个时代》,北京:生活·读书·新知三联书店2002年版,第3页。
③ 吴福辉:《漫议老画报》,载《小说家》1999年第2期,第98页。

美国《生活》、苏联《建设画报》的开导与引航,及对中国画报新时代的开创与建设等方面,《良友》都处于无法替代的历史地位。《良友》以艺术与娱乐的大众主题、摩登都市生活和街头文化的双重意义建构、政治与文化、官方与民间的全面整合为传播技巧,创造了图文并茂和雅俗共赏的传播效力,成为当代都市文化品牌的符码。

第四章　中国传统与现代双重变奏的视觉表述与文化构图

在中国历史演进的时空中,"传统"与"现代"是互相胶着的两个范畴。仔细检视后发现,自从19世纪中叶以后,中国思想界的主流论述逐渐保守与激进并存,"传统文化的某些质素,还盘根错节地横亘在现代化风貌的底层","在一个快速变迁的现代化城市中,其实包含了许多传统的质素"。① 这些传统与现代交融的质素在大众媒介的城市艺术生产和媒介文化的互动场域,被合理地想象与建构,并进而映现出社会生活的方方面面。

第一节　《点石斋画报》:传统式文化图像的视觉表述

作为一份外国人在中国地盘面向中国人发行以赢得更多利润的画报,《点石斋画报》无论在营销策略和内容设置上均适应了中国人的传统心理。正如瓦格纳所说:"在纪历的形式上,《点石斋画报》遵循

---

① 李孝悌:《恋恋红尘:中国的城市、欲望和生活》,上海:上海人民出版社2007年版,第274页。

了中国的传统,封面上的纪年是按光绪的年号,纪日也按阴历,每十天的出版则是按旬来的,这同样应被视为这份刊物在中国环境中的文化适应的一种努力。"① 作为一份传播时事与新知的新闻性刊物,《点石斋画报》必然反映了清末中国在西方文化思潮中的冲击与改变,必然生发了"科技启蒙"和"思想启蒙"的文化效用②,也能进入全球想象的图景,想象和建构西方。《点石斋画报》所受到的西化和现代化的影响是不言而喻的。然而,"在新闻性、时事性、现代化和全球化之外,我却觉得这些画作所呈现的强烈的传统风格,绝不能低估","我们细读各幅画报的解说文字,不难发现这些文化符码的陈旧气息和不可亲近性,不仅不能和五四白话文或清末白话文的革命意涵相比,也不像传统通俗文学或宝卷之类宗教宣传作品那样生动、直接而具渲染力"③。

对于《点石斋画报》图文中的传统意象与观念,鲁迅在1931年回顾上海的文艺发展时,却有极为犀利的批判。

> 在这(按:指鸳鸯蝴蝶派)之前,早已出现了一种画报,名目就叫《点石斋画报》,是吴友如主笔的,神仙人物、内外新闻,无所不画,但对于外国事情,他很不明白,例如画战舰罢,是一只商船,而舱面上摆着野战炮;画决斗则两个穿礼服的军人在客厅里拔长刀相击,至于将花瓶也打落跌碎。然而他画"老鸨虐妓""流氓拆梢"之类,却实在画得很好的。我想,这是因为他看得太多了的缘故……④

鲁迅的描述有点为过,也不完全精确,但却说明:《点石斋画报》在

---

① 鲁道夫·G.瓦格纳:《进入全球想象图景:上海的〈点石斋画报〉》,《中国学术》第八辑,2001年第4期。
② 王尔敏:《中国近代知识普及化传播之图说形式——点石斋画报例》,《"中研院"近代史研究所集刊》第19期(1990年6月)。
③ 李孝悌:《走向世界,还是拥抱乡野——观看〈点石斋画报〉的不同视野》,《中国学术》总第十一辑,2002年第3期。
④ 鲁迅:《上海文艺之一瞥》,《二心集》,收入《鲁迅全集》第四卷,北京:人民文学出版社2005年版,第299页。

实施输入"新知"的媒介理念,极力介绍气球、飞艇、火车、轮船、自鸣钟等新兴事物以及日常生活化的"西学东渐"时,却依然存在于一个传统的、旧的架构之中,这种传统的架构更多地体现在《点石斋画报》那部分"诡异的聊斋式情节"的题材中。尽管王尔敏不同意鲁迅的评判,提出"不知鲁迅是否仔细阅读《点石斋画报》,何以竟出如此尖刻鄙薄卑视之言,以论断《点石斋画报》之低级格调"的质疑,也不赞成戈公振"惜取材有类《聊斋》,无关大局"①的论断,但其在文中例举的大量材料刚好为王、戈的评断提供了佐证。王尔敏提出:

> 经我一幅一幅统计,其有关神仙、巫觋、鬼魅、狐祟、压胜驱魔、转世还阳、因果报应、梦兆物兆等等图画,自创刊至1900年,共出443幅,约占全部十分之一弱。此外又统计该报所刊怪异离奇真事,若天雨粟、龙戏珠、人面兽、人面犬、人面牛、人面羊、人面鸡、人面鱼、人面鳄、八足犬、八足牛、五足驴、五足鳖、三足蟾、无头婴、双头人、双头儿、两头鹰、两头鳖、两头猪、三手人、四瞳子儿以及无名怪兽等等,前后共出304幅。再加选载前代人著作,使笔记成画者亦占31幅。三项合计,共有778幅。此项无甚价值之作,约占全部图画六分之一。②

应该说,这占全部图画六分之一的画作,数字虽小,但"它们在视觉上所产生的效果,或在观者心理上所留下的印象,可能不是这个数字所能显示的"③。读者的强烈好奇心理,会促使他们对各种怪异和畸形事物产生极大的兴趣和关注;同时,以上鬼怪、因果报应、新奇事

---

① 戈公振:《中国报学史》,北京:三联书店1955年版,第248—249页。
② 王尔敏:《中国近代知识普及化传播之图说形式——点石斋画报例》,《"中研院"近代史研究所集刊》1990年第19期,第169页。
③ 李孝悌:《上海近代城市文化中的传统与现代——1880年代至1930年代》,见李孝悌:《恋恋红尘:中国的城市、欲望和生活》,上海:上海人民出版社2007年版,第281页。

物等与中国传统方志中的志异、稗官野史中的神怪同出一辙,它们很能吻合中国民众对传统文化的接受心理,画报由此获得受众的追捧和较好的销售,实现了创办者赢利的目的。

其实王尔敏教授所归纳的一系列事实,正好涉及《点石斋画报》"更多和新知识、新思想相背离的主题"①。他写道:

> 《点石斋画报》除报道时事人物、新创器物、海外奇谈、国政要闻、民俗节令之外,尚有神鬼怪异、水火灾劫、抢劫凶杀、僧道乱行、诈骗愚弄种种琐闻。所占篇幅不少,本文未加引述。或为荒诞不经,或为道听途说。往往事无主名,有失新闻意义,亦无史料价值。数量虽巨,实无须采录。②

怪不得有人认为"《点石斋画报》从一开始,就是一个新旧混合的产物","作为一份反映城市生活的新闻刊物,《点石斋画报》其实相当忠实地反映了上海在 19 世纪末叶新旧杂陈的局面"③。《点石斋画报》这个文化符码所想象与呈现的,表征着上海在向国际化都市迈进的过程中,"怀抱的还是乡野式的文化图像"④,反映的是"传统庶民文化特有的风貌",在介绍新兴事物之外,"或是添油加醋地增加一些腥煽耸人的听闻,或者干脆将西方的新奇加上中国的神怪,赋予这些新兴事物双重的刺激"⑤。它"借着夸张而具体的意象,用一种看似现

---

① 李孝悌:《上海近代城市文化中的传统与现代——1880 年代至 1930 年代》,见李孝悌:《恋恋红尘:中国的城市、欲望和生活》,上海:上海人民出版社 2007 年版,第 281 页。
② 王尔敏:《中国近代知识普及化传播之图说形式——点石斋画报例》,《"中研院"近代史研究所集刊》1990 年第 19 期,第 166 页。
③ 李孝悌:《上海近代城市文化中的传统与现代——1880 年代至 1930 年代》,见李孝悌:《恋恋红尘:中国的城市、欲望和生活》,上海:上海人民出版社 2007 年版,第 279—282 页。
④ 李孝悌:《走向世界,还是拥抱乡野——观看〈点石斋画报〉的不同视野》,《中国学术》2002 年第 3 期。
⑤ 李孝悌:《上海近代城市文化中的传统与现代——1880 年代至 1930 年代》,见李孝悌:《恋恋红尘:中国的城市、欲望和生活》,第 277—282 页。

代的技术，重复着方志和志怪小说对传统社会魔幻却逼近真实的记叙"①。《点石斋画报》在图像与文字之间所实施的是传统式文化图像的视觉表述。

第二节 《良友》画报：上海城市文化的现代风格构图

如果说《点石斋画报》在介绍现代性事物时仍脱离不了传统的表述框架，那么20世纪二三十年代的《良友》画报却面向都市读者，努力反映"摩登""时尚"生活的都市口味，以艺术和娱乐相标榜，营造了中上层市民的都市空间，提供了"关于都会现代性的一整套'想象'"②，塑造了上海城市文化的现代风格图景。

以中上层市民为受众定位，从而营造现代都会里"摩登"与"现代"高品位的浓厚氛围，是《良友》画报存在近二十年的追求旨趣。它大量刊登明星名媛美女照片及其掩盖身体的流行时装图片，以及电影明星的生活化展示和世界近现代名人的故事化文本描述等，营造了一种生活方式及审美价值上的时尚，制造了上海二三十年代的一套流行体系。政界要人、影戏界明星、艺术界著名画家摄影家、文学家、科学家、体育界人才以及新闻界的活跃分子，均在《良友》画报的版面上留有痕迹，营造了各领风骚的名人空间，为大众提供可供模仿或生发梦幻的生活方式以及审美追求。

归纳其名人空间的整体构造，大致有社会名流、明星名媛及其时装三个要素。

---

① 李孝悌：《走向世界，还是拥抱乡野——观看〈点石斋画报〉的不同视野》，《中国学术》总第十一辑，2002年第3期。
② 李欧梵：《上海摩登：一种都市文化在中国(1930—1945)》，毛尖译，北京：北京大学出版社2005年版，第89页。

第四章　中国传统与现代双重变奏的视觉表述与文化构图

一、社会名人空间

《良友》画报的名人选择遵循的是传统的、正常的、社会认可的原则与规范,因而它的名人群体构成包含了在各行各业有突出表现的、知名度高的、有新闻价值和传播价值的公众人物。就画报的栏目设置来说,有"群星燦燦""中国现代闻人""近世十大伟人画传""良友人影""名人生活回忆录""国际时人素描"等关于国内外各界闻人要人的形象展示或文字解说,构建现代性人物的标准规范。比如"中国现代闻人"栏目,在第 14 期上依次刊登了外交家、教育家、商界名人、政界要人等方面的杰出人士,如顾维钧、陈友仁、王正廷、颜惠庆、伍朝枢、唐绍仪、蔡元培、胡适、梁启超、范源濂、黄炎培、康有为等;第 15 期上登载马玉山、李煜堂、马应彪、袁礼敦、谈荔孙、穆藕初、钱永铭、傅筱庵等九位商界名人;第 18 期却是李济深、王启明、陈逸云等政界要人,也有美国华侨飞行家程君(Theodore Ching)、音乐家赵梅伯、法学博士伊光仪等。又如第 124 期至 130 期连续七期"国际时人素描"刊载罗马教皇庇护第十一世、西班牙佛朗哥将军、日内阁首相林铣十郎、法国总理里昂伯仑(Leon Blum)、英王乔治六世、煤油大王洛克菲勒、李维诺夫等七位国际名人的事迹。

此外,《良友》画报策划"现代成功人自传"栏目。第 45 期至 72 期,每期运用三四个版面,图文刊载现代成功人士的自传故事。如足球体育家李惠堂述《离了母胎到现在》(45 期)、著名画家《悲鸿自述》(46 期)、著述家邝富灼述《六十年之回顾》(47 期)、丁福保述《医学与佛法》(48 期)、美国博克先生自述《奋斗的一生》(49 期)、交际家黄警顽自述《二十年社交经验谈》(50 期)、妇女节制会总干事王立明女士自述《由家庭到社会》(53 期)、医学家伍连德自述《得之于人用之于世》(58 期)、赵景琛《讽刺画家毕尔邦》(63 期)和以鼠成名之画家、米

213

老鼠的创造者华德地斯尼（Walt Disney,72期）等。自第101至119期，"名人生活回忆录"取代"现代成功人自传"，陆续刊载冯玉祥《我的入伍前后》、甘乃光《我的行政研究的开始》、丰子恺《我的学画回忆》以及伍联德、梁寒操、陈公博、张寿镛、洪深、廖世承、刘长春、李森、徐心芹、马思聪、黄柳霜、程天固共十四位名人早期生活的回忆。

在名人的空间里，《良友》画报不遗余力地解读复杂的社会关系，以便扩大名人空间的内涵和外延。除第124—130期设置"国际时人素描"主题栏目，介绍国际名人事迹外，《良友》画报于第146—151期设置"世界元首画传"栏目，中国蒋介石、美国总统罗斯福、英国战时内阁首相张伯伦、苏联斯大林、德国希特勒次第登场。《良友》画报还聚集了一大批文学巨匠，如田汉、郁达夫、老舍、林语堂、鲁迅等。

从"成功人"到"名人"，再到"世界元首"，《良友》画报是在一层层地加大名人身上的文化载重，构成了金字塔形的名人空间，以激起大众的政治热情、宗教狂热以及积极的人生态度。在生活理念和精神追求领域的现代性进程中，发挥媒介的社会作用。

二、名媛明星的身体空间与现代性

《良友》画报大胆突破了中国女性不出闺阁的历史惯例，把现实真人的照片、图像刊登在画报的封面上或内页的版面里，供大众阅读和欣赏。它将女性从闺阁推向广阔的社会，开拓了中上层女性展示其形象的公共空间，并创造了上海消费社会里丰富多彩的都市文化。

刊登摩登时尚的名媛明星画像是《良友》画报的封面特色。172张封面图像中，161张女性图像，11张男性图像，女性所占比例达到94.3%，男性所占比例仅5.7%。① 据主编马国亮回忆："《良友》封面，

---

① 吴果中：《〈良友〉画报与上海都市文化》，长沙：湖南师范大学出版社2007年版，第224页。

第四章 中国传统与现代双重变奏的视觉表述与文化构图

从创刊开始,一直是以年轻闺秀或著名女演员、电影女明星、女体育家等的肖像作封面的。迁港出版以后的各期中,配合战时需要,都改为以抗日将士或与抗战有关的妇女为封面了。"① 笔者曾做过统计,《良友》画报真正有名字可考的封面女郎共 96 个。初步探究其身份发现,体育健将或体育家 2 名,美术家 1 名,学生 9 名,闺阁名媛 6 个,电影明星或演员占据绝大部分比例。② 第 1 期封面"胡蝶恋花图",刊登的是一幅套色照片——一个手持鲜花、笑靥迎人的美女,那就是后来红极一时的电影明星胡蝶。她于 1933 年当选为电影皇后,后来再次亮相《良友》第 100 期封面。

图 1 《良友》第 1 期封面胡蝶像　　图 2 《良友》第 100 期封面胡蝶像

《良友》画报封面所营造的明星名媛形象,无疑为大众提供了摩登女郎的样板:出色的才华、悦目的姿色、时尚的生活品味、高雅的艺术

---

① 马国亮:《良友忆旧——一家画报与一个时代》,北京:三联书店 2002 年版,第 247 页。
② 吴果中:《〈良友〉画报与上海都市文化》,长沙:湖南师范大学出版社 2007 年版,第 225—226 页。

图3 《良友》第16期封面黄柳霜像

姿态、健美流行色。如第69期是一幅手握网球拍、身穿运动装的青春健美女士图像,第77期是穿简单轻便的运动装、极富力与美的游泳健将、在当时有"美人鱼"之称的杨秀琼女士,第86期是"春郊试马图"的胡蝶女士,第118期是扬帆启航的健美女士,第139期"新时代中国女性"封面,是身穿武装、手持钢枪、温柔中蕴涵阳刚之气的女性照片,第148期是弯弓射箭的新女性等。《良友》画报营造的多数是一种有力与健康的女性美,而不是养在深闺、三寸金莲的病态美,"真正的美观,还是在康健的身体,和丰满的肌肉"①。

女性健美的身体是《良友》画报所营造的摩登女性空间的核心要素,而娇弱的病态美是其一贯摒弃的。它倡导"有健全的母性才有健全的民族"②的现代性理念,并在刊物上传播开来。因此,第124期"现代欧洲女性"刊载摄影记者陈昺德在德国柏林召开的世界运动大会上所拍摄的照片。第145期"欧美妇女的夏季运动"特辟两个版面,刊登四幅大的和十幅小的图像,展示了欧美妇女的夏季运动情形。《良友》画报注重传播健康的、现代性的消费理念。

---

① 《玲珑》第110期第1593页。
② 《良友》1937年1月第124期《编辑室杂记》。

图4 欧美妇女运动像　　　　图5 西方健美女性像

三、时装的流行体系与现代性消费

20世纪20年代各大报刊所开辟的服装专栏或各时装杂志的出现,很大程度上推动了新时装的产生与流行。《良友》画报接受了许多时装设计者、画家或时装摄影师的要求,开辟专栏,专门设计或描写上海的流行服饰。

图6 20世纪二三十年代上海时装　　图7 20世纪二三十年代中国旗袍

《良友》画报第4期"上海妇女衣服时装其二"刊载了1926年上海社交界妇女的装束图片;第13期(1927年3月)图文演绎了数十年来

美国女子体育服装的演变，并刊载了画家叶浅予"实用的装束美"专题图片，寓富丽于淡雅的裙衫格式、玄色素调的绣花旗袍、袄子做成曲襟、裤子把脚管做斜的家庭妇女装束等，既美观大方，又简洁实用；第29期（1928年8月）刊载了画家万籁鸣所设计的若干款新式旗袍样稿；第31期（1928年10月）刊登了叶浅予所设计的若干款冬季女性服装样稿；第82期"时装表演"主题介绍，刊载著名电影明星身穿时装的模特形象图片。相对于1926年的时装来说，这一时期的服装在摩登发型和饰物的衬托下越来越具现代性的文化要素。而第150期"旗袍的旋律"主题栏目，以两页整版的篇幅和十五幅图片，介绍旗袍已和欧美女装的风尚发生了联系，成为中国现代女子甚至世界女子时装界的一支新军。

第三节 《北洋画报》：传统与现代双重变奏的图像呈现

与上海一样，作为中国历史上的重镇，天津文化中的传统与现代表征也可被视为中国城市文化中的范例。而诞生于此的《北洋画报》以图片为主、文字为辅的媒介样式对天津文化中的传统与现代做了合理的视觉表述与图像呈现。由此，笔者试图解析《北洋画报》的城市艺术造型及其城市文化生产，来论证传统与现代这两种质素如何在画报的图文世界里形塑天津近现代城市文化的特有风貌。

一、《北洋画报》的文化生产语境及技术力量

《北洋画报》于1926年7月7日在天津创刊，1937年7月29日因抗日战争爆发停刊，共出版1587期，并于1927年7月至9月间另出版副刊20期，是民国时期北方出版时间最长、出版期数最多的综合性画报，曾被称为北派画报的"巨擘"。

第四章　中国传统与现代双重变奏的视觉表述与文化构图

图8　《北洋画报》第一期

　　20世纪初的天津,作为时尚、繁华的大城市,曾享有"夜上海"之美誉。自1860年开埠以来,它便"加速了向城市近代化的过渡"①。之后的"九国租界"划定,吸引了政府、洋人、官僚、军阀等实力雄厚的投资者,查阅1928年天津社会局的调查发现,"在天津的中国城区(不包括租界),共有中国人开办的工厂2186家,资本总额约为3300余万元,其中制盐、碱、棉纱、面粉、火柴等17家大型工厂资本额为2900余万元,占资本总额的93.3%。另外各国租界内中外工厂3000多家"②。可以想见,至民国时期天津基本完成了近代工业体系的承建。

　　天津的港口优势,集纳了河南、山东、山西、陕西、甘肃、新疆、内外

---

① 张利民:《解读天津六百年》,天津:天津社会科学院出版社2003年版,第361页。
② 罗澍伟:《近代天津城市史》,北京:中国社会科学出版社1993年版,第418页。

蒙古等省份的贸易商品与世界市场的对接,占有中国北方三分之二以上的贸易总额,商业公司如中原公司、劝业公司崛起。天津的商业发展迅速。

从清末至民初,天津占有中国较大数量的银行和保险机构,金融业也很发达。据统计,至1932年,"我国银行在天津设立总行的有10家,占全国总行数的7.03%,设分行数93家,占全国所有分行数的9.43%。实收资本总额2548万元,占全国银行资本总额的12.69%,仅次于上海,居全国第2位"①。

可以说,天津完备的工商业体系、发达的金融贸易市场提高了天津市民的生活水平,使天津成为除上海外中国另一重要的人才集纳场所。由清末民初的士绅阶层转化而成的新型知识分子、海外留学生及接受国内新式教育的知识阶层成为天津城市文化的生产及消费主体,他们作为天津近代城市社会结构分化中的新兴社会群体,主导着天津城市文化的发展走向。

同时,天津的发达经济也吸引了周边地区人员的加入,"各地的乡村富户、商人、买办、清朝的遗老遗少和军阀官僚纷纷迁居天津"②。外围天津人的加盟,以及九国租界并立、华洋共处、南北共存的城市背景,增添了天津城市生活如娱乐方式、娱乐场所等消费文化的多样性与复杂性。各种娱乐场所如戏院、书场、杂耍园、电影院以及舞场等迅速兴起,西洋文化和中国民间文艺交汇共荣。

以上经济的与文化的生产语境,一方面影响着在这种环境中大众读物创办者的文化理想和精神旨趣,另一方面也培育了大众读物的具有特定阶级背景和文化偏好的消费群体,共同制约大众读物的城市文化生产路径。《北洋画报》的问世,为这种近现代城市风格作了最佳诠释。

---

① 谷书堂:《天津经济概况》,天津:天津人民出版社1984年版,第392页。
② 李永生:《记录时代的侧影——〈北洋画报〉研究》,暨南大学2008年硕士学位论文。

第四章　中国传统与现代双重变奏的视觉表述与文化构图

《北洋画报》的创办人冯武越,中国银行总裁冯耿光之侄子,其妻为张学良妻子"赵四小姐"赵一荻之姐。冯曾长期在欧美学习航空和无线电技术,是"受欧风美雨熏陶的新派士绅"①,爱好摄影和收集、研究画报,立志创办报刊,试图借助文化企业的经营,表达其文化理想。《北洋画报》的办刊宗旨由创刊号上可见一斑:

> 举凡时事、美术、科学、艺术、游戏,种种的画片和文字,画报均应刊登,然后才能成为一种完善的报纸。这样组织完备的画报,中国还没有一个,所以同人按着这个宗旨,刊行这半周刊,将来发达以后,再改为日刊,也说不定。

由此,冯武越精心选拔人才,曾担任《北洋画报》主编或编辑的张镠子、童漪珊、刘云若、吴秋尘、左小遽及王小隐均是天津的精英、名士,在深受新派绅商意念浸染的传播主体的影响下,《北洋画报》选取"时事、艺术、科学"六字以为口号,提出"传播时事,提倡艺术,灌输知识"的刊物旨趣,追求"最新""现代"的媒介风格;而刘云若是五位主编中唯一的天津人,其平民化倾向却使《北洋画报》在现代和高品位的特质下增添了市民生活的本土化传统气息。可以说,媒介主导着欧风美雨的现代色彩与中国士绅的传统意味杂糅于《北洋画报》的文化意表。

因此,《北洋画报》从一开始,就是一个传统与现代同构的历史产物。具体地说,就是"在一个现代的框架下,此起彼落地收纳了一些传统的素材"②,在关注西洋文艺、新兴科技的同时,也夹杂着天津市民趣味的传统理念和生活方式,显示出新与旧的混杂。

相比于天津早期画报《醒俗画报》的石印技术,摄影技术和铜锌版

---

① 张元卿:《读图时代的绅商、大众读物与文学——解读〈北洋画报〉》,《天津社会科学》2002年第4期。

② 李孝悌:《恋恋红尘:中国的城市、欲望和生活》,上海:上海人民出版社2007年版,第313页。

印刷技术的大胆使用,让《北洋画报》以崭新的面貌出现,被誉为"天津及华北第一份铜版画报",开北派画报先河,"印刷精美,为北方巨擘"①,是近现代中国画报"铜版时代"之佼佼者②。摄影技术的突破性进展,消除了石印技术"不能传真,仅传其意而已"③的弊端,运用照片所能表达的"真实感""现场感"和写实风格,很容易为《北洋画报》的读者带来全新的感官经验和美的视觉效果。同时,摄影技术快速、迅捷和高容量的优势,能提供丰富的、捕捉历史变迁进程的画报内容,切合中国社会的立体面相。有位以"君宜"为笔名的评论家认为,"论及画报之改进趋于现代化时,则《北画》亦占有光荣史之一页",理由是它"抱定'真''美''善'三字",在图文互动的意义空间反映20世纪的快速变迁的中国社会。"君宜"谈道:

> 按画报图文并重,非仅鼓吹风雅,为调剂精神,作茶余饭后之消遣;其有助于艺术之提倡,尤为更重大之使命。又画报之所以为画报,即须有"画"与"报"……《北画》向重新闻片,且其登载从不落人后,有时且较日报捷足先登。④

犹如戏剧家齐如山先生为《北洋画报》九周年纪念题字称其"绘象社会"⑤,《北洋画报》将时事、社会活动、美术、科学、艺术、游戏、风景名胜等一一付诸图文,在内容上相较天津早期画报《醒俗画报》《人镜画报》等做了新的改进。

然而,在先进技术的表象下,《北洋画报》仍保持着中国传统作坊式的作业环境,天津同期《益世报》副刊《语林》主编吴云心写道:"当年这个报社的设备与编辑情况,简陋得令人难以想象!"他具体地描述为:

---

① 刘凌沧:《中国画报之回顾》,《北洋画报》第888期,1933年1月31日。
② 参见《五十年来中国画报之三个时期及其批评》,祝均宙、萧斌如编:《萨空了文集》,上海:上海科学技术文献出版社2002年版,第367—368页。
③ 冯武越:《画报谈》(上),《北洋画报》第18期,1926年9月4日。
④ 君宜:《由北画九周纪念谈起》,《北洋画报》第1266期,1935年7月7日。
⑤ 《北洋画报》第1266期,1935年7月7日。

今日在和平路滨江道路口以东一条狭窄街道转角处,有一所小楼,楼下一间(当年是23号),就是《北洋画报》编辑部。后面工厂有一副五号字字架,半副三号字,一台八页平版机。有几位工人,没有制铜版的车间,铜版由外面制版厂代制。编辑部有一位编辑兼校对员,加上冯武越本人,还有一个交通员兼勤杂。全部报社人员就这么多。①

现代技术与传统作坊的交会,是近现代中国报刊史上一种有趣的文化经营现象,是西洋东渐过程中仍然蕴含本土要素的生动体现。不过,摄影技术和铜锌版印刷技术已使《北洋画报》的现代化取向日益强势。

二、现代情怀的内容取向与传统文化符码交织的视觉表述

从媒介内容来看,《北洋画报》包括时事、政事、文教、体育、戏剧、电影、书画艺术及中外史地知识、风景民俗、考古文物等方面的各种社会活动、重要事件和人物;刊物以照片、图片为主,兼有文字;副刊专载长篇小说、笔记杂文、诗词、名画、漫画等。从每期的细目和章法即可明辨:

> 以最精美、最有价值或最与时事有关系的图片登于封面上方中部。第二页登新闻照片、时事讽画及与时事有关的人物风景照片,小品文字亦取切合时事者编入此页内,是可名为动的一页。第三页登美术作品:如古今名人书画、金石雕刻、摄影名作、艺术照片,如戏剧、电影、游戏、闺秀及儿童等照片,文字则取合于艺术方面的,是可名为静的一页。第四页即底封面,刊科学发明、长短篇小说等,遇有重要时事照片,必需赶

---

① 吴云心:《冯武越经营〈北洋画报〉》,《吴云心文集》,天津:天津古籍出版社1990年版,第586页。又见《天津报海钩沉》,《天津文史资料选辑》总第九十六期,天津:天津人民出版社2003年版,第133页。

速刊入者,则牺牲广告,登封面广告地位内。①

《北洋画报》刊载内容范围广、种类多、新闻性与娱乐性结合,版面动静结合,和谐地承载了内容主体,并在平衡技巧中取得内容的合理呈现。

> 种类之支配,必以均匀为主,以期能满足各种阅者之希望。计每期图画至少十二三幅,多则十五六幅,平均分配如下:封面画一,本国时事及人物三,讽画一或二,外国时事及人物一或二,本国名人书或画一,古物或雕刻一,名闺或儿童照片一,摄影名作一,戏剧或电影一或二,时装或特殊风景片一,科学发明一。是为图画平均分配之标准也。②

从以上告示中可以看出,《北洋画报》是一份以北洋军阀时期至抗日战争前夕的军国大事和天津社会风尚为主要题材的摄影刊物。与早期《醒俗画报》以"乡野传奇、搜奇志异"③及迷信风俗为主要题材营造强烈传统氛围不同,它侧重时事政事、军国大事、先进科技、现代化建筑等素材的传播,并配以着时装的人体摄影、彰显力与美的运动画面和带"洋味"的娱乐与消费场景。由此可见,《北洋画报》上的"时事""艺术""常识"主要着眼于"现代市民读者的需要,带有强烈的娱乐和消费色彩",④构建起现代刊物特有的气质与风格。

据统计,1587期《北洋画报》2万余帧图片中时事新闻、各种社会活动及相关时事人物照片占1万余帧,如《两张将军督战南口》(11期)、《日军在济南暴行之真相》(193期)、《侵我领空之日军飞机抵达

---

① 《北洋画报》第22期"编辑者言",1926年9月18日。
② 同上。
③ 李孝悌:《恋恋红尘:中国的城市、欲望和生活》,上海:上海人民出版社2007年版,第313页。
④ 陈艳:《〈北洋画报〉时期的刘云若研究》,《中国现代文学研究丛刊》2011年第4期。

第四章 中国传统与现代双重变奏的视觉表述与文化构图

天津八里台上空之情景》等济南惨案专刊(195期)的图片报道,《美国选举总统当选之罗斯福与夫人、公子合影》(1485期)、《西安事变被难之军政要员返京合影》(1499期)的报道等。《北洋画报》上有电影人物照片3000余帧,金石书画、艺术摄影等美术作品图片约6000千余帧。如自319期起设置"时人影传",详细介绍十多位当世社会各界名流如前驻比公使王景岐、医科大学教授潘其燻、新闻记者及文学家王小隐、商学士赵国煌、小说家赵焕亭、胶东勇将刘珍年、天津特别市市长崔廷献等。又自972期至1586期设置"电影专刊"共107期。

图9 《北洋画报》193期"日军在济南暴行之真相"

《北洋画报》还更多地关注西洋女子奇异习尚(32期)、西妇的奇异装束、天津女明星剪发热(33期)、南开女中校游艺会、南开春季运动大会及第十三届华北田径赛运动会(192期)等时尚的现代主题。受着冯武越"打造现代都市刊物,提倡现代生活方式"以及资产阶级中上层消费群体的文化理想和传播理念的指引,这种现代、时尚的刊物主题在冯武越以及前两任主编掌管时期体现最为明显。1934年《北洋画报》刊载《西洋妇女家庭生活》，图文并茂地呈现了西洋妇女"沐浴""画眉""唱随之乐""读倦""缝纫""早餐"等生活常态，倡导时尚生活潮流。

图10 《北洋画报》第1060期"西洋妇女家庭生活之沐浴"

图11 《北洋画报》第1061期"西洋妇女家庭生活之描眉"

现代生活方式和娱乐休闲方式在《北洋画报》广告中也得到透彻的视觉表述。"破天荒·纯西式·最华贵"的大华饭店、春季赛马之大华饭店（第455期广告）、回力场球赛广告（第951期广告）、高尔夫球场广告及其打法介绍（第60期封面、第583期高尔夫专号、第615期

"美记小高尔夫球场广告")、舞厅及影院广告等①,折射出天津市民生活方式的西化和时尚,也足以证明天津城市文化的多元与开放,现代消费文化的意念在天津逐渐成型。

然而,1928年6月国民革命军的北伐基本结束,政治文化中心南移,天津的城市身份面临一次历史的变更,而此时接任《北洋画报》第三任主编的是天津本地人刘云若。社会背景与传播者文化性格

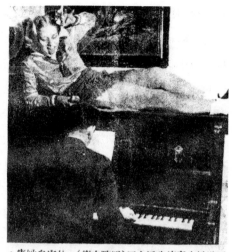

图12 《北洋画报》第1062期"西洋妇女家庭生活之唱随之乐"

图13 《北洋画报》第583期"微高尔夫球场一瞥"

---

① 在此不过多涉及《北洋画报》广告的研究,若有兴趣者,可参阅韩红星:《一报一天堂:〈北洋画报〉广告研究》,厦门:厦门大学出版社2012年版。

227

的变换,使《北洋画报》的"本土化"色彩和传统文化的呈现逐渐加强。因此,与同期上海现代性刊物的代表《良友》画报相比,《北洋画报》又具有"明显的北派特色,如对传统戏剧和民间曲艺的热情,以及北派武侠和通俗社会言情小说的刊载,都反映了天津独有的文化气象"①,从而彰显出现代质素下传统素材大量并置的话语框架。

譬如在第224期第二版登载了萧振声死后在其儿子身上显相的鬼影照片,形成惊悚的气氛。搜奇志异的传统意念,与早期上海《点石斋画报》和天津《醒俗画报》并没有多少区别。第1118期《津门祈雨习俗》介绍民国六年天津祈雨的地方习俗,第1203期《津市年俗种种》叙述天津"供神像""守岁""发纸""接香"等传统年节文化,第1182期《诘津市杂耍场》描摹天津人看戏和听曲艺的休闲娱乐,则有着强烈的民俗风格。中西文化或者中国传统与现代文化符码并置是《北洋画报》的普遍现象,如第101期第三版西方美人的裸体照与新郑出土的古铜器虎彝和蟠虺镈照片、第751期第三版将西洋人(包含1932年犹哥斯拉夫小姐、西班牙小姐)的美体摄影照与周朝盛酒器具虎乳卣照片并置于同一版面。

《北洋画报》刊载京剧人物照片4000余帧;自第166期起设置"戏剧专刊"达422期,曾设"梅兰芳专号"(81期),不遗余力地介绍与推广中国传统戏剧文化;曾连载八部长篇通俗小说,其中四部为社会言情小说,开创了"津派"小说的先河,如创刊号上推出的喜晴雨轩主《津桥谍影录》、刘云若《换巢鸾凤》《春风回梦记》、吴秋尘《穷酸们的故事》、左次修《簾卷西风记》、赵焕亭《姑妄言之》、李薰风《球场上底蔷薇》等,以现代都市民风民俗及市民生活为题材,甚至小说男女主人公的原型大多是二三十年代在天津走红的名人雅士,并曾受到《北洋画报》的关注。如《换巢鸾凤》男主人公任笑予的原型是萧松人,而

---

① 陈艳:《〈北洋画报〉时期的刘云若研究》,《中国现代文学研究丛刊》2011年第4期。

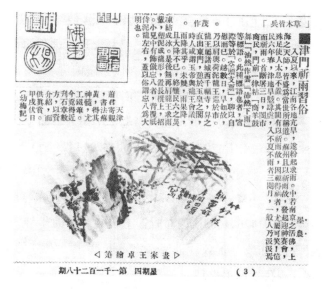

图 14 《北洋画报》第 1118 期"津门祈雨习俗"

《北洋画报》于 1929 年 11 月 9 日曾做过《松人作品专刊》的图文报道；《春风回梦记》重要人物国四纯、朱媚春的原型便是剧坛名宿罗瘿公和名伶程砚秋，《北洋画报》多次登载后者的图片，并于 1927 年 3 月 25 日刊发《程砚秋特刊》。应该说，《北洋画报》上刊载的戏剧专刊、名士名伶、通俗社会言情小说的图文表现，以及小说与画报的互文关照，对天津市民文化做了一次"本土想象"①式的构建，提供了一套天津城市文化中传统与现代交织图景的视觉表述。

三、女性现代身体与传统意念纠缠的图像呈现

在传统文化和天津民风民俗的题材之外，《北洋画报》给人印象最强烈的，无疑还是那些轻松的、新鲜的、现代的文化符码，尽管仍表现出传统的某些方面。《北洋画报》封面女郎的成分构成及其情态变化就是一个很好的例子。

---

① 陈艳：《〈北洋画报〉时期的刘云若研究》，《中国现代文学研究丛刊》2011 年第 4 期。

一般说来,女性往往是社会变迁的晴雨表,她们"抛头露面"、走出闺阁、走入大众视野进而成为公众人物,是社会现代进程的重要标志。1587期《北洋画报》(尤其是前700期)多以名媛闺秀、女明星、女学生等有名的"新型"女性照为封面,并置于第一页上方最显著的位置。比如陆小曼——徐志摩的妻子就出现在第29、37期的封面上;著名影星黄柳霜的照片曾6次(第70、142、339、365、1422、1433期)出现在封面上;"影后"胡蝶的照片更是不胜其烦,曾23次(第82、104、166、189、121、226、329、593、631、706、724、811、840、940、967、1100、1118、1175、1326、1330、1368、1426、1485期)在封面上出现。借助年轻、富有和摩登等有魅力的都市女性形象,《北洋画报》试图建构一种新的都会生活方式,体现其现代性的追求理念。

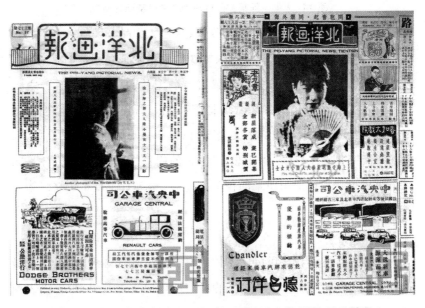

图15 《北洋画报》第三十七期、第一百八十八期封面,陆小曼像

与摩登女郎的身体打扮所不同的是,朴素、自然、爱国的女学生也曾一度成为20世纪30年代《北洋画报》封面的主角,南开大学、南开女中、河北女师、中西女生等以及北平、上海、哈尔滨等地学校女生时

第四章　中国传统与现代双重变奏的视觉表述与文化构图

有出现,如南开女生姚念媛曾四次登上《北洋画报》封面,并于1932年被聘为《北洋画报》特约记者,其在"国难"中的爱国行为影响巨大。她们作为中国近现代女子教育下"新女性"的代表,受到《北洋画报》的青睐。

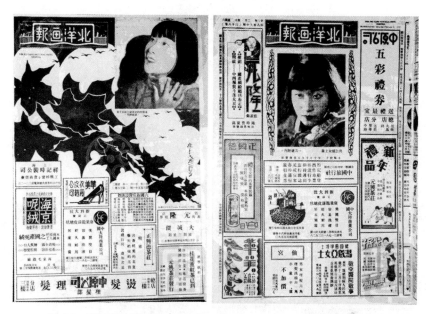

图16　《北洋画报》第八百五十一、第八百九十期封面,姚念媛像

在现代女性形象的建构中,《北洋画报》塑造了另一类特殊的女学生形象——运动员或运动家封面女郎。从1931年始,女运动员络绎登上《北洋画报》的封面,如游泳健将"美人鱼"杨秀琼曾两次(第1001、1152期)在封面出现,展示了全运会上标准美人的独特气质;上海排球名将关柳珠女士曾三次(第999、1008、1145期)出现在封面上;体育名将孙桂云(第1005期)、青岛游泳女将卓逸瑜(第1007期)和体育健将李琼英(第1489期)、北平女子垒球代表刘有锦(第1154期)、网球名手徐树敏(第1150、1215期)和张桂(第1450期)、南开大学运动健将三女士(第1247期)、前南开女中排球名将包经第、广东跳水冠军"美人虾"伍舜英、天津健美型篮球名将靳淑荃(第1451期)等女士

231

——登场,彰显身体的"健美"与"力量",成为"健康美"的现代女性范本。

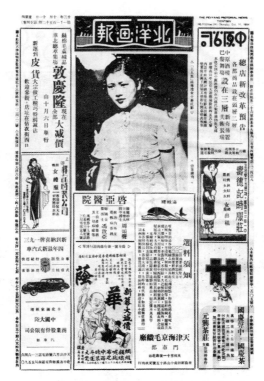

图17 《北洋画报》第1152期封面,杨秀琼像

除此之外,更能彰显女性身体的现代意义的,是那些类别繁多的运动照片。第192期刊登的《南开女中校游艺会》《南开春季运动会》和《第十三届华北田径运动会》展示了一个充满朝气和活力的新时代,让人耳目一新。此后,不管是从1930年4月开始、1933年和1935年再度举办的全国运动会①,还是南开大学女生之春季运动中排球、网球、跨栏、标枪、游泳等比赛的照片,都呈现出现代女性健康美的典范,彰显与传统弃绝的身体感官。

---

① 《社会体育》,载教育部:《第一次中国教育年鉴(下)》,上海:上海开明书店1934年版,第889页。

第四章 中国传统与现代双重变奏的视觉表述与文化构图

在《北洋画报》封面女郎中,还有另一种形象——普通女性。第701—770期有34个封面却只有其名(甚而无名)的普通女性,从标明身份的文字看,其中有一部分是都市中的现代职业女性——政府女职员和学校女教员。如"河北省政府女职员朱群芳女士"(第974期)、"本市培才学校体育指导罗治英女士"(第1010期)及"本市中西女校教员陈佩月"(第1097期)等。照片大多为天津同生照相馆拍摄,与明星名媛有着相似的背景、相似的穿着打扮、相似的坐姿与表情,表明明星的"摩登"与"时尚"已流行为城市普通女性惯常的生活方式。

依据张英进的观点来看,在《北洋画报》视域中,女性身体一方面是供人欣赏的艺术品。它经常刊登西方裸女的图画或照片,如1927年12月10日刊登巴黎女模特全裸的素描;在二周年庆专刊上刊登雷根劳特(Regnault)油画《真善美》,画中呈现三位西方裸女;1928年7月7日刊登以《美人十五美图》为题的摄影作品,对女性身上迷人的发、眉、目、鼻、齿等十五个部位一一加以呈现。另一方面,从"现代中国视觉文化中存在的市场机制"来看,女性身体"被表现为商品而消费"①。《北洋画报》注意刊登舞者、舞场的照片及其相关道德文章,如第513、520期对"明月歌舞团"及其舞女裸露的身体和相关道德文章做了图文并茂的报道,赢得更多读者的关注,并揭示了女性身体作为重要文化事件的能指的社会价值,通过对禁舞运动②、反缠足运动③和天足会成立的报道④,以及时髦小姐天足的美丽画面表述⑤,通过对女

---

① 张英进:《中国早期画报对女性身体的表现与消费》,载姜进主编:《都市文化中的现代中国》,上海:华东师范大学出版社2007年版,第61页。又见陶东风主编:《文化研究》第6辑,桂林:广西师范大学出版社2006年版,第85页。
② 诛心:《打倒跳舞之运动》,《北洋画报》1927年5月8日;诛心:《禁舞运动评议》,《北洋画报》1927年5月25日。
③ 寄萍:《论缠足》,《北洋画报》1933年12月14日。
④ 寄萍:《提倡天足之绝妙文章》,《北洋画报》1929年5月14日。
⑤ 冻疮药水:《时髦小姐们的脚》,《北洋画报》1927年2月19日。

子束胸与小衫如何改良等"天乳运动"①和女子剪发美发②等社会事件的图文呈现,《北洋画报》塑造了现代女性身体的完美范本,并进而提倡女性走出"传统"进入"现代",改女性的孱弱为强健。

然而,在新型女性身体和时尚生活方式背后,却投射出《北洋画报》在现代女性身体与传统文化意念之间相互纠结的社会情形。"九一八"和"一·二八"事变之后,"抗日救国"成为社会的强烈呼吁,女性的抗日爱国行为也日益激进,《北洋画报》对此尤其是对于南开学校和南开女生的募捐筹款爱国行为极为关注。如《北洋画报》报道,南开女生的领袖人物姚念媛于1932年4月25日组织励群社举办募捐游艺会,编导并主演本真的时事话剧《到前线去》,剧中的女性身兼两种角色——看护和战士。正如研究者所说,"看护作为战时女性的标准工作,实际上是女性传统家庭角色的延伸……中国传统文化中本来就有'木兰从军'的经典意象……表明战争时期对女性传统形象回归的普遍期待……"③这种"男性前线作战保家卫国,女性后方护小敬老"的中国文化心理在《北洋画报》多次报道南开女生做针线活为前方战士缝制绷带和衣服等场景中得到了充分体现。家庭与社会是划分男女活动空间的传统因素,性别的传统秩序依然横亘在现代意识的思维世界。

因此可以说,新型女性身体的现代性含义"并不能消解其意识形态上的保守性"④。《北洋画报》刊文认为:"没有好母教,造成不了健全的国民;没有好国民,无以形成好家庭;无好家庭,怎能有好国

---

① 悦之:《束胸典故》,《北洋画报》1934年2月6日(2);张竞生:《论小衫之必要》,《北洋画报》1927年5月4日。

② 《剪发问题》,《北洋画报》1926年12月11日;《时髦消息一束》,《北洋画报》1927年7月9日。

③ 陈艳:《"新女性"的代表:从爱国女学生到女运动员》,《广西社会科学》2009年第12期。

④ 同上。

民?"①妇女依托家庭,担当生育的使命,繁衍民族生命,练就对国家的贡献。借助"爱国"桥梁,实现了现代女性身体(女性运动员或女职员)与传统文化意念的内在统一。

透过1587期《北洋画报》的视觉表述和图文呈现,我们可以清楚地看出天津城市文化在20世纪二三十年代传统与现代双重变奏的相互交织。《北洋画报》在现代化的生活方式、休闲娱乐甚至艺术品位的取向中,仍然夹杂一些传统的文化符码和保守的意识形态。尽管它以轻松、活泼、积极的方式,表达了摩登与时尚的现代生活及健美的身体意旨,呈现出一种城市文化高品位的现代性,但是女性传统性别秩序以及搜奇志异的刊物旨趣、地方传统民风民俗的绍介,表现了由传统向现代递变的过程中,城市文化中传统意念根基的稳固,从而建构了文化样式中的多元共存与变异。

当然,《北洋画报》营造出来的那个健美、时尚的现代世界,在多大程度上想象与建构了20世纪二三十年代天津城市文化的整体面相,究竟是《北洋画报》反映了真实的天津,或是《北洋画报》为天津市民提供了一套文化蓝本,勾起其消费欲望,从而建构自己的审美观等,这些是有待进一步探讨的问题。

第四节 《晋察冀画报》:中国红色战地的摄影纪实

在中国抗战的艰苦时代,曾诞生过两本画报。一本是在抗战大后方重庆出版的《联合画报》,它是太平洋战争后,由中、美、英三国联合主办,后由美国新闻处接管的同盟战时画报;另一本则是在炮火纷飞的华北敌后诞生的《晋察冀画报》。

一般来说,传播对国家建构有两种作用:一是协调社会,二是促使

---

① 诛心:《中国的进步》,《北洋画报》1934年2月24日。

成员社会化。① 对上海、天津等都市文化的传统与现代性要素进行想象与建构,是《良友》画报和《北洋画报》的民族共同体精神诉求与文化构图。而诞生于中国华北红色战地的"抗战鲜花"——《晋察冀画报》,却采用另一种独特的叙事方式记录战争生活,用镜头捕捉历史的震撼画面,让照片成为一种与"枪杆子"并肩的斗争武器,成为战争文化的有力创建者和战斗动员力量。

一、《晋察冀画报》的创办主体及纪实追求

早在1942年5月1日,晋察冀画报社便在河北平山县支角沟正式成立。军区政治部任命在太原"全民通讯社"任摄影记者、敌后抗日根据地第一位专职摄影记者沙飞为主任(社长)、罗光达为副主任(副社长)、赵烈为指导员。画报社下设编校、出版、印刷、总务四股。在聂荣臻(时任晋察冀军区司令员兼政治委员)的多次接见并以一台德国魏尔脱照相机相送的鼓励下,沙飞以政治部编辑科科长兼抗敌报副主任的身份,一面采访拍摄、举办影展、培训人才,一面购置机械、添补物资、招募员工,积极筹划画报社及画报的创建工作。

1942年7月7日,即卢沟桥事变爆发五周年之际,《晋察冀画报》正式创刊,以"特大号"、图文并茂的方式彰显面世。创刊词及主要文字介绍由章文龙编写,邓拓加工润色;所有摄影作品与文艺作品均由聂荣

图18 《晋察冀画报》第一期

---

① 转引自〔美〕米切尔·斯蒂芬斯:《新闻的历史》,陈继静译,北京:北京大学出版社2014年版,第43页。

臻亲自审定;创刊号扉页刊登杜芬的布画《在毛泽东的旗帜下》,相继刊有聂荣臻、宋勋文、朱良才、萧克、程子华等军区领导的题词;军区政治部主任朱良才、宣传部部长潘自力亲自到会庆祝画报的出刊。由此可见,《晋察冀画报》是一个由中国共产党直接领导、纪录抗战事实的舆论阵地和组织机关。关于这一点,聂荣臻的创刊号题词又可为证:

> 五年的抗战,晋察冀的人们究竟做了些什么?一切活生生的事实都显露在这小小的画刊里:它告诉了全国同胞,他们在敌后是如何地坚决英勇保卫着自己的祖国;同时也告诉了全世界的正义人士,他们在东方在如何的艰难困苦中抵抗着日本强盗!

遵循创办群体的刊物旨趣,画报创刊号封面刊登《塞上风云》(又名《八路军挺进长城》),展现的是 1937 年秋杨成武支队向长城内外进军的飒爽英姿;创刊号封底刊登《沙原铁骑》,表达的是驰骋在沙原上的骑兵的英勇风采。这些作品均为沙飞加入八路军后,随部队挺进敌后拍摄的战地摄影作品。

在中国共产党、晋察冀军区的直接领导下,《晋察冀画报》成为中共第一份新闻摄影画报,也是抗战中由中国人自己创办的唯一画报。除了中国共产党和晋察冀军区的领导力量外,还有一个对画报产生更为直接影响的群体:沙飞以及来自全国各地的充满了理想主义情怀的热血青年和年轻知识分子。

沙飞被称为中国的卡帕。① 广东开平人,本名司徒传。1936 年 10 月 8 日,沙飞拍下鲁迅最为传神的一组照片——上海第二届全国木刻流动展会上的留影,也是最具有纪念意义的鲁迅生前的最后留影。11 天后,鲁迅与世长辞。沙飞闻讯后,迅速赶往鲁迅居住的四川北路寓

---

① 注释:罗伯特·卡帕,世界著名的战地摄影师,曾拍摄大量记录中国抗战的摄影作品,引起全世界的高度关注。

所,拍下了人们后来看到的唯一一张鲁迅的遗容照。鲁迅葬礼结束后,这些照片第一次使用"沙飞"的笔名发表在上海《良友》画报和《时代》画报等刊物上,沙飞因此而一举成名。

因接受过"五四"新思潮尤其是左翼文学的熏陶,沙飞与其他进步的中国文化青年一样,思想激进,不满现实,向往社会变革,投身前线,飞洒青春。沙飞曾撰文写道:

> 谁都知道,在国家如此危难的今日,要挽救民族的沦亡,绝不是少数人所能做得到的事。因此"唤醒民众"是当前救亡运动的急务。但是,直到现在,文盲依然占全国人口总数的80%以上。因此单用方块字去宣传国难是绝不易收到良好的效果的。摄影即具备如述的种种优良的特质,所以,它就是今日宣传国难的一种最有力的武器。①

把相机当做武器,用摄影纪录时代,以图像唤醒民众,这是沙飞投身抗战的理想追求。在担任晋察冀军区新闻摄影科负责人时,沙飞与罗光达曾在河北平山县蛟潭庄举办了一次街头新闻照片展,震动华北军民,影响很大。逐渐地,一首赞颂沙飞的民谣在晋察冀边区流行开来:"南蛮子、瘦个子,腰里挎个黑匣子,他为军人留影子……齐心抗日打鬼子。"沙飞由此深受鼓舞,自信大增,便萌发了在华北敌后创办画报的念头。后来他与加拿大援华医疗队大夫白求恩亲密接触,沙飞亲眼看见白求恩曾把中国抗战前线的诸多照片寄到国外,让世界更多人了解和关注中国抗战。这一情景促使沙飞创办画报报道抗战的决心日益强烈。在聂荣臻的支持下,经过几年艰辛筹备,《晋察冀画报》在环境严酷的华北敌后诞生了。

以相机为武器、积极创办画报、与沙飞一同奋战的,还有一大批怀抱理想的文化和摄影青年。1942年5月1日成立的晋察冀画报社由

---

① 沙飞:《摄影与救亡》,《广西日报》1937年8月15日。

政治部摄影科和印刷社合并而成。当时沙飞是摄影科科长,裴植是印刷社总务科长,因此作为画报的另一个创办者,裴植担任画报社党支部书记;沙飞的搭档、画报社副主任是一位摄影行家——石少华,也是广东人,性格内向、严肃庄重,与活跃、开朗、率性的沙飞互为补充,在冀中和晋察冀根据地先后创办了9期摄影培训队,培养了一大批摄影人才;赵烈——晋察冀画报社指导员,沙飞的重要助手之一,多才多艺,能写能歌善画,与章文龙合作谱写了《晋察冀画报社社歌》《晋察冀画报社一周年纪念歌》,1941年协助沙飞举办晋察冀军区第一届摄影训练班,担负部分课程的教学;章文龙——《晋察冀画报》的文学编辑,主持编辑了全部《晋察冀画报》13期及各种丛刊的工作,文学编辑还有赵启贤;美术编辑是唐炎。

那时的《晋察冀画报》还聚集了叶曼之、李途、杨国治、白连生、张进学、刘峰、李途、雷烨、蔡尚雄等优秀的战地摄影记者,也充分激发了各方面人才的才华与激情,如主要制版技师何重生、康健、曲治全、杨瑞生等,专职暗房技师宋贝珩、顾瑞兰等,专职档案工作者顾棣、沙飞警卫员赵银德等。"据记载,当年晋察冀画报社最兴旺的时候,竟达到近200人。这在华北敌后乃至全中国都可以说绝无仅有。""整个晋察冀军区鼎盛的时候部队达到了30万,有几百人的摄影队伍,比当时所有抗日根据地加在一块儿还多,这是别的地方没有的。"① 以《晋察冀画报》为阵地,以摄影纪实为追求,他们齐心合力,生发了《晋察冀画报》的舆论影响。

这是一群有激情与活力、有理想与斗志的文化青年。赵烈与章文龙合作谱写的《晋察冀画报社社歌》足以抒发他们的誓言:

> 我们是文化艺术的劳动者,
> 我们是思想战线的战斗员,

---

① 田涌、田武:《晋察冀画报一个奇迹的诞生中国红色战地摄影纪实》,北京:金城出版社2012年版,第77页。

> 我们用双手大脑劳作,
> 我们用笔杆机器作战。
> 生产精神的食粮,
> 制造文化的枪弹,
> 开辟新民主主义的文化田园。
> 劳作呵!
> 从日出东山到星光满天。
> 战斗呵!
> 黎明冲破了黑暗,
> 我们的歌声飘扬在太行山。①

在这种誓言声中,《晋察冀画报》破土而出,茁壮成长,成为抗日战争时期文化战线上的影像奇葩。

二、《晋察冀画报》的叙事主题及意义表达

自1942年7月7日创刊至1947年12月,《晋察冀画报》存在了近6年的时间,共出版发行十三期。设有新闻摄影、美术、文艺三大专栏。内容安排可从创刊号最后的《征稿简约》中得到最好注脚:

> 本刊欢迎反映边区内部与各抗日根据地以及大后方各种斗争与建设之新闻照片,美术作品(漫画木刻等)及文艺(通讯、报告、诗歌、散文、小说等)稿件。至于海外通讯,尤其是反映反法西斯之新闻照片、通讯更所欢迎。

"它像一部巨大的历史画卷,生动地再现了抗日战争时期晋察冀

---

① 顾棣、方伟:《中国解放区摄影史略》,太原:山西人民出版社1989年版,第200页。又,这首晋察冀画报社社歌为画报社老同志1980年的回忆,顾棣《晋察冀画报社史采访笔记之一》(手写本)即有罗光达同志增添的歌词。

边区威武雄壮和生气蓬勃的战斗和生活。"①它经历了中国抗日战争和解放战争两个历史时期,战争的炮火锻造了画报社的风骨,也锤炼了画报的叙事主题、论域所指及意义表达。

首先,图像报道战争及实施抗战舆论动员是《晋察冀画报》一以贯之的主题。画报创刊于"七·七卢沟桥事变"五周年纪念日,从"七月献刊"的发刊词,足见画报的战争主题建构:

> 是抗战的第五周年了,这是接近胜利的最后两年,也是斗争最激烈最艰苦的时期,也是要咬紧牙关坚持斗争的时期,也是要动员一切力量,积蓄一切力量,发挥一切力量的时期。所有抗日岗位上的战士们!拿起一切武器一切力量,准备做最后的决斗吧!
>
> 在这黎明前的黑暗时期,在这民族抗战的节日,我们献出这第一件礼物,为着迎接胜利的到来,我们欢呼吧:
>
> 万岁,战斗的新中国!
>
> 万岁,战斗的晋察冀!

《晋察冀画报》试图要扮演的是黎明前为破除黑暗、迎接胜利而呐喊的战斗勇士。

为更好地扮演这种媒介角色,《晋察冀画报》在刊物的图像空间里记录着抗战时期晋察冀区域的战斗情形,刊载以晋察冀边区为核心的一幅幅战争画面:第一期是"抗日根据地在炮火中成长"的专题报道,采用十一个页码二十八张图片全面报道了抗战五年来晋察冀根据地的主要战斗战役,做了高度的总结,深表赞誉。第二期开始设置《新闻摄影》专栏,真实再现了诸多大小战役,如冀中平原游击战、反蚕食斗

---

① 周巍峙:《人民战争的壮丽诗篇民族精神的艺术再现——祝〈抗日战争中的晋察冀摄影集〉出版》,《沙飞纪念集》,深圳、太原:海天出版社、山西人民出版社1996年版,第127页。

争、狼牙山战斗、"反扫荡"战斗、渤海之战、白洋淀水上游击战、火烧沙河大桥、解放浑源,及解放张家口、宣化、满城、山海关、石家庄等近三十场战役。战斗的激烈场面,连绵的炮火与枪林弹雨,士兵的英勇作战情景,一一蕴含于摄影画面,战争的真实场景和抗战的舆论动员被赋予了强大的意义内涵。

图19　《晋察冀画报》第一期"抗日根据地在炮火中成长"

　　战争的主题及其抗战舆论动员的意义内涵在另一类型的图像报道中得到进一步彰显。《晋察冀画报》一方面图像报道大小战役中国大捷,军民英勇作战;另一方面,以大量专题的形式揭露日本侵略者施予中国军民的残忍镇压和种种暴行,试图唤醒广大民众的积极抗日和爱国行为,团结一切力量抵抗外来侮辱。如1943年1月出版的第二期做了"血的控诉"的专题报道,刊载五幅惨不忍睹的照片和一组"如此'扫荡'"的漫画,形象地揭露了日本侵略者在晋察冀根据地烧杀劫掠的诸多罪行。1943年5月出版的第三期"惨绝人寰——日寇烧杀潘家峪",1946年12月合刊出版的第九、十期"控诉!复仇"等专题的图像报道,1946年8月27日国民党骑六师十七团二连在大同虎湾起义被害时以"蒋阎军内督战官下毒手"为题出过的号外,以及1947年3月出版的《晋察冀画报丛刊》第二期"日本法西斯对晋察冀边区人民的种种罪行"专集,均是对日本侵略者狠毒和丧尽天良的人性的真实描述,记录了日本帝国主义者骇人听闻的残暴,意在提出国际控诉和唤起民族情感,挽救民族。

图20 《晋察冀画报》第二期"血的控诉"

其次,革命英雄人物及革命英雄主义的图像呈现建构了《晋察冀画报》在战争主题背景下的另一主题。战争需要英雄,也造就了英雄,中国革命需要革命的英雄主义。活跃于《晋察冀画报》上的,有运筹帷幄的青年将领,也有英勇善战的战斗英雄和普通民众。画报第一期刊有晋察冀军区司令员聂荣臻的标准像和邓拓所写文章《晋察冀的舵师聂荣臻》;第四期"八一纪念特辑",扉页首次刊载了毛泽东同志的大幅画像和一个页码的"毛泽东同志略历"(以后每期都刊有毛主席像,当时基本是半年一期),"八路军总司令朱德同志"的肖像也占有一个页码,接着运用两个页码刊登周恩来、彭德怀、王稼祥、叶剑英、贺龙、刘伯承、聂荣臻、林彪、肖克等八路军将领的肖像;第五期是晋察冀边区战斗英雄模范大会专号;第七期刊有追悼邹韬奋和马本斋的图片及文字报道;第十一期刊有杀敌英雄王克勤、军人榜样吕顺保先进事迹的图文报道。他们被想象成中华民族取得彻底胜利、实现人类解放的英明领袖共同体和战斗力量,也是英勇杀敌、建功立业的标兵,建构了团结抗战、争取光明的革命图景。

图21 《晋察冀画报》第1期,聂荣臻

第四章 中国传统与现代双重变奏的视觉表述与文化构图

图 22 《晋察冀画报》第四期,毛泽东像

　　这种革命英雄主义主题的表达,映现了《晋察冀画报》在艰苦卓绝的革命战争年代,在图文并茂的版面空间和革命英雄肖像的榜样园地"生产精神的食粮,制造文化的枪弹",以激起中华民族在日寇铁蹄下的奋力抗争与对日本帝国主义侵略的强烈愤慨,因为《晋察冀画报》视域中的革命英雄犹如"战斗的火把",照亮了黑暗,点燃了光明。这正如画报第五期刊登的《英雄赞》歌词中所唱的那样:

> 英雄在敌人面前不动摇,
> 英雄在胜利面前不骄傲。
> 英雄大声一呼喊,
> 群众的拳头举起来了。
> 英雄举起了战斗的火把,
> 敌人胆战心又跳。

图 23 《晋察冀画报》第四期,朱德像

245

英雄的故事光辉了中华,

英雄的人格比太行山还高。

《晋察冀画报》所提倡的革命英雄主义是中国革命和中国战争历史进程中重要的精神食粮,因此,对这一主题加以图像化构建和文字化阐释,进一步明确中国历史英雄人物的精神图谱和时代含义,是《晋察冀画报》图像叙事和意义表达的又一独特要旨。

再次,在战争和革命的时代主题下,关于晋察冀根据地建设和边区军民日常生活的摄影纪实是《晋察冀画报》未曾忽视的主题。

晋察冀边区司令员聂荣臻曾经谈到:"人民群众一经发动起来,就有了足以抗击日本侵略军的'人山'和'人海'。"因此,发动和联系人民群众,是晋察冀边区政府的重要工作,作为精神财富的制造者和舆论动员力量,《晋察冀画报》也不遗余力地构建这方面的主题。如1942年7月7日创刊号上《血肉相连:边区人民与子弟兵》专栏,刊载了五幅照片,并附文字说明:

边区人民普遍都将边区八路军称作边区子弟兵。

在战斗的日子里,子弟兵保卫人民的土地,而人民也跑到火线上送茶饭、抬伤员,鼓动他们争取战斗的胜利。

靠近火线的地方,设立了慰劳棚、慰劳站,老太太、小孩子在接待前线上下来的战士们休息。

胜利的捷报传来了,人民带着光荣花、新毛巾、新鞋袜,抬着猪、羊、烧酒,打着锣鼓迎接子弟兵的凯旋。

战斗之余,子弟兵便帮助人民做些工作,比方上课、教操、春耕、秋收,以及其他一切家事劳作,无不以最大热诚,最大努力去做。

有这样一个确定的意识,存在于边区的人民和子弟兵的心里:"八路军和老百姓是一家人。"

第四章 中国传统与现代双重变奏的视觉表述与文化构图

军民鱼水情、胜似一家亲的生活情景在《晋察冀画报》得到了很好的视觉表达。更有甚者,《晋察冀画报丛刊》之一便是《八路军与老百姓》专辑。

晋察冀边区的民主生活也是画报关注的一个论域。《晋察冀画报》第二期运用近一半的篇幅、以"迎接胜利的一九四三年并献给边区第一届参议会"为题进行了图文报道。该期封面就是这届参议会会场画面,并刊有邓拓《记边区第一届参议会》的文字说明。尤其值得一提的是,《晋察冀画报丛刊》之三便是《民主的晋察冀》专刊,对晋察冀边区的民主制度、大选举、民主建设历史会议、参议会为人民服务的宗旨以及民主生活的未来发展等做了全方位的集中报道。最后一页"歌唱民主的晋察冀",刊有一幅手持枪杆、身背红军包的儿童团大合唱的图片,并附文字说明:

> 晋察冀的孩子们齐声唱着,到处唱着:
> 生活在晋察冀多么快活,民主的太阳照耀着我;
> 生活在晋察冀多么快活,民主的风儿吹拂着我;
> 生活在晋察冀多么快活,民主的雨水滋润着我……

在此,《晋察冀画报》想象并建构了一幅晋察冀根据地民主生活的美好图景,唱出了一首和平、安详、快活的生动赞歌。

晋察冀边区的战争战斗、革命英雄主义及军民日常生活是《晋察冀画报》自创刊以来的叙事主题建构,在这三大主题的表述中,战争是大背景,革命及革命英雄主义是背景的延续,军民日常生活是战争、革命的具体化内涵。它们相互补充,支撑了《晋察冀画报》的叙事框架,映现了晋察冀边区的现实场景,也为打击敌人、鼓舞人民做了生动有力的文化建设和战争动员。

三、《晋察冀画报》的战争动员及社会效用

《晋察冀画报》克服缺衣少食、摄影设施及制版印刷技术严重不足的各种艰苦情形而鲜活地、图文并茂地面世于晋察冀根据地的山沟沟里，其创办本身就是一个"了不起的创举"和"惊人的奇迹"。怪不得重庆《新华日报》一篇文章说："这样华丽的画报，竟然是在敌后那样艰苦战斗的地方出版的么？当我们看到《晋察冀画报》的时候，不能不大吃一惊。……叫我们珍爱，叫我们再三翻阅，不忍释手，对着那五色套版的木造纸封面一再凝视，我们的手碰到那道林纸的每一页，就仿佛感觉到有一股书的香味散发出来。"①由于晋察冀军区政治部尤其是司令员聂荣臻的直接领导，由于沙飞、罗光达等同志精湛的专业技能和高超的敬业精神，经过五年的锤炼，《晋察冀画报》（包含其丛刊等）成长为抗日根据地"文化的鲜花"，其留存的历史镜头，是一个时代的真实记录。

在创刊之初，聂荣臻司令员便对《晋察冀画报》的编辑方针和传播任务做了直接的批示："应该是把边区抗日军民的英勇斗争、光辉事迹反映出来，以鼓舞人民更勇敢的斗争。我们的画报不仅要面向边区，面向群众，而且要面向全国，面向全世界。"②《晋察冀画报》以此为指针，立足根据地，面向全世界，设计着画报的未来发展。创刊号便是明证。创刊号的摄影图片、版权页和"征稿简约"均采用中、英两种文字说明；"征稿简约"中还特别提到"至于海外通讯，尤其是反映反法西斯之新闻照片、通讯更所欢迎"。这种编辑方针和传播理念的目标定位，奠定了《晋察冀画报》影响深远的社会效用。

首先，发行数量大和销售范围广。《晋察冀画报》创刊号共印刷1000册，一上市便被抢购一空，于是再版一次。由新华书店晋察冀分店（第一期）、北岳支店（第二、三期）、晋察冀边区新华书店发行，延安新华书店各地分店及全国各大书店经售。依靠边区政府、邮局的正规

---

① 文健：《记〈晋察冀画报〉》，重庆《新华日报》1944年6月28日第4版。
② 河北省新闻出版局出版史志编辑部：《中国共产党晋察冀边区出版史资料选编》，石家庄：河北人民出版社1991年版，第142—143页。

化和制度化发行体系,《晋察冀画报》不仅在边区发行,而且远涉延安、重庆、昆明及南洋;通过党的城市工作部,画报还进入平、津、沪、保、石等敌占城市。据曾是画报的老摄影记者顾棣的记录和研究,《晋察冀画报》创刊号"发行范围广泛,不仅送至中央、八路军总部和大后方重庆,还委托国际友人及其他关系转发国外,晋察冀军政方面是部队发至连级、地方发至县级"①。就国外来说,《晋察冀画报》曾在苏联、美国、英国、新加坡、印度、越南、菲律宾、暹罗等 20 多个国家和地区发行,向国际社会展现了中共在华北敌后抗战的真实历史。

其次,受众评价高,战争动员力量大。1944 年 7 月 18 日,美军第十四航空队中尉飞行员白格里欧到画报社访问,画报第六期刊载宋山(沙飞)的相关文章,文中写到:

> 我不是大学教授,我不会写文章,也不会批评,我只觉得八路军和边区人民是在创造着战争的历史,晋察冀日报、晋察冀画报、边区的文化工作者则在创造着文化的历史,工人们创造着工业的历史。

著名评论家穆欣认为《晋察冀画报》的出版是"一种奇迹",其"人民姿态"和"敌后斗争"的图文呈现表达了画报的现实情怀和战斗品格,深受人们爱戴。对此,顾棣先生曾谈及亲身经历的一件事:有一次,冀中七分区武工队到游击区征集公粮,开始群众情绪不高,当武工队召开大会宣传《晋察冀画报》有关内容,群众看到真实的战地照片后,群情激奋,纷纷响应。武工队很快征集到公粮两万多斤。②

画报关于八路军在华北敌后对日作战的图像报道,曾引起全国很多青年人对根据地的向往。据当年晋察冀军区政治部主任朱良才的儿子朱新春回忆:

---

① 顾棣、方伟:《中国解放区摄影史略》,太原:山西人民出版社 1989 年版,第 227 页。
② 行龙:《图像历史:以〈晋察冀画报〉为中心的视觉解读》,杨念群主编:《新史学》第 1 卷,北京:中华书局 2007 年版,第 229 页。

> 那时国民党管辖的国统区和共产党领导的敌后根据地都在做宣传,双方的报纸都把自己说成抗日的中坚力量,老百姓不知该信谁的。《晋察冀画报》出版后,人们一看照片,这才是真抗日。我父亲过去有个秘书叫杨克,是个大学生。他就是看了《晋察冀画报》,拿着画报找到晋察冀军区,要求参军。①

他又谈到:

> 当时俘虏了一些日本兵,他们很顽固,怎么教育都不悔改。蛟潭庄街头照片展时,特组织了日本俘虏兵去观看。他们看了照片后,看到日本军队屠杀了那么多中国人,可中国军民不屈服,奋起反抗,对他们震动很大。很多俘虏后来参加了反战同盟。②

《晋察冀画报》的抗日动员,也引起了日军的注意与警惕。据裴植回忆:

> 一些画报传到保定,日本人看到了。他们认为画报不可能在根据地印,一定是在城市里印的,于是在保定进行全城大搜查,结果什么没搜查出来。他们后来才知道,这么精美的画报居然是在穷乡僻壤野山沟里出来的。后来敌人进山扫荡,把消灭晋察冀画报作为扫荡的目的之一。③

再次,培育战地摄影记者与画报印制人才。创办于华北敌后的《晋察冀画报》,主任沙飞与后来的副主任石少华通过创办摄影速成培训班,普及摄影常识,为中共武装培育出了第一批战地摄影记者,并为

---

① 田涌、田武:《晋察冀画报——一个奇迹的诞生中国红色战地摄影纪实》,北京:金城出版社2012年版,第123页。
② 同上书,第9页。
③ 同上书,第126页。

很多人后来成为职业摄影家奠定了坚实的基础。如原晋察冀画报社副主任石少华在新中国成立后曾出任新华社摄影部主任及副社长;印刷厂厂长裴植后来出任人民体育出版社副社长;画报社洗相员顾瑞兰后来在中国图片社负责暗房工作,直到退休。还有顾棣、蔡尚雄、苏实、流萤、袁克忠、周郁文、高粮、袁苓、齐观山、谷芬、曲治全、宋贝珩、赵银德、白连生等,他们在战火中学会摄影,用生命记录了一个时代,这种"既是摄影员,又是战斗员"的双重身份,彰显了中国革命新闻摄影的专业性和战斗性,成为一种永恒的职业精神。《晋察冀画报》所培育的摄影团队成为新中国摄影的中坚力量。

1948年5月,晋察冀画报社撤销建制,与人民画报社合并,创建《华北画报》。晋察冀画报社从1942年5月成立至1948年5月被撤销,前后整整七年时间。除了创办《晋察冀画报》《晋察冀画刊》和《晋察冀画报丛刊》三种主要画报外,晋察冀画报社陆续出版过各类专刊、增刊、月刊、半月刊、旬刊及号外,统计总共一百一十四期,[①]在生死存亡的全民族抗战中,《晋察冀画报》更是以华丽的色彩、"人民的姿态"和"敌后斗争"的责任感,"创造出了解放区摄影历史上第一流的业绩"[②],犹如一颗射向敌人的无声子弹,创造出中国红色战地的"文艺奇葩"和中国革命摄影的摇篮。

---

① 行龙:《图像历史:以〈晋察冀画报〉为中心的视觉解读》,载杨念群主编:《新史学》第一卷,北京:中华书局2007年版,第229页。
② 顾棣、方伟:《中国解放区摄影史略》,太原:山西人民出版社1989年版,第234页。

第五章　中国近现代画报叙事特质与传播理念的演变

图画乃无音之新闻，这是英国现代新闻之父白岩勋爵的一句名言。就中国画报史而言，从创刊于1868年《教会新报》的"看图说书"、1884年《点石斋画报》开创的"以图像为中心"的叙事策略①，至创刊于1912年《真相画报》的"连环画"系列漫画意识和1926年《良友》画报影像新闻叙事独立，图像在新闻叙事中地位的逐渐上升乃至最终走向独立的历史进程，彰显了图像叙事特质与传播理念在社会变迁中的互动关系，正是大众传播媒介走向现代化的重要表征之一。

第一节　连环画叙事与"故事化"传播理念

正如尊闻阁主人美查在《点石斋画报缘启》中所谈到的：与"以能肖为上"的西画相比，中画具备"以能工为贵"的艺术特质，因此中国

---

① 陈平原：《以图像为中心——关于〈点石斋画报〉》，《二十一世纪》2000年6月号；《晚清人眼中的西学东渐》，《点石斋画报选》，贵阳：贵州出版社2000年版，第78页；《左图右史与西学东渐——晚清画报研究》，香港：三联书店（香港）有限公司2008年版，"前言"第1页。

人素来不太擅长以图像叙事,大量有"图"之"书"的做法仅是"基于名物混淆的担忧"或是"图文并茂"的审美意象,而不是将图像看作另一种重要的叙事手段。① 此时使用的图像,只是出版者信息生产过程中的"帮腔",配合补充说明意义的表达,而并非独立叙事。

这种"看图说书"的传统从美国传教士林乐知所创办的《教会新报》便可见一斑。第1期上刊载类似《发刊词》的《林乐知启》,强调该报的版式特征为:

> 其新闻纸所刻,照官板书式大小,每次计四张,印八面,约大小字六七千字做成一书。在内刻一《圣经》中画图,俾愚者易于见识。此新闻,每礼拜发一次。

这种《圣经》画图和《圣经》故事的"图说",登载了一年多时间,且刊登在每期刊物的头版头条,其用意更多在于借助图像吸引更多的读者,尤其是中国读者。在《教会新报》第一卷的《本书院主任特启》中,美国传教士林乐知有如此描述:

> 至若圣书图画,印刻如真;物像绘形,种类各别;施医总帐,有寸有分;买卖清单,成千成万。格其物而化其学,究诸本以寻诸源。他如,何物出于何方,异事闻于异地;有实情定列报中,无假说刊于斯内。各省各会各友邦都添瑾瑜之光,随笔随事随时尽是金石之论。②

被置于重要版面的"圣书图画",以"印刻如真""能肖为上"的绘画优势自然会吸引不少中国读者的强烈好奇,以"图说"文字意义的方式使"愚者易于见识",图画若精美而赏心悦目,也能激发起不少士人的审美关注。

---

① 陈平原:《左图右史与西学东渐——晚清画报研究》,香港:三联书店(香港)有限公司2008年版,第3页。
② 《本书院主人特启》,《教会新报》一卷四十五号,1869年7月17日。

这种以图配文或者以文配图的叙事方式，在晚清报刊事业中日渐流行开来。如1902年梁启超创办的《新小说》，便特别注重文字与图像的互配关系：

> 专搜罗东西古今英雄、名士、美人之影像，按期登载，以资观感。其风景画，则专采名胜、地方趣味浓深者，及历史上有关系者登之。而每篇小说中，亦常插入最精致之绣像绘画，其画皆由著译者意匠结构，托名手写之。①

尽管《新小说》中的图像，没有实现与文字的最佳配合，往往只是文字的点缀，但"图文并茂"的版面审美效果追求，却又成为一时风尚。

《教会新报》上的"圣书图画"还有一个更为重要的特色，每期这种大约一个版的"图画"采用连载的表达方式，类似于一个事件的系列报道和专题设计。从创刊号开始，采用"看图说书"的版式，以图像为中心讲述圣经故事。如创刊号上的"基督诞生"图、第二十九号上的耶稣受难的故事②等，运用图像叙事，阐释基督诞生和耶稣受难的故事。"圣书图画"的标志性设计至《教会新报》创刊第三年乃止。此外，被《教会新报》长篇连载的还有在北京传教的英国牧师艾约瑟（Joseph Edkins）译述的《宾先生传》，总共刊载了三十二次。

《教会新报》的图像制作能力低，图像制作困难，图像与文字无法配合，常常导致文字先见报、图像迟迟未出或者事后补图的尴尬处境。如《教会新报》五卷二三三号《补图启》写道：

> 本卷补印之图，系应第二百二十六卷一页、二百二十七卷一页、二百二十八卷二页所有，望买观《新报》者，将此四页折下，分钉三卷，以为全璧是幸。

---

① 《中国唯一之文学报〈新小说〉》，陈平原、夏晓虹编：《二十世纪中国小说理论资料》第一卷，北京：北京大学出版社1997年版，第59页。

② 参见《耶稣受难图》，《教会新报》一卷二十九号，1869年3月27日。

第五章　中国近现代画报叙事特质与传播理念的演变

这似乎还没结束,接着《小启》又继续补充:

启者:上一次格致一类,赖先生问信,并答西字目录已有,因图多未上,此次又因图大,亦未列入。特白。

由此可见图像制作方面的困难是很大的,也常常冲击了林乐知图像叙事的雄心。

另一位美国传教士范约翰(John M.W.Farnham)于1880年在上海创刊的《画图新报》(原名《花图新报》,英文名称 The Chinese News),其叙事风格出现了些崭新的气象。如《乘车落水》[1]运用六个连续性画面,描述西人闲暇时喜乘铁轮小车过程中发生的有趣小故事。以文配图,图为中心,文为图附,图像叙事的新局面开始形成。之后,文字越来越少,或者没有出现,"连环图"也能独立和完整地叙事,如《跳蚤扰人图》[2],连载十二幅图,除了标题,便无任何说明文字,但能准确完整述义,读者也能一目了然。

这种借鉴于西方、于晚清时期采用的连环画叙事手段,在《画图新报》中以"实习"和"自娱"的双重目的得到使用,并因"社会化、生活化、漫画化的叙事方式,十几年后在众多画报中得到发扬光大"[3],并呈现出相对注重"构思"而不是"技法"的图像叙事特质[4],而在晚清的画报事业中发展迅速。

范约翰创办的《小孩月报》曾以"其理浅而明,其词粗而俚,且佐以谚词,俾童稚心领神会。标以图画,令小于触目感怀"[5]为理念,追求文字浅近易懂、图像丰富生动的视觉美感,由此也曾得到《申报》的高度评价:"文理甚浅,凡稍识之者皆能入于目而会于心,且其中有字

---

[1] 《乘车落水》,《花图新报》第一年五卷,1880年8月。
[2] 《跳蚤扰人图》,《花图新报》第一年十卷,1881年2月。
[3] 陈平原:《左图右史与西学东渐——晚清画报研究》,香港:三联书店(香港)有限公司2008年版,第37页。
[4] 同上书,第38页。
[5] 范约翰:《小孩月报志异记》,《小孩月报志异》1875年2期,第6页。

义所不能达之外,则更绘精细以明之,尤为小孩所喜悦,诚启蒙之第一报也。"①这种启蒙,更多地体现于图像的运用而带来的视觉启蒙,在介绍鸵鸟、河马、大象、人熊、飞鱼、琴尾鸟、光颈鹤、七穗麦、唤花鸟(蜂鸟)时,刊物的插图皆铜板雕刻,精细华美。"游历笔记""地球说略"、《美利坚国》《日本长崎》《亚拉伯骆驼》《氢气球》《上海》,还有工业革命的发源地英国的面貌、德国的钟表和八音琴等,介绍世界新知和世界各地飞速发展状况均以图画呈现。"画面带来的冲击力,以及真实感和现场感,何止是扩大了读者的眼界,它摧毁的是读者天朝中心的陈腐观念。"②图像不仅仅是叙事的点缀,也是一种文本的呈现方式和阅读方式。《小孩月报》成为中国儿童刊物图像叙事的先声,构建了视觉启蒙的开拓性意义。

图像叙事的发展,在1902年由彭翼仲于北京创刊的《启蒙画报》得到进一步体现。它"每说必有图",版面设计采用半文半图的"教小孩第一妙法",启蒙小孩心智。尤其值得一提的是,《启蒙画报》也有不少篇目还是以多幅连续图来完成完整叙事的:如关于庚子八国联军侵华,就有详图29幅,自义和团发源起,直写至义和团失败为止;再如小说《猪仔记》《黑奴传》在每个章节前都有插图,数目也不少。这些插图连缀起来,可称得上在儿童读物上最早的连环画,或者图画故事了。

晚清教会图像读物、儿童读物和早期画报,以及以《点石斋画报》为代表的石印画报时期,不仅逐渐改变了传统"左图右史"的阅读习惯,而且初步培养了人们的"读图"能力。这一时期图像的主要载体虽然还是绘画,但已与传统绘画有了很大的差异,"《点石斋画报》以画面叙述'事件',采用线描和焦点透视相结合的笔法,强调事件的现场

---

① 《阅小孩月报记事》,《申报》1879年1月9日(戊寅十二月十七日),第3页。
② 张梅:《从晚清到五四儿童期刊上的图像叙事》,《中国现代文学研究丛刊》2012年第8期。

第五章　中国近现代画报叙事特质与传播理念的演变

感和细节性;绘画者是'时事、风情'的记录者而非'梅、兰、竹、菊'的抒情者,其画面试图传达的意义已与传统绘画苦心营造的'意境'风马牛不相及"①。这一点被曾以《良友》画报起家、《大众》画报为事业终点的梁得所阐释得极为深刻,他说:"以叙事为目的的绘画,虽也讲求笔路精工,实际失了美术的独立性。也比山歌,粤讴,龙舟歌,虽也讲求音调,可是趣味集中于词句的意义,音乐是附属性而已。"②采用连环画的表达形态,现场感和故事性是这一时期画报图像叙事的意义基点,并为后来者所仿效,"民国初年至新中国成立前后,中国连环画的形式和画风基本上都受《点石斋画报》图像模式的影响"③,形象较为写实,且图画只能选择较为集中的情节加以构建。

这种"故事化"的图像叙事策略,发展到民国前两年,由《点石斋画报》的"纪事画"逐渐滋生一种新的叙事形态——画报漫画。据统计,"在这一时期内特别注重新闻漫画的报刊,在广东主要有《世界公益报》《时事画报》《有所谓报》《平民画报》《广东白话报》等;在上海主要有《俄事警闻》《神州日报》《民吁日报》《民国日报》《大共和日报》和《戊申全年画报》《民呼画报》《民权画报》《民立画报》等;北京的《白话图画日报》《醒世画报》和天津的《人镜画报》等也刊登过许多新闻漫画作品"④。而阿英却对《民立》《民吁》《启民》三画报寄予了很高赞誉,认为它们"最为出色,其强有力之政治讽刺画,尤著称于时"⑤。随之也出现了一批富于影响力的漫画家,如何剑士、张聿光、钱病鹤、马星驰、丁慕琴(即丁悚)、陈抱一、汪绮云、沈伯尘、朱鸣冈等⑥。画报漫画文字简短,真正形成了以图为主、文字为辅的叙事特

---

① 姚玳玫:《文化演绎中的图像——中国近现代文学/美术个案解读》,广州:广东人民出版社2010年版,第9页。
② 同上书,第10页。
③ 贺子岳等:《晚清画报发展探析》,《出版科学》2009年第5期。
④ 刘一丁:《中国新闻漫画》,北京:中国青年出版社2004年版,第83页。
⑤ 阿英:《中国画报发展之经过》,《良友》1940年纪念号第150期。
⑥ 毕克官等编著:《中国漫画史》,北京:文化艺术出版社2006年版,第21页。

性,图像叙事的完整性和独立性逐渐建立起来,并以幽默而犀利的图像针砭时政,使近代画报的图画功能开始由以叙事为主逐渐转向以评议为主,实现了图画传播功能的重大变化。

由此,在图像叙事特质和传播功能演变的过程中,晚清画报事业中传播主体的观念也相继发生了变化,他们意识到画报的图像叙事必须采用精巧的构思,进行日常生活的中国化改造,发挥图像的独立叙事,好好地讲故事,从而构建漫画社会、幽默人生的轻松心态。从传教士报刊《教会新报》的"图说"《圣经》故事、《小孩月报》和《启蒙画报》的"图述新知",到《画图新报》《启蒙画报》的"连环画"阐述日常生活的趣闻趣事,晚清刊物中的图像围绕着"故事化"的传播理念,以具象的可感画面、图文并茂的版面设计,以图像为中心,描述新知物象或者趣闻趣事,在连环画的图像里,建构生活的故事化情节。

晚清画报的叙事体系中弥漫着"故事化"的话语特色,正如德国著名汉学家瓦格纳所分析的,这种"故事化"叙事特色,"在传播过程中,新闻变成了附有各种评论和知识的故事。从新闻到娱乐性故事的转化正是《点石斋画报》报道的标准特征。西方的画报并不总是有这一类范围很广又很像故事的文字。《点石斋画报》上故事与图画相结合的实践表明了一种深刻的变革,其影响我们今天还可以见到,即将新闻包装成'故事',在其中强烈的观念得以传达,新闻与评论的分离被抛弃,而这些故事与图像的结合则成为它们最主要的引人之处"①。从日常生活或社会新闻中取材,挖掘内在的故事化情节,采用图像叙事,表达社会特征的各个要素和精神内涵,一方面呈现出画报图像独立叙事的话语策略,另一方面实现更多人雅俗共赏的审美旨趣追求,这是晚清画报自《点石斋画报》以来的一个重大转变。

当然,在摄影图片未曾广泛地进入画报时,晚清时期画报以绘画

---

① 〔德〕鲁道夫·G.瓦格纳:《进入全球想象的图景:上海的〈点石斋画报〉》,《中国学术》总第八辑 2001 年第 4 期。

为主,以图像的方式连续报道新闻,或者以"连环画"的体式故事化社会人生百态,以"能肖为上"的西画标准改造"能工为上"的中画,在图像的叙事空间和图画的话语体系里,以"讲故事"的方式借传播新知、表现时事、启蒙智识、创新艺术介入当下的文化创造和意义生产。

以绘画为主的画报,则似乎更擅长于讲故事。借用冯武越发表于《北洋画报》上《画报进步谈》中的论述,足见其对笔绘画报的赞美:"笔绘画报,善能描写新闻发生时之真景,有为摄影镜头所绝对不易攫得者。"①对此,陈平原也表达了相似的见解:"对于突发事件来说,不在场的摄影记者无能为力,而同样不在场的画家则可以通过遥想、体味、构思而'虚拟现场',这大概就是武越所说的'笔绘画报'的优越性吧?"②画报"士夫、贩夫牧竖、科头跣足、蠛首娥眉"的受众定位和"陶情淑性""展卷玩赏"的娱乐功能定位,促使画报传播主体想方设法地为读者设计一个个吸引人的故事,并采用连环画的叙事方式独立、完整地表达出来,凸显图像叙事的故事化理念。故而美查在连环画图画故事"朝鲜乱略"的《后记》中发出誓言:"不必据以为实录而大略具备于是,阅者会其意而勿泥其词也可。"这是画报对故事性、趣味性追求传播理念的明确表征。

《点石斋画报》上的图像新闻报道,大多是对现场的"遥想、体味、构思"而进行的虚拟。这种对新闻时事的虚拟性想象,势必带来新闻真实性与客观性的明显缺失,而遭人诟病。如"中法战争"报道中缺乏对清军失利战役的正面报道。"力攻北宁"中将北宁失守视作清军为了诱敌歼灭的战术而主动放弃;"马江之战"报道中,母报《申报》对刘永福黑旗军的漠然提出严厉批评,进而全面呈现战争经过及阐释失败缘由,而《点石斋画报》避重就轻,如"法人弃尸"对马江失利做了淡化

---

① 武越:《画报进步谈》,《北洋画报》第六卷卷首号,1928年12月。
② 陈平原:《左图右史与西学东渐——晚清画报研究》,香港:三联书店(香港)有限公司,2008年版。

处理,而以充满想象力的画面描绘法军将阵亡士兵的尸体投入大海,据此印证法军的惨败,完全歪曲事实真相。《点石斋画报》"从未描绘过中国方面的哪怕《申报》已经报道的失利,而总是反映中国方面特别是台湾战役的胜利"①,据统计,在中法战争报道中,关于台湾战事胜利的报道占据近40%的份额。"合议画押"报道将《中法越南条约》这一不平等条约的签定视作"沪上居民闻此佳音,莫不欢欣鼓舞,谓能化干戈以玉帛也,休哉",与《申报》国人强烈谴责的报道及现实情景完全不相符合。这种"修饰与歪曲""过滤与隐瞒""虚构与想象"②的主观性图像叙事,在关于甲午中日战争的报道中也一一得以呈现,将"败割台湾,偿二百兆""吾国四千年大梦之唤醒"(梁启超语)、给中国人带来奇耻大辱的中日战争描述为一片祥和。怪不得戈公振在《中国报学史》中曾批评《点石斋画报》等"惟描写未必与真相相符,犹是一病耳",并认为:"自照片铜版出,与图画以一大革新。"这种革新经由大型摄影画报《真相画报》以及《良友》画报和《北洋画报》等纪实摄影画报的图像叙事,形成了现代新闻理念的基本型态。

第二节 纪实摄像与现代新闻理念的独立转型

鸦片战争爆发后,1839年最先在法国问世的摄影术随着西方侵略者的坚船利炮一起来到了中国。由于东西方世界观、中西方艺术审美传统和新闻观念的冲突,当时摄影术在中国仅是商人的牟利工具和少数有钱人的兴趣爱好,或者作为《点石斋画报》等的临摹底本,在之后四五十年的时间里发展缓慢。从19世纪70年代开始,作为一种全新

---

① 〔德〕鲁道夫·G.瓦格纳:《进入全球想象的图景:上海的〈点石斋画报〉》,《中国学术》2001年第4期。

② 郑建丽:《近代图像新闻传播特征的变迁与演进——从〈点石斋画报〉到〈良友〉》,北京师范大学2012年博士学位论文。

的观察、记录、表现生活以及"尺幅千里,纤悉靡遗"①的新技术,摄影技术迅速被更多人广泛使用,摄影图片渐渐出现于中国近代报刊的版面。直至铜版印刷出现之后,摄影报道开始真正成为近代报刊的一种文体和表达形态。1901 年《大陆报》创刊号上刊有照片 11 张;1902 年梁启超在日本横滨创办的《新民丛报》刊有大量照片;1905 年潘达微在广州创办的《时事画报》也"改良格式,增加电版",在石印画报中穿插新闻图片;1907 年中国第一本摄影杂志《世界》在法国巴黎创办;商务印书馆 1911 年 11 月至 1912 年 4 月间刊行的《大革命写真集》,共 14 集,600 多幅照片;1912 年 6 月 5 日创刊于上海的《真相画报》更是开创了中国大型摄影画报之先河,更多地依赖照相机和摄影技术,纪实摄影成为新闻传播中另一重要的叙事文体,直接导致清末民初画报在叙事方式、传播内容等方面的演变,并经由 1926 年分别创刊于上海和天津的《良友》画报(1926—1945)、《北洋画报》(1926—1937)的技术革新和叙事演进,促进了图像新闻传播的现代新闻理念的独立转型。

石印画报的辉煌在 1898 年《点石斋画报》停刊后落下帷幕。迥异于 19 世纪的图画新闻传播,20 世纪的图像新闻传播形成了新的格局:纪实影像新闻叙事逐渐取代图画新闻叙事,成为叙事的主体;综合性摄影画报与类别性摄影画报逐渐取代单一性的新闻类画报,尤其是综合性摄影画报发展到最高成就;影像新闻叙事语言与报道方式表现出自觉与独立发展,影像新闻传播理念日益成熟。

促使摄影图片在报刊上日益广泛的使用首先要归功于《真相画报》。《真相画报》第一期上自我介绍,称本报图画分为"历史画""美术画""滑稽画""地势写真画""名胜写真画""时事写真画""时事画"七种类型。其中,"时事写真画"的主要目的是:"民国新立,时局百

---

① 《点石斋画报》1884 年的《奇行毕露》(甲五)。《北洋画报》第六卷卷首号(1928 年 12 月)在介绍"中国最初之画报"时,故意选录了此图。

左图右史与画中有话：中国近现代画报研究(1874—1949)

变,事有为社会上注视,急欲先睹为快者,本报必为摄影制图,留作纪念。其无关重要,概付阙如";"时事画"的主要宗旨是:"本报惧文字之力,有时而穷,特罗致名手,以最奇妙之思想,绘最重要之现状,一触眼帘,荡入脑海,社会心理,悠然而生。"据日后《真相画报》的内容设置和版面安排来看,由摄影家讲述时事的"时事写真画"日渐增多,而绘画师描摹现状的"时事画"则迅速消亡。这就意味着,摄影师代替绘画师、调色板代替照相机、影像叙事代替图画叙事一时成为清末民初画报的新的景观,直接导致清末民初画报从图画叙事到影像叙事的自觉转型。

这一转型在《真相画报》封面的变化中得到了很好的体现。第一期封面是画家端着调色板在画画,第二期封面则是摄影师在调整镜头。"从《真相画报》开始,中国画报真正重视新闻摄影"[1],并在与辛亥革命同步的特定时空中,从传统中国的"左图右史"与西学东渐的"图像叙事"结盟,进而汇入到以"启蒙""革命""救亡图存"等"国家建设"为标志的中国现代化进程。[2] 媒介技术变迁与社会进程的互动原理,中国近现代画报的历史演变便是最好的注脚。

由于揭露宋教仁遇刺案,编者高奇峰、谢英伯、马小进等遭到袁世凯通缉,流亡日本,《真相画报》在刊出不到一年的时间里被迫停刊。直至1920年6月9日戈公振创办了中国新闻事业史上第一张报纸摄影附刊——上海《时报》的《图画周刊》,纪实摄影画报再次渐兴起来,直至上海《良友》画报和天津《北洋画报》按照《真相画报》的路数,影像叙事在艺术性与娱乐性、新闻与时事的较量中独立地发挥作用,并进而推动图像传播理念的变革与独立转型。

随着摄影技术的进步,照片拍摄及印制越来越便宜,比雇用大批

---

[1] 甘险峰:《中国新闻摄影史》,北京:中国摄影出版社2008年版,第25页。
[2] 陈平原:《左图右史与西学东渐:晚清画报研究》,香港:三联书店(香港)有限公司2008年版,封底。

画家更合算;同时,画报读者的审美趣味由图画的艺术鉴赏日益转变为追求事情"真相"的呈现,于是画报上使用图像叙事迅疾风行。与绘画的"遥想""构思""想像""虚拟"及擅长讲故事不同,照相必须在场,现场感强和瞬间的纪录性影像生成机制,致使摄影图像对于特定的场景和真实的体验具有较高的呈现能力的要求,进而形成画报叙述的片断化和画面感强等文化特质。当这种特质的影像成为画报的叙事主体并开始独立发挥媒介功能时,它不仅开创了不同于石印画报时代图画叙事的媒介形态,以纪实摄影为新闻报道的文体,记录时代,更为重要的是,媒介形态和传播特质背后蕴含着新闻传播理念的巨大颠覆。

首先,影像的客观复制功能对新闻客观性理念的内涵设定。新闻客观性是指新闻报道要忠于客观事实,按照事物的本来面目来报道,不可将客观事物与对它的意见和观点相混同,在报道中应尽可能地不受主观意见的影响。尽管照相也有摄影师的现场"想象"、场景选择与构图"控制",不可避免地夹带有个人审美价值和情感意愿的主观倾向,"尽管有着赋予所有照片以根据、兴趣以及魅力的真实的推论,摄影师们的工作对于艺术与真实之间往往是遮蔽性的交流来说却绝不是什么例外,即使摄影师们最为关心的是镜子般地反映现实,他们还是会被趣味及道德感的无言的规范所驱遣"①,可是,摄影对于世界的客观复制以及由此产生的局部真实和在场的真实体验是画家的画笔所无法比及的,正如苏珊·桑塔格所言:"首先照片就不仅是一个图像,(正像绘画是一幅图像一样),是对现实的一种阐释;它还是一种踪迹,是直接从现实摩印下来的某种东西,犹如一个脚印或一副死者面具。一幅画,哪怕是一幅符合貌似摄影标准的画,绝不会比一个诠释陈述多多少少东西,而一张照片却绝对不会比射气(物体发射的光波)所记录的要少多少东西——那是其主题的物质痕迹,任何绘画都无法以

---

① 〔美〕苏珊·桑塔格:《论摄影》,艾红华等译,长沙:湖南美术出版社 2005 年版,第16—17 页。

这种方式达到。"①"对于自然,对于人生,我都能抓住赤裸裸的现实。只有我才是真正的写实主义者"②,这是摄影镜头对自己的炫耀。正是在这个意义上,大多数人认为图像是对现实的客观反映,而图画是想象与虚构的艺术表现。

于是,照片叙事成为清末民初画报展现社会场景尤其是革命盛况的独立作业。商务印书馆1911年11月至1912年4月间刊行的14集《大革命写真集》,六百多幅来自中外人士摄影照片和记录影片的片段,配以简单的中英文说明,着力书写了"大革命"的宏伟气势。《红十字会战地写真》《欧洲战影》《欧洲写真画》《陕西灾区写真》(《良友》画报第51期)等专题摄影集大量刊行;《真相画报》刊行不到一年的17期中,刊载了近两百幅摄影照片。③ 由伍联德、梁得所、明耀五、陈炳洪合编,于1930年4月出版的《中国大观》,八开本,重磅铜版纸精印,篇幅三百页,图片约千张;《良友》画报三位主将伍联德、余汉生、梁得所于1932年春着手准备组织良友全国摄影旅行团,进行了一次遍及全国的摄影采访。这次摄影采访除梁得所、欧阳璞外,又聘请张沅恒、司徒荣二人分任摄影员和庶务,于1932年9月15日自沪出发,至1933年5月1日返沪。历时近八个月,行程二万里,"壮丽的山川,醇美的风俗,以及种种新的建设,都收之于印画,宣示世界,以为文字宣传的佐证"④,获照片一万余张,从中整理出二百多张,于1934年4月出版《中华景象》画册。初版三千册,半月内售完,立即再版。

画报的图像报道往往可以被视作一种能够反映历史真实的史料。作为中国敌后第一本摄影画报,《晋察冀画报》与《晋察冀画刊》《晋察

---

① 〔美〕苏珊·桑塔格:《论摄影》,艾红华等译,长沙:湖南美术出版社2005年版,第170页。
② 华灵:《镜头的世界》,载《良友》1933年2月第74期。
③ 伍联德、梁得所、明耀五、陈炳洪编:《中国大观:图画年鉴1930》,上海:上海北四川路良友图书印刷有限公司印行。
④ 蔡元培:《题良友摄影团》,载《良友》1932年9月第69期,第28页。

冀画报丛刊》的四千多幅摄影作品,形成了一个"在时间上持续不断、主题上相对集中的整体,可以较为完整地反映那个战火纷飞的年代根据地的历史面貌"①。晋察冀画报社三大画报的照片,生动地再现了抗日战争时期晋察冀边区军民威武雄壮和生气蓬勃的战斗和生活,《晋察冀画报》就是一部以图像为载体的抗日战争及晋察冀根据地史。

其次,影像的现场拍摄和瞬间生成促使了关于新闻时效性和真实性的理念转变。高速摄影与纪实摄影使及时跟踪和记录事件的动态信息成为可能,图像新闻叙事的迅速和快捷在一定程度上带来了新闻报道的全新方式,为新闻时效性的增强提供了技术的方便和可能,从而进一步促进了加强新闻时效性报道理念的普及。同时,现场摄影图像强烈的现场感和视觉冲击力的媒介优势是文字报道和绘画技术所无法达到的,视觉化趋势及对现场的真实性描摹是摄影图像的叙事特质。相较于抽象深度的文字报道、主观艺术的绘画报道而言,以摄影图像为主体的叙事媒介构建了新闻报道现场感、过程感强和故事化趋势的话语模式,在时效性和真实性两个维度上再次深刻变革了传统的新闻观念,现代新闻理念逐步出现新的独立转型,现场纪实报道和专题报道便逐次成为图像叙事的主要文体。

最早践行这种叙事文体的是"中华写真队"和《真相画报》。"中华写真队"是民国时期南京临时政府所属的摄影团体,由高剑父受孙中山委托创建。曾跟随孙中山进行现场报道,或深入军队报道战争实况,随时跟踪拍摄重大政治社会事件的真实场景,成为《真相画报》刊载图像的主要来源。因此,有人认为《真相画报》"创造了新闻摄影报道的多种体裁"②,"其中最重要也最具影响力的即是开创了现场纪实

---

① 行龙:《图像历史:以〈晋察冀画报〉为中心的视觉解读》,载杨念群主编:《新史学》第一卷,北京:中华书局 2007 年版,第 229 页。
② 王跃年:《从〈真相〉到〈良友〉——1912—1937 年中国摄影画报简论》,《民国档案》2004 年第 3 期。

报道和专题报道的先河"①。如《真相画报》第七期关于 1912 年孙中山就任中华民国临时大总统后率领全体国务议员晋谒明孝陵真实场景的报道、第八期关于飞行家冯如其人其事的典型专题报道、第十期关于"国庆专题报道"、第十五期关于"刺杀宋教仁"重大事件报道等。关注重大政治社会事件,新闻性和现场感都很强,因而图像新闻传播的舆论动员和社会影响力较大。

再次,纪实摄影图像叙事的主体地位,进一步规约了媒介主题与内容题材的重新设置。重大政治社会事件的大雅登场和鬼神迷信故事的彻底退隐成为中国近现代画报的叙述主题。这种话语格局从《点石斋画报》1898 年停刊后便逐次出现,《图画日报》的社会批判色彩,《时事画报》《平民画报》与《真相画报》的革命论述和风潮鼓动,《良友》画报与《北洋画报》的家国想象和民族情怀,《晋察冀画报》的抗日动员和革命英雄主义的创建,都逐渐强化了摄影图像直面现实、关注时代的社会主题。启蒙、救亡图存、抗日、革命、国家现代化等逐渐成为中国近现代画报的重要关键词,画报论域和内容设置便转向战争、革命、社会生活等方面,画报的纪实摄影图像逐渐摆脱绘画艺术观念和文字的挤兑,从文字的附庸和"帮腔"逐渐成为近代画报独立表达主题和思想的媒介形态,全面走向图像叙事的自觉与独立,图像新闻传播理念日益成熟,进而完成了现代化的独立转型。

---

① 郑建丽:《近代图像新闻传播特征的变迁与演进》,北京师范大学 2012 年博士学位论文,第 130 页。

结语 想象与建构：中国近现代画报中的城市叙事

报纸是社会高度城市化的产物，大多报刊云集于上海、北京、天津、广州等地，它们往往依城市而生，历史上是这样，现在依然如此，这是媒介属性对技术体系、发行路径和读者群体内在规范的结果。报刊记录、反映并建构的"文化"城市，与"自然"生态的城市之间搭建起共同的意义空间，叙述着城市的历史变迁和城市文化的历史图景。可以说，报刊是折射城市历史与城市文化的一面镜子。

画报以"报"的新闻时效性和"画"的唯美时尚感，成为贴近普通民众和刊载城市文化生活的最佳传播媒介。在现代视觉技术的拟态环境里，在图像与文字之间，将传统与现代、启蒙与革命的现实话题加以符号化和主体化的想象与构建，真实的城市与虚拟的城市交相辉映，映现和书写了城市文化的现代化景观。

从中国近代画报雏形的《小孩月报》《寰瀛画报》《画图新报》，到开启中国画报近代化进程的《点石斋画报》，上海城市社会文化的历史变迁被一一展现出来。风行晚清十五年之久的《点石斋画报》，以时事新闻、科技发明、社会生活和奇闻轶事建构了一幅体现传统城市文化却又异于传统文化的视觉地图。受到西学东渐的影响,《点石斋画报》中的上海保存传统文化的诸多质素和志怪式的乡野图景,但在衣、食、住、行、娱乐生活、社会风尚和科学知识等方面呈现出西洋化的变化趋势,"传统"与"现代"要素融为一体,既"拥抱乡野",又逐渐地"走向世界"①。

时过二十多年后的《良友》画报却把上海城市文化的现代气息刻画得细致而深刻,图像中描述的上海声光化电、"都会的刺激"的繁华景观及西方的现代文明,在新闻时事、中西艺术、名人名媛及时装流行体系等方面,叙述了画报视野中"摩登"与时尚的现代化都市,"显然强烈地暗示了另一种'历史真实':西方现代性的到来"②。然而,"表面上的西方化,内里的中国精神"在《良友》画报的图文中依然闪烁着中国传统文化母体的独有色彩,棚户区、石库门、弄堂;贩卖《西游记》《济公传》《白蛇精》的旧书摊、置摊代写书信的书生、街头马戏表演的民间艺人;街头乞讨的难民、算命八卦的预言家、劳苦的人力车夫等,营造了上海现代化特质背景下传统生活方式的图景。

同期诞生于天津的《北洋画报》,在天津城市文化的视觉表述中,却同样表现出传统与现代双重要素的情感纠结,在想象与现实的交织中,在传统与现代的粘合中,画报映现出历史与现实融会、真实与想象共通的多元化的天津都市。

中国近现代画报的城市叙事,是一个经由多个要素逐渐规约的过程,传播主体的编码、读者的解码、读者信息反馈后传播主体的再次编码,影响画报的视觉表述与文化构图,致使想象与建构出来的城市并不是对原初真实面貌的直接反映,而是一个建立在多重关系和多种维度上的、源于现实真实却异于现实真实的拟态化的城市。中国近现代

---

① 李孝悌:《走向世界,还是拥抱乡野——观看〈点石斋画报〉的不同视野》,载《中国学术》(十一辑)2002年第3期。

② [美]李欧梵:《上海摩登:一种新都市文化在中国(1930—1945)》,毛尖译,北京:北京大学出版社2005年版,第4页。

画报与中国近现代城市历史往往相伴而行,从画报视域解析中国城市的历史变迁和文化图景,探究画报的城市叙事和城市文化生产,是一次很有意义的旅行。

中国近现代画报是一个综合性很强、跨学科的资料宝库与研究课题,政治思想史学界、社会文化史学界、新闻史学界、民俗学史学界、艺术学史学界等,都可从中取材,获取各自所需的大量史料。限于才疏学浅与精力不及,本著只从新闻传播史与社会文化史角度,大致考察了中国近现代画报的历史形态演变、媒介论域与主题特征、传播主体的精神文化诉求及画报对中国传统与现代双重变奏的视觉表述和文化构图。至于画报与社会变迁的互动关系、画报对近现代中国的视觉表述如何彰显了中国与世界在现代性过程中所产生的种种焦虑与矛盾等话题的研究,以及如何采用画报文本分析与历史语境分析相结合的方法来探究中国近现代画报及其内容的生产、表述、流传和接受系统,则有待于今后学界同仁的共同努力。

参 考 文 献

一、报刊类

《小孩月报》《点石斋画报》《良友》《真相画报》《大众》《北洋画报》《上海画报》《摄影画报》《时报图画周刊》《一四七画》《二五八画报》《丁丁画报》《三六九画报》《中国画报》《北辰画刊》《启蒙画报》《解放画报》《时代画报》《飞影阁画册》《妇人画报》《电影画报》《浙江画报》《民权画报》《世界画报》《浅说画报》《世界》《三日画报》《骆驼画报》《太平洋画报》《上海周报》《天民画报》《清代画报》《图画时报》《图画日报》《图画新闻》《旧京醒世画报》《醒俗画报》《申报》《新闻报》《大公报》《中华日报》《上海报》《申报月刊》《文化月刊》《东方杂志》《人言周刊》《礼拜六》《大上海》《上海记者》《上海生活》《晋察冀画报》《华北画报》《人民画报》《解放军画报》

二、史料类

1. 胡祥翰：《上海小志》，上海：上海古籍出版社1989年版。
2. 李维清：《上海乡土志》，上海：上海古籍出版社1989年版。
3. 冯自由：《革命逸史》初集，北京：中华书局1981年版。
4. 费正清：《剑桥中华民国史》，上海：上海人民出版社1991年版。
5. 《上海地方史资料》，上海：上海社会科学院出版社1982年版。
6. 《五十二种文史资料篇目分类索引》，上海：复旦大学出版社1982年版。
7. 《上海文史资料存稿汇编》，上海：上海古籍出版社2001年版。

8. 《上海研究资料》,上海:上海书店出版社1984年版。

9. 上海通社编辑:《旧上海史料汇编》,北京:北京图书馆出版社1998年版。

10. 熊月之主编:《上海通史》,上海:上海人民出版社1999年版。

11. 唐振常:《近代上海探索录》,上海:上海书店出版社1994年版。

12. 《上海百年文化史》(共三卷),上海:上海科学技术文献出版社2002年版。

13. 陈伯海:《上海文化通史》(共二卷),上海:上海文艺出版社2001年版。

14. 王定九:《上海门径》,上海:中央书局1932年版。

15. 姚公鹤:《上海闲话》,上海:上海古籍出版社1989年版。

16. 吴亮:《老上海:洋场时光》,南京:江苏美术出版社2005年版。

17. 〔法〕白吉尔:《上海史——走向现代之路》,王菊等译,上海:上海社会科学院出版社2005年版。

18. 〔美〕卢汉超:《霓虹灯外——20世纪初日常生活的上海》,上海:上海古籍出版社2004年版。

19. 马学新:《上海文化源流辞典》,上海:上海社会科学院出版社1992年版。

20. 仲富兰:《图说中国百年社会生活变迁(1840—1949)》,上海:学林出版社2002年版。

21. 顾柄权编著:《上海洋场竹枝词》,上海:上海书店出版社1996年版。

22. 魏绍昌编:《鸳鸯蝴蝶派研究资料》(上卷)史料部分,上海:上海文艺出版社1984年版。

23. 〔法〕安克强:《1927—1937年的上海——市政权、地方性和现代化》,张培德等译,上海:上海古籍出版社2004年版。

24. 素素:《浮世绘影:老月份牌中的上海生活》,北京:生活·读书·新知三联书店2000年版。

25. 霍塞:《出卖上海滩——外国人眼中的近代中国》,上海:上海书店出版社2000年版。

26. 蔡丰明:《上海都市民俗》,上海:学林出版社2001年版。

27. 施福康:《上海社会大观》,上海:上海书店出版社2000年版。

28. 曾觉之:《上海的将来》,上海:中华书局1934年版。

29. 陶菊隐:《记者生活30年》,北京:中华书局2005年版。

30. 陶菊隐：《大上海的孤岛岁月》，北京：中华书局 2005 年版。

31. 〔日〕松本重治：《上海时代》，曹振威等译，上海：上海书店出版社 2005 年版。

32. 周俊旗：《民国天津社会生活史》，天津：天津社会科学院出版社 2004 年版。

33. 万新平：《天津史话》，上海：上海人民出版社 1986 年版。

34. 中国人民政治协商会议天津市委员会文史资料研究委员会主编：《天津文史资料选辑》，天津：天津人民出版社 2003 年版。

35. 张利民：《解读天津六百年》，天津：天津社会科学院出版社 2003 年版。

36. 许纪霖：《中国现代化史（1800—1949）》，上海：上海三联书店 1995 年版。

37. 陈东原：《中国妇女生活史》，上海：上海文艺出版社 1990 年版。

38. 陈顾达：《中国婚姻史》，上海：上海书店出版社 1984 年版。

39. 丁守和编：《辛亥革命时期期刊介绍》（五册），北京：人民出版社 1982—1986 年版。

40. 方汉奇：《中国新闻事业通史》（共三卷），北京：中国人民大学出版社 2000 年版。

41. 方汉奇：《中国近代报刊史》，太原：山西人民出版社 1981 年版。

42. 方汉奇：《报史与报人》，北京：新华出版社 1991 年版。

43. 方汉奇：《方汉奇文集》，汕头：汕头大学出版社 2003 年版。

44. 戈公振：《中国报学史》，北京：中国新闻出版社 1985 年版。

45. 马光仁：《上海新闻史（1850—1949）》，上海：复旦大学出版社 1996 年版。

46. 秦绍德：《上海近代报刊史论》，上海：复旦大学出版社 1993 年版。

47. 胡道静：《新闻史上的新时代》，上海：世界书局 1946 年版。

48. 胡道静：《上海新闻事业之史的发展》，上海：上海通志馆 1935 年版。

49. 曹正文等：《旧上海报刊史》，上海：华东师范大学出版社 1991 年版。

50. 应国靖：《现代文学期刊漫话》，广州：花城出版社 1986 年版。

51. 益斌主编：《老上海广告》，上海：上海画报出版社 1995 年版。

52. 赵君豪：《中国近代之报业》，上海：申报馆 1938 年版。

53. 张静庐：《中国近代出版史料初编》，上海：群联出版社 1953 年版。

54. 张静庐：《中国出版史料补编》，北京：中华书局 1957 年版。

55. 张静庐：《中国近现代出版史料》，上海：上海书店出版社 2011 年版。

56. 宋原放:《中国出版史料(现代部分)》,济南:山东教育出版社 2001 年版。

57. 徐载平等:《清末四十年申报史料》,北京:新华出版社 1988 年版。

58. 上海摄影家协会、上海大学文学院编:《上海摄影史》,上海:上海人民出版社 1992 年版。

59. 马运增等编著:《中国摄影史(1840—1937)》,北京:中国摄影出版社 1987 年版。

60. 蒋齐生等编著:《中国摄影史(1937—1949)》,北京:中国摄影出版社 1998 年版。

61. 伍素心:《中国摄影史话》,沈阳:辽宁美术出版社 1984 年版。

62. 郑逸梅:《书报话旧》,北京:中华书局 2005 年版。

63. 毕克官编著:《中国漫画史》,北京:文化艺术出版社 2006 年版。

64. 李铸晋等:《中国现代绘画史》,上海:文汇出版社 2003 年版。

65. 俞剑华:《中国绘画史》,上海:商务印书馆 1937 年版。

66. 张秀民:《中国印刷史》,上海:上海人民出版社 1989 年版。

67. 钱存训:《中国纸和印刷文化史》,桂林:广西师范大学出版社 2004 年版。

68. 马艺主编:《天津新闻传播史纲要》,北京:新华出版社 2005 年版。

69. 《海派绘画研究文集》,上海:上海书画出版社 2001 年版。

70. 李伟铭:《图像与历史——20 世纪中国美术论稿》,北京:中国人民大学出版社 2005 年版。

71. 马国亮:《良友忆旧——一家画报与一个时代》,北京:生活·读书·新知三联书店 2002 年版。

72. 祝均宙等主编:《萨空了文集》,上海:上海科学技术文献出版社 2002 年版。

73. 赵家璧:《回顾与展望》,太原:山西人民出版社 1986 年版。

74. 赵家璧:《文坛故旧录》,北京:生活·读书·新知三联书店 1984 年版。

75. 杨大辛主编:《吴云心文集》,天津:天津古籍出版社 1990 年版。

76. 中国国家图书馆古籍文献丛刊:《清代报刊图画集成》2001 年版。

77. 中国国家图书馆古籍文献丛刊:《清末民初报刊图画集成》2003 年版。

78. 中国国家图书馆古籍文献丛刊:《清末民初报刊图画集成续编》2003 年版。

79. 杨炳延主编:《旧京醒世画报》,北京:中国文联出版社 2003 年版。

80. 田涌等:《晋察冀画报:一个奇迹的诞生》,北京:金城出版社2012年版。

81. 李润波主编:《晚清新闻画报收藏》,杭州:浙江大学出版社2008年版。

82. 郑逸梅:《书报话旧》,北京:中华书局2005年版。

83. 臧杰:《天下良友》,青岛:青岛出版社2009年版。

84. 侯杰等编著:《醒俗画报精选》,天津:天津人民出版社2005年版。

85. 陈平原:《图像晚清》,天津:百花文艺出版社2006年版。

86. 陈平原:《图像晚清:〈点石斋画报〉之外》,上海:东方出版社2014年版。

三、理论、专题类

1. 隗瀛涛:《中国近代不同类型城市综合研究》,成都:四川大学出版社1998年版。

2. 孙逊主编:《都市文化史:回顾与展望》,《都市文化研究》(第一辑),上海:上海三联书店2005年版。

3. 高福进:《"洋娱乐"的流入——近代上海的文化娱乐业》,上海:上海人民出版社2003年版。

4. 韦尔霍格拉特斯基:《上海:罪恶的都市》,什之译,香港:读书出版社1941年版。

5. 汪晖等:《上海:城市、社会与文化》,香港:中文大学出版社1998年版。

6. 苏智良主编:《上海:近代新文明的形态》,上海:上海辞书出版社2004年版。

7. 唐振常:《近代上海探索录》,上海:上海书店出版社1994年版。

8. 〔英〕艾荻·密勒:《上海:冒险家的乐园》,上海:上海文化出版社1982年版。

9. 〔美〕罗兹·墨菲:《上海——现代中国的钥匙》,上海:上海人民出版社1986年版。

10. 邹依仁:《旧上海人口变迁的研究》,上海:上海人民出版社1980年版。

11. 忻平:《从上海发现历史——现代化进程中的上海人及其社会生活(1927—1937)》,上海:上海人民出版社1996年版。

12. 章清:《亭子间:一群文化人和他们的事业》,上海:上海人民出版社1983年版。

13. 李康化:《漫话老上海知识阶层》,上海:上海人民出版社2003年版。

14. 张仲礼主编:《近代上海城市研究》,上海:上海人民出版社1993年版。

15. 吴福辉:《都市漩流中的海派小说》,长沙:湖南教育出版社 1995 年版。

16. 杨义:《文化冲突与审美选择》,北京:人民文学出版社 1988 年版。

17. 〔美〕李欧梵:《上海摩登:一种新都市文化在中国(1930—1945)》,毛尖译,北京:北京大学出版社 2005 年版。

18. 范伯群主编:《中国近现代通俗文学史》(上卷),南京:江苏教育出版社 2000 年版。

19. 杨义:《京派海派综论》,北京:中国社会科出版社 2003 年版。

20. 李今:《海派小说与现代都市文化》,合肥:安徽教育出版社 2002 年版。

21. 杨东平:《城市季风:北京和上海的文化精神》,北京:新星出版社 2006 年版。

22. 李天纲:《人文上海——市民的空间》,上海:上海教育出版社 2004 年版。

23. 乐正:《近代上海人社会心态(1860—1910)》,上海:上海人民出版社 1991 年版。

24. 李长莉:《晚清上海社会的变迁——生活与伦理的近代化》,天津:天津人民出版社 2002 年版。

25. 薛君度等主编:《近代中国社会生活与观念变迁》(三册),北京:中国社会科学出版社 2001 年版。

26. 张静如:《北洋军阀统治时期中国社会之变迁》,北京:中国人民大学出版社 1992 年版。

27. 陈平原:《北京:都市想像与文化记忆》,北京:北京大学出版社 2005 年版。

28. 骆爽:《"剖析"上海人》,北京:中国社会出版社 1995 年版。

29. 梁元生等编:《双龙吐艳:沪港之文化交流与互动》,沪港发展联合研究所、香港亚太研究所 2005 年版。

30. 〔美〕顾德曼:《家乡、城市和国家——上海的地缘网络与认同(1853—1937)》,上海:上海古籍出版社 2004 年版。

31. 〔日〕小浜正子:《近代上海的公共性和国家》,葛涛译,上海:上海古籍出版社 2003 年版。

32. 李楠:《晚清、民国时期上海小报研究——一种综合的文化、文学考察》,北京:人民文学出版社 2005 年版。

33. 贾晓慧:《〈大公报〉新论:20 世纪 30 年代〈大公报〉与中国现代化》,天津:天津人民出版社2002年版。

34. 闾小波：《中国早期现代化中的传播媒介》，北京：三联书店1995年版。

35. 李欧梵：《未完成的现代性》，北京：北京大学出版社2005年版。

36. 〔美〕本尼迪克特·安德森：《想象的共同体——民族主义的起源与散布》，吴叡人译，上海：上海人民出版社2005年版。

37. 蒋原伦：《媒体文化与消费时代》，北京：中央编译出版社2004年版。

38. 陈坤宏：《消费文化理论》，台湾：扬智出版1995年版。

39. 〔英〕西莉亚·卢瑞：《消费文化》，南京：南京大学出版社2003年版。

40. 〔法〕让·波德里亚：《消费社会》，南京：南京大学出版社2004年版。

41. 〔英〕弗兰克·莫特：《消费文化——20世纪后期英国男性气质和社会空间》，南京：南京大学出版社2002年版。

42. 罗钢等：《消费文化读本》，北京：中国社会科学出版社2003年版。

43. 罗岗等：《视觉文化读本》，桂林：广西师范大学出版社2003年版。

44. 〔德〕爱德华·傅克斯：《欧洲风化史：资产阶级时代》，赵永穆等译，沈阳：辽宁教育出版社2000年版。

45. 〔法〕热拉尔·拉尼奥：《广告社会学》，林文译，北京：商务印书馆1998年版。

46. 〔美〕保罗·梅萨里：《视觉说服：形象在广告中的作用》，王波译，北京：新华出版社2004年版。

47. 包亚明主编：《现代性与空间的生产》，上海：上海教育出版社2003年版。

48. 李欧梵：《现代性的追求》，北京：三联书店2000年版。

49. 〔德〕哈贝马斯：《公共领域的结构转型》，曹卫东等译，上海：学林出版社2002年版。

50. 吉登斯：《现代性与自我认同》，北京：三联书店1998年版。

51. 陆汉文：《现代性与生活世界的变迁》，北京：社会科学文献出版社2005年版。

52. 张慧瑜：《视觉现代性——20世纪中国的主体呈现》，北京：人民出版社2012年版。

53. 彭丽君：《哈哈镜：中国视觉现代性》，张春田等译，上海：上海书店出版社2013年版。

54. 〔英〕柯律格：《明代的图像与视觉性》，黄晓鹃译，北京：北京大学出版社2011

年版。

55. 麦克卢汉:《人的延伸——媒介通论》,成都:四川人民出版社1992年版。

56. 包礼祥:《近代文学与传播》,南昌:江西人民出版社2001年版。

57. 项翔:《近代西欧印刷媒介研究——从古登堡到启蒙运动》,上海:华东师范大学出版社2001年版。

58. 苏珊·桑塔格:《论摄影》,艾红华等译,长沙:湖南美术出版社2005年版。

59. 吴琼等编:《上帝的眼睛》,北京:中国人民大学出版社2005年版。

60. 丹尼尔·贝尔:《资本主义文化矛盾》,赵一凡译,北京:生活·读书·新知三联书店2003年版。

61. 〔英〕约翰·斯道雷:《文化理论与通俗文化导论》(第二版),南京:南京大学出版社2001年版。

62. 〔美〕玛里琳·霍恩:《服饰:人的第二皮肤》,乐竟泓、杨治良等译,上海:上海人民出版社1991年版。

63. 〔美〕黛安娜·克兰:《文化生产——媒体与都市艺术》,赵国新译,南京:译林出版社2002年版。

64. James Lull:《媒介、传播与文化》,台北:韦伯文化事业出版社2002年版。

65. 〔美〕伊丽莎白·爱森斯坦:《作为变革动因的印刷机:早期近代欧洲的传播与文化变革》,北京:北京大学出版社2010年版。

66. 〔美〕梅尔文·L. 德弗勒等:《大众传播通论》,北京:华夏出版社1989年版。

67. 陆扬、王毅:《大众文化与传媒》,上海:上海三联书店2000年版。

68. 詹宏志:《城市人:城市空间的感觉、符号和解释》,台北:经济与生活出版公司1989年版。

69. 齐奥尔格·西美尔:《时尚的哲学》,费勇等译,北京:文化艺术出版社2001年版。

70. 孟建主编:《图像时代:视觉文化传播的理论诠释》,上海:复旦大学出版社2005年版。

71. 贾磊磊:《影像的传播》,桂林:广西师范大学出版社2005年版。

72. 周家群:《图像时代——新闻摄影传播学》,合肥:安徽大学出版社2001年版。

73. 张锦华等:《媒体的女人·女人的媒体》(上下册),硕人出版有限公司1995

年版。

74. 〔美〕韦尔伯·施拉姆:《大众传播媒介与社会发展》,金燕宁译,北京:华夏出版社1990年版。

75. 王宁:《消费社会学:一个分析的视角》,北京:社会科学文献出版社2001年版。

76. 〔美〕珍妮弗·克雷克:《时装的面貌》,舒允中译,北京:中央编译出版社2000年版。

77. 〔法〕罗兰·巴特:《流行体系——符号学与服饰符码》,敖军译,上海:上海人民出版社2000年版。

78. 王蕾、代小琳:《霓裳神话——媒体服饰话语研究》,北京:中央编译出版社2004年版。

79. 苏特·杰哈利:《广告符码:消费社会中的政治经济学和拜物教现象》,马姗姗译,北京:中国人民大学出版社2004年版。

80. 姚伟钧:《中国传统饮食礼俗研究》,上海:华中师范大学出版社1999年版。

81. 〔英〕迈克·费瑟斯通:《消费文化与后现代主义》,刘精明译,南京:译林出版社2000年版。

82. 汪民安:《身体、空间与后现代性》,南京:凤凰出版传媒集团,江苏人民出版社2006年版。

83. 王笛:《街头文化——成都公共空间、下层民众与地方政治,1870—1930》,李德英等译,北京:中国人民大学出版社2006年版。

84. 约翰·费斯克:《理解大众文化》,北京:中央编译出版社2001年版。

85. 〔美〕卡罗琳·凯奇:《杂志封面女郎》,曾妮译,天津:天津人民出版社2006年版。

86. 陶东风等主编:《文化研究》第1—3辑,天津:天津社会科学院出版社2001年版。

87. 陶东风等主编:《文化研究》第5辑,桂林:广西师范大学出版社2005年版。

88. 本雅明:《机械复制时代的艺术作品》,王才勇译,北京:中国城市出版社2002年版。

89. 姜进主编:《都市文化中的现代中国》,桂林:广西师范大学出版社、上海:华东师范大学出版社 2007 年版。

90. 吴果中:《〈良友〉画报与上海都市文化》,长沙:湖南师范大学出版社 2007 年版。

91. 陈平原:《西学输入与近代城市》,北京:北京大学出版社 2012 年版。

92. 陈平原:《左图右史与西学东渐——晚清画报研究》,香港:三联书店(香港)有限公司 2008 年版。

93. 李孝悌:《恋恋红尘:中国的城市、欲望和生活》,上海:上海人民出版社 2007 年版。

94. 李孝悌:《清末的下层社会启蒙运动:1901—1911》,石家庄:河北教育出版社 2001 年版。

95. 〔美〕葛凯(Karl Gerth):《制造中国:消费文化与民族国家的创建》,黄振萍译,北京:北京大学出版社 2007 年版。

96. 韩红星:《一报一天堂:〈北洋画报〉广告研究》,厦门:厦门大学出版社 2012 年版。

97. 唐海江:《清末政论报刊与民众动员:一种政治文化的视角》,北京:清华大学出版社 2007 年版。

98. 黄克武主编:《画中有话:近代中国的视觉表述与文化构图》,台北:"中研院"近代史研究所 2003 年版。

99. Ye Xiaoqing, THE DIANSHIZHAI PICTORIAL *Shanghai Urban Life, 1884-1898*, Center for Chinese Studies, The University of Michigan Ann Arbor.

100. 郑建丽:《晚清画报的图像新闻学研究(1884—1912):以〈点石斋画报〉为中心》,桂林:广西师范大学出版社 2015 年版。

四、论文

1. 李长莉:《社会文化史学:一门新生学科》,《社会学研究》1993 年第 1 期。

2. 周兵:《西方新文化史的兴起与走向》,《河北学刊》第 24 卷第 6 期。

3. 李长莉:《社会文化史的兴起》,《天津师范大学学报(社科版)》2003 年第 4 期。

4. 黄天鹏:《五十年来画报之变迁》,《良友》画报 1930 年 8 月第 49 期。

5. 阿英:《中国画报发展之经过》,《良友》画报 1940 年纪念号第 150 期。

6. 赵家璧:《〈良友画报〉忆旧》,《编辑之友》1987 年第 3 期。

7. 萨空了:《五十年来中国画报之三个时期》,见张静庐辑注:《中国现代出版史料乙编》,中华书局 1955 年版。

8. 蒋荫恩:《中国画报的检讨》,《报学季刊》1995 年第一卷第四期。

9. 陈平原:《新闻与石印——〈点石斋画报〉之成立》,《开放时代》2000 年第 7 期。

10. 王尔敏:《中国近代知识普及化传播之图说形式——点石斋画报例》,《"中研院"近代史研究所集刊》1990 年第 19 期。

11. 王尔敏:《〈点石斋画报〉所展现之近代历史脉络》,载《近代文化生态及其变迁》,南昌:百花洲文艺出版社 2001 年版。

12. 〔美〕康无为(Havold Kohn):《画中有话:点石斋画报与大众文化形成之前的历史》(Drawing Conclusion: Illustration and the prehistory of mass culture),载中央研究院近代史研究演讲集(1):《读史偶得:学术演讲三篇》,"中研院"近代史研究所 1993 年版。

13. 〔德〕鲁道夫·G. 瓦格纳:《进入全球想象图景:上海的〈点石斋画报〉》,《中国学术》(总第八辑)2001 年第 4 期,北京:商务印书馆 2001 年版。

14. 李孝悌:《上海近代城市文化中的传统与现代——1880 年代至 1930 年代》,载《中国的城市、欲望和生活》,上海:上海人民出版社 2007 年版。

15. 李孝悌:《走向世界,还是拥抱乡野——观看〈点石斋画报〉的不同视野》,《中国学术》总第十一辑,2002 年第 3 期,北京:商务印书馆 2002 年版。

16. 鲁迅:《连环图画琐谈》,《鲁迅全集》第六卷,北京:人民文学出版社 1973 年版。

17. 张若谷:《纪元前五年上海北京画报之一瞥》,《上海研究资料续集》,民国 26 年,上海通社印,台北:中国出版社影印本 1973 年。

18. 彭永祥:《旧中国画报见闻录》,《新闻研究资料》第四辑,北京:中国社会科学出版社 1980 年版。

19. 彭永祥:《中国近代画报简介》,《辛亥革命时期期刊介绍》第四集,北京:人民出版社 1986 年版。

20. 祝均宙:《上海小报的历史沿革》,《新闻研究资料》第 42 辑,中国社会科学院新闻研究所《新闻研究资料》编辑部,1988 年。

21. 吴福辉:《海派文学与现代媒体:先锋杂志、通俗画刊及小报》,《东方论坛》

2005年第3期。

22. 赵家璧:《〈良友画报〉二十年的坎坷历程》,中国社会科学院新闻研究所编:《新闻研究资料》总第37辑,北京:中国社会科学出版社1987年版。

23. 郑绩:《从〈良友〉看左翼思潮在大众层面的传播》,《中国现代文学研究丛刊》2005年第3期。

24. 许敏:《〈良友画报〉与二三十年代的上海》,载张仲礼主编:《中国近代城市企业·社会·空间》,上海:上海社会科学院出版社1999年版。

25. 周春玲:《时尚杂志与"大众文化"》,载王晓明主编:《在新意识形态的笼罩之下——90年代的文化和文学分析》,南京:江苏人民出版社2000年版。

26. 杨春晓:《解读〈良友〉画报的封面》,《新闻大学》2004年冬季号。

27. 邱培成:《前期〈小说月报〉与清末民初上海都市文化研究》,复旦大学博士学位论文,2004年。

28. 马中红:《图像西方与想象西方——〈良友〉对西方社会的重构与呈现》,《文艺研究》2007年第1期。

29. 徐沛:《图像与现代性——中国近代画报视觉文化研究(1884—1937)》,四川大学博士学位论文,2008年。

30. 张元卿:《读图时代的绅商、大众读物与文学——解读〈北洋画报〉》,《天津社会科学》2002年第4期。

31. 王晏殊:《民国时期天津〈北洋画报〉研究》,南开大学博士学位论文,2013年。

32. 阴艳:《美者其目标——〈北洋画报〉与城市现代生活》,东北师范大学博士学位论文,2015年。

33. 杨健:《政治、宣传与摄影——以〈晋察冀画报〉为中心的考察》,复旦大学博士学位论文,2014年。

34. 陈阳:《〈真相画报〉与"视觉现代性"》,复旦大学博士学位论文,2014年。

35. 范继忠:《晚清〈申报〉与上海城市文化研究》,中国人民大学博士学位论文,2001年。

附录:中国近现代画报简目

1874 年(同治十三年 甲戌)

《小孩月报》(*Child'd Paper*) 1874 年 2 月创刊。福州。创刊者为普洛姆太太和胡巴尔太太。1875 年迁移到上海出版,由美国北长老会牧师范约翰(Rev. J. M. W. Farnham)接办并担任主编,用连史纸印刷,文字浅近易读,有诗歌、故事、名人传记、博物、科学等。插图均雕刻,铜版尤精美。1914 年 1 月改名为《开风报》,由中国圣教书会和沪汉联会合办,但出五期即止,1915 年 12 月停刊。

1877 年(光绪三年 丁丑)

《寰瀛画报》 1877 年 6 月 6 日创办。上海。不定期。镂版。英国印制、编译,上海申报稿发行。内载世界时事、山水风俗。图为英人绘,文字说明为蔡尔康所作。共出五卷。第一卷刊《英太子游历火船名哦士辨图》和《印度不用铁条好处图》等,还刊 1854 年克里米亚战争图 18 幅。之后专刊社会新图画。

1880 年(光绪六年 庚辰)

《花图新报》(*The Chinese Illustrated News*,又名《图画新报》) 1880 年 5 月创办。上海。美国北长老会教士范约翰主创,以"上海清心书馆"名义发行,内容以宣传基督教教义为主,也刊载天文、地理、科学、器物、时事、人物等,每月出版 3000 份,刊载图画并附加详细文字说明。至 1913 年终刊。1942 年曾一度复刊,不久又停刊。

《益画新报》 1880 年创办,上海中国教书会编。终刊时间不详。

1884 年（光绪十年　甲申）

《申报画报》　1884 年创办。上海申报馆编印。十日刊。每期八图，多为时事图。每期售价八文。此为日报增刊之始。

《点石斋画报》　1884 年 5 月 8 日创刊。上海。英国人尊闻阁主人即美查（Ernest Major）创办，吴友如主笔。月出三册，每册八页，每册价洋五分。编目用天干、地支、八音、六艺，共出版三十六卷。"爱情精于绘事者，择新奇可喜之事，摹而为图"。内容以"奇闻""果报""新知""时事"为主体。

1889 年（光绪十五年　己丑）

《厦门画报》　1889 年创办。厦门。教会方面主办的儿童画报。刊行不久即停刊。

《成童画报》　1889 年创办。上海。日刊。广学会办。宗旨："宣传教义，介绍科学知识。"1890 年 1—2 月出版 1—2 卷（月刊）后停刊，改名《日新画报》出版。

1890 年（光绪十六年　庚寅）

《飞影阁画报》　1890 年 3 月至 1894 年 3 月刊行，旬出一册，八页，已出至第一三二册。吴友如主编，飞影阁出版，上海鸿宝斋石印。内容有百兽、闺媛、风俗等。

1892 年（光绪十八年　壬辰）

《中西画报》　1892 年创办。上海。随《上海时报》附送。

1894 年（光绪二十年　甲午）

《新闻报馆画报》　1894 年创办。上海新闻报馆出版。上海图书馆存有第一期 1 册。

1896 年（光绪二十二年　丙申）

《飞云阁画报》　1896 年之后创办。上海。内容、形式与《飞影阁画报》相似。

1897 年（光绪二十三年　丁酉）

《沪江书画报》　1897 年 8 月 31 日创刊。上海。

1899 年（光绪二十五年　己亥）

《海上日报画报》　1899 年创办。上海。随《海上日报》附送。英商出资。1905 年停刊。北京图书馆存有残本。

1900 年（光绪二十六年　庚子）

《双管阁画报》　1900 年创刊。上海。连史纸印，折叠装订，封底封面均为彩色。

1901 年（光绪二十七年　辛丑）

《图画演说报》　1901 年 11 月 30 日创刊。月刊。上海徐家汇天主堂藏书楼存有创刊号一册。1902 年尚在刊行。

《画报》　（丛报）1901 年创刊。上海。1902 年尚在刊行，但无"丛报"二字。

1902 年（光绪二十八年　壬寅）

《飞影阁大观画报》　1902 年创刊。上海。十日刊。刊载中西时事画及小说。

《图画演说报》　1902 年 1 月 9 日创刊。杭州。月刊。商办。栏目：宗教、内外史、时事、益闻、物理、歌谣等。图画多用木刻，铅字印刷。

《启蒙画报》　1902 年 6 月 23 日创办。北京前门外五道庙街西。周出六张，周日停刊一天，月订一册。彭翼仲创办兼编辑，刘炳堂绘画。以"教人爱国""开启蒙稚"为宗旨，以儿童为传播对象，是北京地区刊行最早、销数最多的画报。栏目：伦理、掌故、舆地、算术、动植物、格致、时闻、各国新闻、海国佚事、寓言、小说、杂俎等。终刊于 1904 年底或 1905 年初，累计二十二个月。

1903 年（光绪二十九年　癸卯）

《书画谱报》　1903 年 7 月创刊。上海徐家汇天主堂藏书楼存创刊号一册。

《奇新画报》　1903 年 7 月 24 日创刊。上海。第一期刊有新闻及风俗画，也附古今名人画稿。

《集益书报画》　1903 年 9 月 6 日创办。上海。刊载时事、新奇图画和古今名人碑帖手卷。

1904 年（光绪三十年　甲辰）

《时事插画》　1904 年创办。时报馆编印。内容有中外名人画像、各国风光、地图、讽刺画等。

《时报插图》　1904 年 6 月 12 日创刊。上海。社址在上海四马路辰字（B）583 号。挂日商招牌，名义发行人为日本人宗方小太郎，实际负责人是狄楚青，总主笔罗孝高。罗普、冯挺之、陈景韩、雷奋、包天笑等曾担任主编和编辑。梁启超拟写发刊词,标榜言论"以公为主,不徇一党之私见"。每天两大张,售钱二十文。栏目:中外名人画像、各国风景地图、讽刺画等。

1905年(光绪三十一年 乙巳)

《白话新民画报》 1905年间创刊。上海,馆址:上海四马路望平街。旬刊。光纸石印,线装。

《北京时事画报》 1905年间创刊。上海。同年停刊。

《不缠足画报》 又名《不缠足话报》。1905年创办。武昌。每期八页,每本七分五厘。1909年仍在出版。

《时事画报》 1905年创刊。广州。16开本,十日刊。潘达微、高剑父、陈桓等编。内容鼓吹民主革命,推翻满清统治。以"开通群智,振发精神"为宗旨,揭露满清对内残暴、对帝国主义顺从以及帝国主义侵略中国的罪行。此刊一度中断,1909年在香港复刊。编辑人谢英伯、潘达微、郑吕泉、何剑士等。1910年出至131期(后期在香港编印)终刊。

《国粹学报图画》 1905年1月创刊。上海国粹学报馆编辑。1911年12月终刊。刊行七年。

1906年(光绪三十二年 丙午)

《生香馆画报》 1906年创刊。上海。石印画报。同年停刊。

《醒俗画报》 1906年出版。天津鼓楼东广东会馆醒俗画报馆编。1908年3月10日已出第六十七期。绘画石印。

《开通画报》 1906年创刊。北京。周刊。北京弓弦胡同铭汇画室英铭轩编写,十六开本,每本十图。第一至十一期为官书局石印。十六开,每期八页十六面,土白纸,封面、封底均为红色。每期售铜元七枚。1907年停刊。

《赏奇画报》 1906年5月8日创刊。广州。旬刊。季毓、霸伦等编。宗旨是"以合于普通社会为主,图说互用,务令同群一律领解,灌输新理,开辟灵性,非说不达,舍图弗明……述奇第一。……汇报第二。……增益智慧,实际第三。……致戒谨盲,修辞第四"。刊载社会生活和风土人情的图画为多。

《丙午星期画报》 1906年创办。上海时报馆编印。

《北京画报》 1906年5月23日创刊。北京。白话。旬刊。张展云、孙玉占主办,刘炳堂绘画。正页刊时事画,附页刊北京风俗画。第二、三期刊有《帝国主义凌辱华工》和《华工的苦难生活》等画。

《北京日日画报》 1906年7月11日创办。北京。沈厚奎创办。以开通社会为宗旨。每日一大张,四班,售铜元一枚。

《开通画报》 1906年年底创刊。北京。英铭轩主编。周刊。每期出16开本一册,官书局石印。

《京师新铭画报》 1906年创刊。北京。小报。

《普通画报》 1906年创刊。北京。小报。

《醒世画报》 1906年年末创刊。天津。温世霖主办。日出一小张,四幅图画。内容多是街谈巷议、社会新闻等。因揭露北洋军阀段祺瑞行贿买官之丑闻,触怒资助者而停刊。1909年北京又出一同名画报。

《星期画报》 1906年10月创刊。北京。内容有新闻、历史、掌故、美术、讽刺画、喻言、笑林、奇画诸门。白话。颇受社会欢迎。

1907年(光绪三十三年 丁未)

《醒华日报画刊》 1907年创办。天津。多刊时事绘画。

《人镜画报》 1907年7月22日创刊。天津。陆莘农、温世霖、顾叔度创办。馆址在天津日租界旭街德安里。宗旨在于评点世道人心、改良社会、沟通风气。曾刊载大量的政治讽刺画。共出二十四册。每册售价铜元九枚。主要在华北地区销售。1907年12月29日停刊。

《时谐画报》 1907年10月创刊。广州。旬刊。崔芹、潘达微、何剑士等编绘。以画为主,尤以时事画居多。宗旨:"一纸风行,最益阅报者,字字之热情,觇社会之进步。其图画为首,文字次之。"主要为辛亥革命作宣传。

《时事报馆画报》 1907年创刊。上海。旬刊。内有名人画像,各地新闻,并附小说笔记等。

《时事画报》 1907年3月创刊。旬刊。北京时事画报馆编印。同年5月停刊。

《世界》 1907年秋天创刊。巴黎印制,运回上海发行。张静江、吴稚晖、李石曾等主办。共出两期,第一期发行地点为"上海老闸桥南厚德里世界画报总发行所,电话2890",从第二期起迁到四马路望平街,地址是204号。季刊,八开本,用重磅道林纸彩印,间以三色版,凸版印制,印刷精美。取材立足全球、偶尔关注国内,内容包含"世界各殊之景物""世界真理之科学""世界最近之现象""世界纪念之历史"和"世界进化之略迹"等五大板块,各个板块都集中介绍能代表西方民主和科学的一些事物。湖州市档案馆馆藏。

《戊申全年画报》 1907年刊行。上海时报馆编印。二十四开本,石印。1909年汇集成三十六册。刊中写道:"图画新闻:专绘各省可惊、可喜、可讽、可劝之时事,言者无罪、闻者足戒,而劝善惩恶之意寓于中矣。"

《图画新闻》 1907年创刊。上海。每月汇集一卷,根据各省新奇怪闻绘成。

《神州五日画报》 1907年4月创刊。上海。马星驰主编,刘霖绘图。对开二页,随上海神州日报赠阅。内容有上海新闻、国际大事、风俗及时事讽刺画。"立宪"及"贪官污吏"讽刺画时有刊载。该刊又名《神州画报》。1937年改名《神州画刊》,星期日出版。

《双日画报》 1907年创刊。汕头。十六开本,石印。曾杏村、吴子寿等编。内容有新闻、常识、文艺等。1908年光绪皇帝殁,该刊揭露为西太后所毒死,曾杏村因之被捕下狱,刊物被封。

《吴友如画宝》 1907年出版。吴友如绘,上海壁园同人编辑,刊图1200幅,编成十二集,每集一目,如古今人物、古今百美、海上百艳、中外百兽、海上丛谈、山海志奇、古今谈丛、风俗志、花卉等。集子中图画大部分在点石斋画报上发表过。八开本,石印,装帧精美。

《益森画报》 1907年10月创刊。北京。旬刊,每期十二页,石印。前七期按时出版。学退山民编撰、刘炳堂绘图。创刊宗旨:"将欲网络异事,纂组鸿文,精治丹青,籍明皂白,朝野金载,尺幅具千里之观,惩劝兼资,右史左图之助,舍画报其曷以哉!"

《民呼画报》 1907年7月创刊。上海环球画报社出版,月出十二页一册,经摺装。内容有大陆景物、国内外新闻、上海建筑及社会现象、世界名人历史等十二类。由中、日人合编。

《日新画报》 1907年11月6日创办。北京。五日刊,每期八页十六面。编辑、发行人不可知,但李翰园、李菊侪兄弟署名较多。馆设东四牌楼北什锦花园西头路北。

1908年（光绪三十四年　戊申）

《时事画报》　上海时事报馆编印。旬刊。1908年冬—1909年春出一至三十六期。1909年1至11月出新一至二十八期，1910年出新一至一四期。主要栏目：名人画像、各地新闻，并附刊小说、笔记。

《时事报图画杂俎》　1908年创刊。内容有国内社会奇闻、西洋科学及花鸟。

《当日画报》　1908年创刊。北京。英铭轩编绘。有京师新闻、时事漫画、灯谜等。

《蒙学画报》　1908年创刊。北京。半月刊。中华学会编。内容以蒙童教育为主。

《舆论日报图画》　1908年创办。上海。石印。陈炜、陈子青绘图。内容多为社会新闻，并附寓言和讽刺画。

《醒华》　1908年4月创办。五日刊。至1912年5月已出一至五二六期。

《民呼日报图画》　1908年创办。北京。内容多为社会生活及时事新闻。

《浅说日日新闻画报》　1908年创刊，柳赞成编，德泽臣绘图，北京浅说画报社出版。1911年出至九四二期。内容有讽刺画、寓言、新闻插图等。后改名"浅说画报"。

《菊侪绘图女报》　1908年7月创办。北京。发行人李菊侪，李菊侪、继折臣曾担任编辑，由刘炳堂、陈敷民、李翰园、李菊侪、黛林女史绘图，印刷人项德斋。十日刊。每本大洋一角，每月大洋三角。篇幅约为5—6页，即10—12面，一面即一图或一文。栏目依次为：类社论栏、家政、新闻图画（包括北京和外省新闻，约5—6幅）、女性主题图画、静物画或讽画等。李菊侪《本馆谨答》："不过我们既然生长在中国，食毛践土，当此之时，我们就是尽一尽一点国民的义务吧咧。至于凡遇见有益社会的事，极力维持，维持个不成不休；有害社会的事，极力的驱逐，驱逐到不尽不止，诚然是我们的目的呕。"北京大学图书馆所藏《菊侪画报》全本三期。

1909年（宣统元年　己酉）

《新闻图画》　1909年出版。上海。朱紫翔作画。内容有西人逗凶、烟妓争殴、西洋文明等。

《舆论时事图画》　1909年4月26日创刊。图文并茂，十日集成一册。

《燕都时事画报》 1909年5月创刊。北京。日刊,每期八页。广仁山、来寿臣等编,李菊侪参与绘画并任职编辑,经理兼督印刘雁如。内容有北京新闻、名人演说、讽刺画等。

《民呼画报》 1909年7月创刊。上海环球社出版。月出一册,每册十二页。内容有大陆景物、上海建筑、世界名人历史、国内新闻及上海社会现象等十二类。中、日合办。

《图画旬报》 1909年出一至十三期。上海时报馆编印。

《图画日报》 1909年7月初创刊。上海环球画报社出版。石印本。

《通俗画报》 1909年7月15日创刊。成都通俗画报社编印。十开,土纸,石印。至10月共出七册。

《舆论时事报图画新闻》 1909年12月创刊。上海。日出一页,前半页为故事画,后半页是所谓国朝名人政绩。

《醒世画报》又名《北京醒世画报》 1909年10月创刊。北京。张凤纲编,李菊济绘画。每日出版,铜元1枚。内容以社会新闻为主。

《图画新报》 1909年出版。汕头。吴子寿主持,王逊之绘画。内容分图文二部分,图画部分有时事画、讽刺画等。

《新世界画刊》 1909年出第一期。上海新世界画刊社编。

《正俗画报》 1909年创刊。北京。日刊。每期八页。发行兼编辑雷震远,印刷项德斋,绘图李菊侪、胡竹溪等。

《时事报图画新闻》 1909年1月10日创办。上海。上海时报馆编印。逢十出版,十六开,石印。

《启智画报》 辛亥革命前夕出版。四川保路同志会、立宪派团体主办,是四川保路同志会的机关报。

《白话报画报》 1909年创刊。杭州。光纸石印,线装。

《民呼日报画报》 1909年3月26日创刊。上海。对开一张,石印,日刊。

《神州画报》 1909年6月11日创刊。双日刊。十六开,石印。马星驰、刘霖作画。现见有1909年6月11日至1910年1月11日各期的残本。1910年改为日刊。

《民呼日报图画》 此为于右任于1909年5月15日在上海创办的《民呼日

报》的附送品。每日图两张,配有文字。浙江省图书馆存有 1909 年 5 月 16 日至 10 月 25 日的画刊,北京图书馆存有 1909 年 5 月 15 至 10 月 8 日的画刊。

《民吁日报画报》 此为于右任于 1909 年 10 月 3 日在上海创办的《民吁日报》的附送品。张聿光等作画。

1910 年（宣统二年　庚戌）

《平民画报》 1910 年创办。旧金山。李是男等编辑,旅美华侨经营。

《上海杂志》 1910 年 12 月创刊,上海集成图书公司出版。内容为上海新闻图画,亦辅以文字。已知出至六卷。

《全球画报》 1910 年创刊,费希礼编,天津芬克出版。冲容有新闻、历史、科学知识。此刊为外国人经营。

《小说画报》 1910 年 1 月至 6 月出一至六期。月刊。1917 年,包天笑在上海又办有同名刊物。

《民立画报》 此为于右任于 1910 年 10 月 11 日在上海创办的《民立报》的附送品。十开,石印。张聿光、钱病鹤、汪绮云等作画。积极宣传革命排满,揭露清吏的腐败无能,反对清廷的伪立宪,揭露社会上的各种丑恶现象。

1911 年（宣统三年　辛亥）

《时事新报星期画报》 1911 年 5 月 29 日创刊。上海。随《时事新报》赠阅。内容为世界大事及科学知识。五彩印刷。

《民辛画报》 1911 年 4 月出版。6 月 29 日一期是天津妇女开会纪念"天津失城纪念",有英怀清、吕幼才等妇女演讲,号召妇女奋发图强。与会者不下数万人,会场秩序井然。润六月六日一期讽刺红顶花翎（清官吏）拜女巫,还有奸杀奇闻、力主禁烟、农民为农田积水发愁等。

《民权画报》 1911 年出版。日刊。内容有反对借外债、反对帝国主义瓜分中国,并揭露"立宪"之丑行。

《民立画报》 1911 年 4 月创刊,张幸光、钱病鹤绘图,十六开本,有光纸石印,每期六面。

《平民画报》 1911 年 7 月 16 日创刊。广州。邓警亚编,何剑士、潘达微等绘图,尹笛云、冯润之等发行。内容有社会生活、时事新闻、讽刺漫画等。

《图画报》 1911 年 8 月初出第八十二期,8 月 29 日出一〇八期,十六开长条。图画报馆编。绘中外奇闻、黄色故事等。

《天铎画报》 1911年创刊。天铎报编印出版。

《白话新民画报》 约1911年10月创刊。上海。

《启智画报》 1911年创刊。成都。四川保路同志会办。以实事漫画为主，文字全用白话。

《北洋旬日画报》 1911年3月创刊。天津。每月三册。浙江白话新报社寄售。

《小说图画报》 清末于上海出版。阿英所编《晚清戏曲小说目》略有提及。详情不知。

《近事画报》 1911年10月15日创办。上海。

《沪报新闻画》 清末新闻画刊。上海。详情不知。

《新闻画报》 清末杭州出版。十六开，石印。江苏省图书馆存有17至84期。

《菊侪画报》 1922年10月22日创刊。发行兼编辑李菊侪（又名李荫林），绘图李翰园、陈敷民，经理张啸竹。十日刊。每月三本售铜元四十五枚，每本售铜元十五枚。栏目：演说、典故、笑林、小说、灯谜。辛亥革命后停刊，约1912年3月10日复刊，改为日刊，重新从第1期开始发刊，出报19期。从启蒙教化下层民众的启蒙读物转变为消遣媚俗的花边小报，如第10期刊有《花界图》、第12期登载蛰公的《青楼名花对联》。

1912年（民国元年 壬子）

《白话共和画报》 民国元年创刊。北京。石万种主办。

《民权画报》 此为于右任于1912年在上海创办的《民权报》的附送品。戴季陶、何海鸣主编，周浩发行。十二开，日出六页十二面，每面有画一至四幅。现见民国元年四月十九至六月二十九日各期残页。栏目：新闻、滑稽、戏评、小说。积极反袁。

《广州时事画报》 1912年10月由《时事画报》与《平民画报》合并改名。1913年3月出至第十一期。

《民强画报》 1912年5月28日创刊。十六开，每日两页。上文下图，主要刊载奇闻异事和讽刺画，也刊小说。四川大学图书馆存有1912年6月5日至10

月 22 日的九到一百四十七期的残本。

《大革命写真画》 1912 年出版。上海商务印书馆编。略小于十六开,横本,铜版道林纸印,每集照片四十张左右。中英文说明。刊载武昌起义、各地革命军战斗、清军投降、清吏逃亡以及孙中山的革命活动等,共约六百张照片,是极为珍贵的历史资料。

《真相画报》 1912 年 6 月 11 日创刊。上海。主编高奇峰。旬刊,标注为每月逢一出版,一日、十一日、二十一日见报,十六开本,书册式装帧,封面彩印,至 1913 年 3 月停刊。取材精粹,包括时事、社会活动、人物、书画等,偏重于政治和美术,以论语、时评、时事画、美术画、历史滑稽画等剖析新闻和社会政局,"以文学图画构成,或庄或谐,或图或说,社会状态时局变迁无微不显,无幽不著。被人称为"我国近代史上著名的一份大型革命画刊"。

《时报馆附送画报》 1912 年 10 月已出八十八期。十二开,石印。多绘中外社会奇闻和讽刺时弊的漫画。

《经纬画报》 1912 年已出第十五册。

《大共和星期画报》 1912 年 11 月创刊,同年 12 月已出第六期,1913 年 1 月至 10 月已出七至四十四期。十六开,经折装。浙江省图书馆存有。

1914 年(民国三年 甲寅)

《寅报画报》 1914 年 5 月出一册。杭州。

《京师教育画报》 1914 年 8 月创办。至 1916 年已出一至一百九十一期。北京劝学总处编印。

《大共和画报》 此为《大共和日报》之附送品。1914 年创办。炯炯编辑。十二开,多刊新剧画、小说画、杂记画、名人字画和传记材料等。1915 年冬仍在刊行。浙江省图书馆存有。

1916 年(民国五年 丙辰)

《小说画报》 1916 年创刊。上海。包天笑编。上海文明书局出版。每月两册。有光纸石印,线装。以文为主,记述古今中外名人艳事。

1917 年(民国六年 丁巳)

《白话画报》 1917 年 6 月 7 日创刊。哈尔滨。社长牛安甫。同年 7 月因反对张勋复辟被查禁。

《神州画报》 1917年创刊。沈伯尘、丁悚编绘。具体出版信息不详。

《小说画报》 1917年6月1日创刊。包天笑编,钱病鹤作画,沈云芳发行,上海中华书局出版。月刊。十六开,有光纸印制,线装本。至1920年已出至二十三期。江苏省图书馆存有一至十七期。

1918年(民国七年 戊午)

《世界画报》 1918年8月中旬创办。编辑兼发行人孙雪泥,绘画及撰稿人为张聿光、刘海粟、丁悚、刘晓霞等二十一位当时名家。上海生生美术公司出版。十六开,彩色石印封面。石印,道林纸印。栏目:名胜、工艺、历史、新闻、博物、轶事、装饰、风俗、游戏等。1919年7月中旬出第十二期,1927年10月出第五十五期。刊期不甚固定。

《正俗画报》 1918年创办。详情无法得知。

《山西画报》 刊载新闻、诗歌、故事。张友渔早年写作的《新念歌》曾在此刊发表。

《民国日报画报》 著名摄影家郎静山先生主编过该刊。

《上海泼克》又名《泊尘滑稽画报》 1918年9月创办。创办人兼主编沈伯尘。中国第一本专门的漫画杂志。每月一期。同年12月出版完第四期后停刊。

《中国画刊》 具体出版信息不详。

1919年(民国八年 己未)

《画报》 1919年9月至12月出版二〇二至二〇三期(间有缺),1920年1月出二三四期。四川省图书馆存有。

1920年(民国九年 庚申)

《解放画报》 1920年5月4日创刊。上海。月刊。创办者周剑云。目的在于"把种种束缚一律扯散,做一番解放的工作,再做一番改造的功夫""提倡女权,希望男女平等,对国家、社会共同负责"。是一个以写妇女问题为主的通俗读物。

时报《图画周刊》,亦称《图画时报》 上海。1920年6月9日创办。创办者戈公振。中国第一个报纸摄影附刊。四开版面,铜版印刷,每周日出版,随《时报》附送。宗旨"彰显阐恶"。以刊布新闻照片为主,兼刊美术摄影作品。摄影图片分为六类:时事照片、风景照片、学校照片、艺术品照片、名人照片、风俗照片。

1934年5月20日出至第1000号被迫停刊。它是中国报纸摄影附刊中出版时间最久、影响最大的一个刊物。

1924年（民国十三年　甲子）

京报《图画周刊》　1924年12月26日创刊。北京。创办人邵飘萍。由北京图画世界社编辑，通讯处在东四九条35号。初期由冯武越担任编辑兼摄影。16开张，每星期出版一期，随《京报》附送，不另收费。《发刊弁言》称："本刊发行之主旨，乃注意国民常识，且以开拓少见多怪者之眼界，而批评讽刺，亦即寓于优美的写真图画之中。同时本刊既为《京报》之一部分，凡时事之以写真图画报告者，亦可以补《京报》篇幅之不足。"1924年底和1925年初，特出"热烈欢迎孙中山先生来京专号""沉痛追悼中山先生特号""中山先生出殡纪念专刊"等，表示对孙中山先生的景仰。1926年4月因邵飘萍被杀害而停刊。共出60余期。1929年1月13日复刊，至1936年6月停刊。共出358期。是北方刊行时间较长的著名报纸摄影附刊之一。

1925年（民国十四年　乙丑）

《三日画报》　1925年8月2日创办。上海。

《中国画报》　1925年8月8日创办。上海。编辑主任闻野鹤，图画主任谢之光、胡旭光，摄影主任郎静山。宗旨：发扬文化，提倡美术。社址：上海山东路望平街一七一号。每三日出版一次。每期零售大洋三分，本埠预定每四月一元，全年三元（邮资在内）；外埠预定每三月一元，全年四元（邮资在内）。

《申江画报》　1925年9月1日创办。上海。上海雅声公司发行。宗旨：发扬文化，提倡美术。专等国内外名家。名誉编辑朱瘦菊，文字编辑李剑虹、刘笑天，图画主任徐维帮，编辑沈延哲。每三日出版一次，每期零售大洋三分。

《环球画报》　1925年8月23日出版第二期。馆址：上海云南路会乐里。

《艺术画报》　1925年9月15日创办。每三日出版一次。

《世界画报》　1925年2月1日由著名报人成舍我创办的北京《世界日报》的摄影附刊。原为《世界日报》的一个版，1925年10月10日改为四开单张，间日出版。自11月出版的第13期起改为周刊，逢周日出版。主要刊登"时事照片，美术摄影，中西名画，游艺装束，学校生活等照片"，尤其注重新闻材料的刊登。设有"摄影研究栏"，聘请留德摄影专家杨心得担任顾问，解答读者的摄影问题。1937

年北平沦陷后停刊。褚保衡、林风眠、萨空了、谭旦冏先后担任编辑。

《上海画报》 1925年6月6日创刊。上海。初为两日刊，后为三日刊。前70期主编毕倚虹，第71—431期主编周瘦鹃。

《中国摄影学会画报》 具体信息不祥。

1926年（民国十五年　丙寅）

《良友》画报 1926年2月15日创刊。上海北四川路851号。创办人兼第一任主编伍联德，周瘦鹃、梁得所、马国亮、张沅恒先后担任主编。第25期伍联德《为良友发言》谈到，宗旨是"以出版业保国育民，以印刷业富国强民"，《良友》的使命是"普及教育，发扬文化"。中国出版的第一个大型综合性摄影画报。

《革命画报》 1926年5月初创刊。周刊，星期五出版，每期16开横排四版，每版一图或多图，并辅以文字说明，单色单面石印。黄埔军校政治教育刊物。主编为黄埔军校的政治教官、画家梁鼎铭。以漫画为主。内容具有鲜明的时代性和强烈的战斗性，刊头画的画意是一幅国民革命军"冒着敌人的鲍火前进！"各期大致一样；《创刊号》的第一幅画《工农商学兵大联合》，反映了第一次国共合作时期国民革命的战略目标，工农商学兵联合起来，打倒国际帝国主义及其走狗军阀。

《北洋画报》 1926年7月7日创办。天津。创办人冯武越，五任主编张翏子、童漪珊、刘云若、吴秋尘、左小邍。以"时事、艺术、科学"六字为口号，以"传播时事，提倡艺术，灌输知识"为宗旨。1937年7月29日因抗日战争爆发停刊，共出版1587期，于1927年7月至9月间另出版副刊20期。它是民国时期北方出版时间最长、出版期数最多的综合性画报，曾被称为北派画报的"巨擘"。

《北京画报》 1926年10月1日创刊。创办人宁南屏。以"提倡保存北京固有的文明，反对破坏北京一切的文物"为口号，文图结合，内容丰富，包括戏剧、电影、舞蹈、曲艺、书画、篆刻、摄影、漫画、小说、诗词、随笔、典籍、古迹、时事、教育、竞赛、游乐、风俗掌故、社会写真等，融聚新旧和中外。

《湖北农民画报》 1926年创办。武汉。中共的早期画报。由中共党员和湖北省农民协会工作负责人陈荫林创办。北伐军占领武汉后，由中共党员龚士希接编。该画刊简明而又形象，宣传农工商学兵联合起来，打倒帝国主义、军阀、土豪劣坤、贪官污吏。

《工人画报》 1926年10月创刊。武汉。中共的早期画报。宣传工运，并向工人进行革命启蒙教育。

1927 年（民国十六年　丁卯）

《农民画报》　1927 年元旦创刊。江西省农民协会筹备出版。

1929 年（民国十八年　己巳）

《时代画报》　1929 年 10 月 10 日创刊。上海。月刊，后改为半月刊。编辑张光宇、叶灵凤、叶浅予等，1936 年梁得所接任主编，改为月刊。刊载《东北义勇军专号》《热河战事》等重要时事照片以及著名摄影家张印泉、郎静山等人的作品。

1930 年（民国十九年　庚午）

申报《图画周刊》　1930 年 5 月 18 日创刊。上海。创办人兼主编戈公振。影写版印刷。逢周日出版，随报附送。被邹韬奋评价为"目前我国各日报中星期画报最为精彩的"画报。"一·二八"事变发生后，暂行停刊，已出 81 期。1934 年 3 月 15 日，复刊，更名为《图画特刊》，每周发行两次，逢周一、四出版。1936 年 1 月 15 日改为每周发行一次。1935 年 10 月，戈公振逝世后，由摄影家胡伯洲兼任编辑工作，1937 年 8 月停刊，共出版 265 期。

《中华画报》　1930 年创刊，主编胡伯洲。

《中华图画杂志》　1930 年 7 月创刊。上海。初为周瘦鹃、胡伯翔等编辑，后主编胡伯洲。8 开本，月刊。每期图片约 200 幅左右。影写版精印。

1931 年（民国二十年　辛未）

《青春画报》　1931 年 9 月 5 日创刊。天津。社址设在南开中学校园，营业部设在天津法租界 32 号路 93 号，由中和里百城书局承印。十日刊，每月 5、15、25 日出刊，自 23 期起改为周刊，每周三出版。编辑、记者多为在校学生。报道全国各名校教学、社会活动、体育运动，也刊登一些教师、学生关于时局的评论。约于 1932 年年底停刊。

1932 年（民国二十一年　壬申）

《红星画报》　1932 年 12 月创办。中国工农红军总政治部创办的第一本画报。原定半月刊，因战事不定期出版。封面大多采用红黑和红蓝套印。32 开本。绘图石印本。每期发行 8000—10000 册。宗旨："要成为启发教育红色战士的良好材料，要成为宣传苏维埃一切策略主张的喇叭。"设有马列理论、党的方针政策、战况报道、国际共运、军事技术、生活小常识等栏目。内容丰富，形式活泼，文图并茂,通俗易懂,深得红军广大指战员的喜爱。发行后大多散落民间,中国人民革命军事博物馆藏有第1—7期。

《瞄准画报》 创刊时间未详。湘鄂赣省军区政治部出版。主要用于宣传红四军团的胜利和广大大群众对红四军的拥护等。

《国剧画报》 1932年1月15日创刊。周刊,逢周五发行。版页尺寸55厘米×40厘米,共四版,套色印刷。零售每份大洋六分。刊名由著名昆剧、京剧艺术家红豆馆主溥侗题写。社址初为北平前门外虎坊桥45号国剧学会,1933年4月30日因学会改组迁址琉璃厂海王村公园内。内容除第四版为剧本和广告外,其余三版均布满图画。1933年8月停刊,共发行两卷70期,其中第一卷40期,第二卷30期。

《哈尔滨五月画报》 1932年创刊。伪满最早主办的画报。

1933年(民国二十二年 癸酉)

《大众》画报 1933年11月创刊。上海。主编梁得所。8开本,月刊。重视新闻照片,设有"国内时事"和"国际瞭望台"两个固定栏目;适当刊载纪事性照片,较少刊载纯美术摄影作品,从不刊用名伶、校花一类的美女照片,刊物态度严肃。

《科学画报》 1933年8月1日创刊。由中国科学社主办,中国科学图书仪器公司发行。初为半月刊,1939年改为月刊。通俗科普类期刊,重视科技新闻的传播,曾开辟《科学新闻》专栏。《发刊词》论述宗旨:"最主要的就是把普通科学智识和新闻输送到民间去,我们希望用简单文字和明白有意义的图画或照片把世界最新科学发明、事实、现象、应用理论以至于谐谈游戏都介绍给他们,逐渐的把科学变为他们生活的一部分,使他们看科学为容易接近可以眼前利用的资料,而并非神秘不可思议的幻术。"

《电影画报》(*The Screen Pictorial*) 1933年7月1日创刊。上海良友图书印刷有限公司发行的一本定期刊物。至1937年7月1日共出版41期。第1至17期主编是早期"创造社"成员郑伯奇(以郑君平为笔名)。宗旨:提倡国产影片,发扬电影艺术,介绍中外消息,代表观众舆论。1935年2月2日始陈炳洪接任主笔,主编13期,1936年去美国游历4个月,陈嘉震代理两期主编,过世后由马翠贤代理主编。

《妇人画报》 1933年4月15日创办。上海。良友图书印刷有限公司发行的一本侧重女性休闲、时尚的刊物。前后经历了四任主编,分别是邓倩文、郭建英、李青和沈传仁。1934年1月郭建英继任主编,版式精致优美,大部分文字着重于妇女问题的探讨、国外妇女生活的介绍、家庭知识的讲解、电影介绍、美容知识等,有时还会以专刊的形式集中探讨一些问题,如中国女性美专号、摩登新家庭讲座专辑、儿童问题新检讨之专辑、时代女性之解剖特辑等,给读者以深刻的印象。1937年7月停刊。

1934年(民国二十三年 甲戌)

《美术生活》 1934年4月1日创刊。上海。8开本彩印,月刊。创办人金有成,总编辑钟山隐。宗旨:表彰中国固有之灿烂文物,介绍世界之新兴艺术,影写现今之社会生活。唐隽在创刊号刊文《我们的路线》提出杂志的办刊路线:"我们发刊这部杂志,走着的有两条路线:一是站在'艺术'或'美'的路线上,要使'艺术'或'美'生活化,大众化,实用化。二是站在'生活''大众'或'社会'的路线上,要使生活艺术化或美化,大众艺术化或美化,社会艺术化或美化。"内容:以介绍中西艺术为重,大量刊载绘画、建筑、名胜古迹和美术摄影作品,时事照片较少。1937年8月1日停刊,共出41期。

1935年(民国二十四年 乙亥)

《时代》画报 1935年2月16日创刊。

《歌星画报》 1935年创办。上海。主编宋友、虞嘉麟、虞元麟。共出四期。第一期封面为歌星白虹。内容涉及"歌星图照""娱乐新闻""播音讯息""歌星来稿""歌界批评""歌谱选登"等,图文并重,兼具娱乐性与时评性。

《电通》画报 1935年5月16日创刊。电影画报。半月刊,影写版印刷。编辑有著名电影表演艺术家袁牧之、摄影艺术家吴印咸。至11月16日停刊,共出版13期。封面分别为陈波儿(第1期)、王人美、王莹(第3期)、蓝苹、陈露明、王莹(第6期)、聂耳、张新珠、白璐、《都市风光》八位演员、陈波儿(第11期)、电通公司录音师周骖、王莹(第13期)。因刊有江青(当时艺名蓝苹)出演影片的剧照、生活照、漫画和文字二十多则,与"文艺旗手"江青形象大相径庭,导致该画报在"文化大革命"初期引来一系列杀身之祸。

《声色画报》 1935年9月创刊。一年后改名《声色周报》。中英文图画月刊。编辑邵洵美与其美国女友项美丽。第一出版社发行。一共三期。第一期

(1935.9.1)由项美丽、邵洵美主编;第二期(1935.10.1)由项美丽、邵洵美、张大任编辑;第三期(1935.11.15)由项美丽、邵洵美、张大任编辑。宗旨在于促进中西文化交流。刊物有中、英文两个封面,通常的封面位置为英文封面,英文刊名为 *Vox*(源于拉丁语,意思为声音、民众的舆论);通常的封底位置为中文封面,中文刊名为《声色画报》。

1936 年(民国二十五年 丙子)

《新潮杂志》 1936 年 9 月创刊。上海扬州路。编辑季晓波。8 开本。仅出一期,藏北京大学图书馆。

1937 年(民国二十六年 丁丑)

《新生画报》 1937 年 7 月创刊。上海。主编张光宇。因八一三事变,出版一期后迁至广州。1938 年 5 月出第二期,即告停刊。多为时事照片,第一期刊有"蒋委员长在庐山""七君子"等系列图片报道。

《少年画报》 1937 年商务印书馆出版。

1938 年(民国二十七年 戊寅)

《支那事变画报》 1938 年 3 月 21 日创刊。日本。4 开本。不定期出版、发行。所刊图片为由日军多名随军战地特派员(记者)拍摄的战地写真照片,东京朝日新闻社发行。以大量的照片真实记录了 1938 年日本攻占怀庆(今焦作沁阳市)、孟县(今焦作孟州市)、静海县、北京、苏州、南京、广东九龙等地的场景,是日本侵略中国的又一铁证。

《大美画报》 1938 年 5 月创刊。美商《大美晚报》社张似旭任总管,1—9 期主编伍联德,10—15 期主编赵家璧。为避免日方检查,版权页上署着三个洋人的名字:编辑者高而特、董事长兼发行人史带、副董事长兼总经理白罗司。第 1 至 9 期封面均刊国共双方的军政要人像如蒋介石、李宗仁、宋子文、汤恩伯、白崇禧、朱德、毛泽东、周恩来等。内容题材以抗战为主。因张似旭被特务暗杀而停刊。最后一期于 1939 年 9 月发行。共出版 24 期。

1940 年(民国二十九年 庚辰)

《青年良友》画报 1940 年 1 月创刊。上海。8 开,40 页。发行人兼总编辑陈亦云。

《远东画报》 1940年3月创刊。上海。16开,半月刊。以上海壁恒公司名义发行,编辑何本奥(德国人)。1942年1月改名《欧亚画报》,7月出版3卷13期后,以"物质困难经济原因"宣布停刊。

1941年(民国三十年 辛巳)

《解放画报》 1941年6月1日创刊。河北省平山县支角沟村。小型报纸,每期双向两版。为了加强对敌军的宣传工作,开展攻心战而编印。文字采用日文。因此,它是中共创办的最早的外文版画报。由于日军对晋察冀边区进行大扫荡,仅出版几期。

1942年(民国三十一年 壬午)

《晋察冀画报》 1942年7月7日创刊。华北抗日根据地——河北平山县碾盘沟村。军区司令员聂荣臻为创刊号题词:"五年的抗战,晋察冀的人们究竟做了什么?一切活生生的事实都显露在这小小的画刊里。它告诉了全国同胞,他们在敌后是如何坚决英勇保卫着自己的祖国。同时也告诉了全世界的正义人士,他们在东方在如何的艰难困苦抵抗着日本强盗。"第1期为特大号,共94页,刊登照片160余幅,中英文对照。道林纸印刷。

《国民新闻画报》 1941年底创刊。上海。发行人兼总编辑黄敬斋,以汪伪特务李士群为后台,隶属于李士群办的汉奸报纸《国民新闻》。

《东亚联盟画报》 1941年创刊。广东。发行人是伪广东大学校长林汝衍。

《联合画报》 1942年夏秋创刊。重庆。最初只是联合国幻灯供应社的一个工作部门(联合国幻灯供应社由美国新闻处、英国新闻处、国民党中央宣传部三个机构共同创办),发行人为幻灯社社长美国人温福立,总编辑及实际业务负责人舒宗侨,画报宗旨:配合幻灯社做一些宣传工作,宣扬战绩,鼓励士气,加强中国人民的抗战信心,"联合一切反法西斯国家,打倒共同的敌人"。1943年1月,被美国新闻处接管,发行人司徒华,副社长兼总编辑仍是舒宗侨。1943年元旦第八期改为周刊,篇幅扩大为四开张一张半。在1944年9月,篇幅又扩大为四开张两张,除照片之外,并有电讯、评论、战地通讯、漫画、地图、文艺小品等。1945年10月19日,宣布停刊,在重庆共出版154期。1945年11月2日,在上海复刊,由舒宗侨独立经营。改为十开本,暂出半月刊(两期合一期)。主要刊登国内民主运动和揭露、批评国民党当局的新闻图片和漫画。1949年4月出版第227期后停刊。

《大同画报》 1942年8月15日创刊。香港。发行人和编辑者不详。创刊号是"新香港特辑",第5期是"大东亚战争香港新生一周年纪念号"。

1943年(民国三十二年　癸未)

《战场》画报 1943年1月创刊。由晋冀鲁豫根据地八路军129师政治部战场画报摄编印。主编艾炎。只刊登木刻、绘画等美术作品。1944年8月刊登八路军总部、129师首长的肖像和活动以及百团大战等内容。不久停刊。

《山东画报》 1943年8月1日创刊。沂蒙根据地的莒南县何家店子出版。直属于山东军区政治部领导。主编康矛召,副主编鲁岩,1945年龙实接任主编。月刊,16开本。初期为石版印刷,以画图、文字为主,1945年初采用铜版印刷,第一期印有照片的《山东画报》出版,从此,逐步发展成有铜版摄影图片、锌版美术作品和铅印文字的综合性画刊。至1946年1月出版33期,同年3—6月又出版3期。从1943年到1947年的4年间,共出刊48期。1947年改名《华东画报》,编号接续。1949年3月出至49期。

《中华画报》 1943年8月创刊。上海。主编肖剑青。隶属于汪伪组织喉舌《中华日报》。创刊号"建设新上海专号",刊登日军进入租界照片。多刊载日本战时工业和汪精卫的活动照片。

1944年(民国三十三年　甲申)

《胶东画报》 1944年6月创刊。山东抗日根据地胶东行政区胶东画报社编辑出版。胶东抗日根据地的牟平县埠西头村,胶东军区政治部领导。社长、主编鲁萍,编辑温江华、丁炎、李恕、李善一,后又陆续调进李静纯、鲁农、江平、范子厚、王升、潘沼等。月刊,16开本,每期30至40页不等。照片用铜版或锌版印刷,画稿用石版印刷,文字铅印。宗旨:"为工农兵服务""必须成为对敌斗争的锐利武器!"当因人少事杂,基本上实行编采合一制。编辑人员既要编稿又要下基层采访,稿子编好的要亲自发厂制版、校对。1950年停刊。

《渤海画报》 1944年底创刊。山东渤海根据地的博兴县陈户店。受渤海区党委宣传部和渤海军区政治部双重领导,社长由军区政治部宣传科长陈放兼任,王干、刘实、孙迅韬、刘培玉、张文江为编辑。月刊,16开本,铅印、石印并存。1950年初停刊。

1945 年（民国三十四年　乙酉）

《冀热辽画报》　1945 年 7 月 7 日创刊。冀东蓟县盘山。社长罗光达，政治指导员赵坚。16 开本 54 页。第 1 期共刊新闻照片 91 幅，印行 500 本。内容为根据地军民抗日斗争业绩、民主建设、塞外斗争、解放东北同胞的子弟兵等。日寇战败投降，画报社成员随着解放大军挺进东北，出版创刊号没有再版，第二期的编辑计划也暂时停止了。

《东北画报》　1945 年 12 月创刊。主编罗光达，副主编朱丹。辽宁本溪。8 开本季刊。出版 1 期后，迁至通化，后又转移到佳木斯、哈尔滨出版，1948 年 2 月落脚沈阳，改为 12 开本半月刊，主编朱丹。

《苏中画报》　1945 年春创刊。苏中区党委领导，8 月划归苏中军区政治部领导。编辑有涂克、杨涵、江有生、费星等。1946 年出版第 8 期后停刊。

1946 年（民国三十五年　丙戌）

《人民画报》　1946 年 1 月正式创刊，每月出两期，连特刊在内共出版 33 期，1947 年 5 月停刊。每期初印三千份，从十六期起增印为四千份。由中共晋绥分局直接领导，创办初期由李少言任主编，后由力群任主编，李少言、苏光任副主编，另有赵力克、牛文、刘正挺、马烽、侯凯、吕琳、刘蒙天等参与工作。采用四开新闻纸大小、石印两色套版和三色套版隔期交替使用的彩版形式。内容以连续画为主，以单幅画、漫画、木刻、绘画、剪纸等为辅，紧密地配合当时的政治任务，以政策为中心及时反映国内外政治动态，以及边区各地群众的对敌斗争、土地改革、生产建设、防旱备荒等情况。山西博物院藏，集全部 33 期为一套。

《人民》画报　1946 年 8 月 1 日创刊。晋冀鲁豫军区政治部人民画报社出版。主编艾炎。16 开本，20 余页。多刊新闻照片，以战事为主。1948 年 2 月停刊，共出 8 期。

《江淮画报》　1946 年创刊。涂克、杨涵、江有生负责编辑，华中军区政治部领导。四开铅印的木刻画报，以木刻漫画为主。共出版 3 期。

1947 年（民国三十六年　丁亥）

《冀中画报》　1947 年创刊。单页。社长流萤、林扬、庞崛负责具体工作。当年出版 5 期，1948 年出版 1 期，共出 6 期。1948 年冀中主力部队编为野战纵队后停刊。

《渤海画报》 1947年创办。渤海军区政治部出版。主要是美术作品。

1948年（民国三十七年　戊子）

《华北画刊》 1948年6月创刊。石家庄。晋察冀画报社与人民画报社合并的华北画报社出版，社长沙飞，副社长石少华。16开4页。1949年8月停刊，共出15期。

《华北画报》 1948年10月出版。石家庄。16开本，58页。1949年2月，华北画报社迁到北平，第2期出版时，中华人民共和国已经诞生。

《中原画刊》 1948年9月30日创刊。河南开封。中原军区政治部出版。主编裴植。16开4页。共出6期。

1949年（民国三十八年　己丑）

《天津画报》 1949年1月出版。方弘等负责。附《天津日报》发行。共出版10期。第四野战军南下后停刊，改为《天津日报》的不定期画刊。

《前卫画报》 1949年1月创办。初四开单张，主刊登美术作品；后改为16开四页，增登新闻照片。到新中国成立前夕，共出版15期。

《前线画报》 1949年9月1日创刊。武汉。第四野战军政治部、华中军区政治部出版。主编那狄。16开本，月刊，后改为12开。共出版12期。

《人民军队画报》 1949年8月1日创刊。中国人民解放军第一野战军政治部出版。半月刊。4开单张，两面印刷。第1期为纪念"八一"建军节特刊。共出19期。

1950年（庚寅）

《人民画报》 1950年7月创刊。对外称《中国画报》，隶属国务院新闻办公室、中国外文出版发行事业局。1949年之后、迄今为止中国新闻史上从未间断出版的四种刊物之一。

后 记

十年磨一剑。

从2007年由博士论文修改而成的学术专著《〈良友〉画报与上海都市文化》的出版,至该书的最终面世,历经整整十年。十年期间,我焚膏继晷、兀兀穷年,在中国近现代画报的图像世界及其所建构的社会文化领域爬罗剔抉、刮垢磨光,找寻媒介与社会、文化互动的历史轨迹,探究媒介技术对人类认知和社会结构的颠覆性影响。相较于学富五车的惠施、才高八斗的曹植,我常觉自己才疏学浅、天性迟钝,然而,十年的漫漫求索,我也逐渐胸有半点墨、腹有半经纶。

"满腹经纶须大展;休负了苍生之愿!"该书得以出版,从研究宗旨与方法的确立,到研究对象的选择,乃国家社科基金资助和催促的结果。方汉奇先生已届九十高龄,立意不再替他人作序立传,可此次先生破例,为拙作写序,鞭策晚辈,奖掖后进,是为先生之大爱,亦为先生之希冀。唯矢志不渝,博览群书,挥洒三尺讲台,方能不负先生之愿!

北京大学出版社创新理念,紧追前沿,传播学术,堪称典范!该书书名的翻译得到了翻译界专家、深圳大学何道宽老师的具体指点;此书的出版,得到湖南师范大学新闻与传播学院蔡骐院长、周国清副院长、徐新平教授等全力指导与支持;北京大学出版社周丽锦女士、胡利国同志从字词造句、文献考核到整体设计出版,均严谨认真,用心良苦;中国国家图书馆郭传芹师妹忙中偷闲,帮助查阅、扫描并传输相关画报的封面及所需的重要图片,减少了我来往于长沙与北京之间的奔波劳碌之苦;研究生夏亮、尹志伟、何艳玲、王明亚、程汉华等为本书做了大量文献查找审核和版面编排的工作,在此均一一感谢!

板凳要坐十年冷,文章不写半句空!

是为谨记!